NEW MEDIA

本书得到云南财经大学博士学术基金全额资助出版

THE LOGIC
OF NEW MEDIA

高阳 著

新媒体的
逻辑

CONTENT PRODUCTION AND
COMMERCIAL REALIZATION

内容生产
与商业变现

社会科学文献出版社
SOCIAL SCIENCES ACADEMIC PRESS (CHINA)

# 序　一

高阳的新作《新媒体的逻辑：内容生产与商业变现》，顾名思义，不是对新媒体现象做介绍，而是致力于对新媒体发展规律以及规则进行梳理和挖掘。由表及里，从"是什么"到"怎么样"，最后总结"为什么"，透析新媒体发展的来龙去脉，展示其背后的逻辑关系。

言及逻辑关系，历史观照必然成为不可或缺的分析方式。虽然新媒体历史较短，但是作者依旧注重以历史观进行分析和解读。将新媒体发展的标志性事件、关键节点和演变历程置于长程的历史框架中，从中梳理新媒体发展历程各节点之间的历史关联。同时，该书遵循利用熟知事物加速理解新事物的认知规律，时常通过回顾和对比的方式将对新媒体发展流变的分析置于传统大众传播的观照之下，借以帮助读者深化对新媒体的理解。

该书的写作聚焦于新媒体的内容生产和商业变现两个环节，这是新媒体产业生存与发展的核心所在，换言之，是新媒体产业的逻辑起点。既然论及产业，就必然要关注产业的商业模式建构，而商业模式得以建构的关键，又在于内容这个基础。该书遵循这一逻辑关系，力图为新媒体内容生产方式和商业模式之间的互动搭建自洽的逻辑闭环。

从历史的角度来看，传统大众媒体始终以广告和内容付费为支撑其盈利和发展的主流商业模式。数字技术的颠覆效应试图重建崭新的商业模式，令传统的媒体商业模式产生了诸多的变种。这是一本将新媒体商业模式及其与数字内容生产之间的逻辑关系解读延伸至"IP"和"直播电商"的著作，由此可以窥见新媒体产业未来的发展态势。

新媒体产业逻辑论及此，是不是应该跨前一步，围绕"IP"阐述其生产、选择以及交易的核心问题呢？新媒体的数字技术打破了内容生产的瓶颈，导致内容产品的巨量爆发，因而产生了选择的困惑和交易的无序，出现了平台的"熵增"效应。这个时候是不是需要从18世纪工业革命爆发期，金融资本对各种产业进行整合的过程当中得到一些有益的启发呢？作者言及新媒体商业模式的时候，用较大篇幅讨论广告与数据的关系，言及计算广告犹如明星出场一般。其实，新媒体的商业模式并没有达到互联网开拓者的预期，广告与付费两个"轮子"依然存在，可以是第三方付费的广告，也可以是直接付费方式。依循作者罗列的新媒体逻辑，诸如"数据""可寻址"等，生产者对于消费者的辨析可以从模糊到清晰，可以从间接连接到直接交往。一对多的方式依然存在，而貌似一对一、实际上为多对多的方式会越来越多，从而形成崭新的商业态势。对于这一点，该书论述似乎不够充分，希望作者今后能够对此进行更深入的研究和论证，取得更多有价值的成果。

中国传媒大学资深教授、《媒介》杂志总编辑

黄升民

# 序　二

　　高阳在中国传媒大学攻读博士学位的时候，除了上课和论文答辩这类场合，我与他交流的机会并不多。高阳毕业、离开学校之后，我们之间的交流反而多了起来。

　　近几年我到云南的次数很多，交了很多朋友，经常能在朋友圈看到云南广告界的一些活动。在我的视野中，高阳这几年在云南做得风生水起，为云南广告学术界做了不少事情，很有影响力，我以有这样的学生和校友感到荣幸。

　　为这本书作序，除了增进师生情谊之外，对我而言，的确也是一个学习的过程。通读全书，我以为该书有这样几个特点。

　　其一，这是一本"讲道理"的新媒体专著。

　　该书并不满足于对新媒体现象进行简单的罗列，而是致力于挖掘新媒体发展的逻辑，力图以缜密的观察思考和独特的分析框架穿透纷繁复杂、层出不穷的新媒体现象，洞察和展示新媒体背后的逻辑与规律。

　　其二，这是一本"有历史感"的新媒体专著。

　　该书并非以割裂的眼光看待新媒体这一新兴事物，而是将其短暂的发展历程置于更加长程的历史视野之下，以此制造观察和解读新媒体的纵深感。在具体的论述过程中，作者时常将前沿的新媒体演变融入与传统媒体的对比之下，以此建构从传统媒体到新媒体的历史发展轨迹，并从历史流变的角度演绎新媒体的革新。

其三，这是一本"有写作野心"的新媒体专著。

该书聚焦内容生产和商业变现这两个新媒体传播活动的核心环节，力图从价值创造和价值交易的角度，将新媒体传播活动中庞杂、分散、多变的技术、产品和模式进行整合梳理并形成完整的理解框架；力求以自己独特的视角和思维方式为读者提供一个理解新媒体的完整理论。因此，该书的写作野心可谓不小。

近年来，无论是参与企业实践还是为行业做培训，高阳广告学术活动的主要轨迹都在云南。我想，这本书出版后，将在国内，甚至更大范围内产生影响力。祝贺高阳，为高阳高兴。当然还要感谢高阳，在通读原稿的过程中，我也受益匪浅。

中国传媒大学教授

丁俊杰

# 目　录

前　言 ……………………………………………………………… 1

## 上篇　数字传播生态

**第一章　理解新媒体** ………………………………………… 3

第一节　定义"当代"新媒体：以数字技术的名义 ………… 3

第二节　数字技术：挟改造世界的力量改造传播 …………… 5

第三节　数字化：新媒体到底新在哪里？ …………………… 7

第四节　数字生态：新媒体的认识论 ……………………… 11

第五节　重塑传播新景观 …………………………………… 20

**第二章　理解新媒体的十大思维逻辑** ………………… 27

第一节　流量逻辑 …………………………………………… 27

第二节　精准逻辑 …………………………………………… 29

第三节　数据逻辑 …………………………………………… 30

第四节　运营逻辑 …………………………………………… 31

第五节　产品逻辑 …………………………………………… 33

第六节　应用逻辑 …………………………………………… 34

第七节　融合逻辑 …………………………………………… 35

第八节　平台逻辑 …………………………………………… 36

第九节　用户逻辑 …………………………………………… 38

第十节　场景逻辑 …………………………………………… 39

## 中篇　内容生产

**第三章　数字内容生产者** …………………………………… 43

第一节　多元化的内容生产主体 …………………………… 43

第二节　平台型媒体：内容生产者的生产者 ……………… 44

第三节　自媒体：平台型媒体的产物 ……………………… 49

第四节　人工智能：看不见的内容生产者 ………………… 55

第五节　看不见的生产者与看得见的生产力 ……………… 60

**第四章　数字内容的生产方式** …………………………… 64

第一节　无限的生产 ………………………………………… 64

第二节　平台型媒体的生产 ………………………………… 68

第三节　内容生产对消费的形塑 …………………………… 74

第四节　内容生产的"去中介化"与"再中介化" ……… 76

第五节　何以为王：内容生产者的新竞争战略 …………… 81

第六节　媒体融合：一个组织能力命题 …………………… 88

**第五章　"分发"：数字时代的新传播范式** …………… 91

第一节　数字传播生态视阈下的分发 ……………………… 91

第二节　分发的 "进化" 逻辑 ……………………………… 97

第三节　"门户" 分发 ……………………………………… 101

第四节　"搜索" 分发 ……………………………………… 107

第五节　"智能" 分发 ……………………………………… 119

第六节　"社交" 分发 ……………………………………… 138

第七节　"订阅" 分发 ……………………………………… 152

## 下篇　商业变现

**第六章　数字认知资产：新媒体内容变现的转化机制** ……… 163

第一节　认知变现：注意力经济的本质 …………………… 163

第二节　广告：一种期货产品 ……………………………… 164

第三节　数字认知资产：新媒体时代的内容变现机制 …… 167

第四节　变现模式的多元化 ………………………………… 172

**第七章　广告：最基础且变化最深刻的变现模式** ………… 174

第一节　广告变现的 "产品化" 与 "内容化" …………… 174

第二节　广告的 "去人工化" ……………………………… 180

第三节　新媒体广告的数字新逻辑：计算与运营 ………… 189

第四节　"效果广告"：广告效果的产品化 ……………… 205

第五节　"变态" 的广告：数字技术下的广告新形态与新业态

…………………………………………………………… 215

**第八章　IP：实现形式最多样化的变现模式** …………… 220

第一节　前沿实践与历史溯源 ……………………………… 220

第二节　"品牌"：理解 IP 的认知杠杆 ………… 231

**第九章　内容电商：转化路径最短的变现模式** ················ 238

第一节　"前内容电商时代" 的内容与电商 ················ 239

第二节　内容电商：电商的内容化生存 ················ 245

第三节　"营" "销" 一体化：内容电商的第三方驱动 ················ 249

第四节　直播电商：内容电商的极致化实验 ················ 252

**参考文献** ················ 260

**后　记** ················ 286

# 前　言

　　作为互联网、人工智能和大数据等数字技术集群催生的新兴事物，新媒体自诞生之日起便占据了时代的高位势能，经过短时期的高速发展，其影响力便已涵盖社会的方方面面，重塑了个体的生活形态、社会组织的运转方式和产业经济的商业模式。这种横空出世、高速迭代和摧枯拉朽的发展态势在为新媒体收割公众注意力、使其成为国民级热词和关注焦点的同时，也引发了公众的理解危机和认知焦虑。

　　公众对新媒体的理解危机主要有三个结构化的成因。一是传统媒体理论和传统传播学知识在新媒体时代的失效。新媒体对传统媒体的迭代是一种非连续性的破坏式创新，颠覆了传统媒体理论的有效性、传统传播学知识的阐释力和传统知识精英的解释权。运用传统媒体理论和传统传播学知识来理解新媒体无异于刻舟求剑。理论是认知事物的工具，传统媒体理论的失效令公众在理解新媒体时出现了工具缺失问题。二是新媒体自身的高速演变性。新媒体是一直处于高速变化和迭代当中的非稳定态事物。正如计算传播的推送决策是在几十毫秒内瞬间做出的，新媒体本身就是极速演进的代名词。高速演变的特性使得对新媒体的认知沉淀速度大幅落后于其变化速度，这是新媒体认知焦虑的主要来源。三是新媒体舆论空间的嘈杂性。新媒体通过赋能的方式让每一个组织和每一个个体都拥有了媒体化的可能性。话语权拥有主体的泛化造成了新媒体阐释信源的多样化和阐释信息的碎片化。这在消解传统知识精英阐释权力的同时，也造成了公众认知的无所适从。大量碎片化的信息不断割裂公众的心智资源，令新媒体阐释信息的生产和公众理解之间出现了诡异的反向互动关系。有关新媒体的阐释信息越多，公众对新媒体的理解越困难。

因此，本书的写作目的就是破除纷繁现象的遮蔽，从逻辑思维的角度来认知新媒体的本质特征和发展规律。在布局上，本书将以全新的生态观念实施架构，围绕新媒体生态系统中分别实现"价值供给"和"价值交易"这两个基础功能的"内容生产"和"商业变现"环节展开分析。本书力图将新媒体置于历史源流的分析框架中，不仅讨论新媒体的新特征、新规律，更通过比较研究，揭示新媒体与传统媒体的本质差异，借助传统媒体阐释"新媒体何以谓新"这个根本命题。这样做的价值有两方面，一方面，为被传统媒体思维占据认知的读者提供一个转换思维的杠杆；另一方面，对互联网时代成长起来的用户而言，新媒体即媒体，媒体即新媒体，拉长历史的焦距也为互联网时代出生的新媒体用户提供一个参照，令其更深入理解新媒体的本质。在写作上，本书尝试通过聚焦关键的议题和选择匹配的案例，为读者提供一个有助于尽快掌握新媒体本质的思考图谱，以帮助其节约新媒体时代最具价值的资源——时间。

上篇
# 数字传播生态

数字传播自有其逻辑。数字传播并不是内容编辑、传输和存储格式等内容生产技术和制作手段的数字化，而是经由数字技术重塑之后的全新传播系统。

数字化催生了海量庞杂的数字传播主体和复杂多变的数字传播方式，构建了传播主体之间、传播与经济之间、传播与社会之间庞大且复杂的全新价值网络与价值交换关系，令传媒资源从稀缺转变为过剩，令传播从独立行业转变为通用技能。数字传播系统下的传播主体及其传播活动方式拥有类似自然界生态系统中生物与物种的多样性和相互依存关系。数字传播作为一种生态系统，是社会生活的开展方式，是商业经济的起点和消费的前提，也是数字时代驱动社会运行和经济循环的底层逻辑。

# 第一章 理解新媒体

## 第一节 定义"当代"新媒体：
### 以数字技术的名义

### 一 新媒体的时代性

理解新媒体，首先要理解新媒体的时代性。这是因为，新媒体并不是一个严谨和准确的概念。相反，这个概念本身充满了模糊和不确定性。以历史的眼光来看，新媒体所指称的对象一直都具有相对性和变化性。

在不同的历史时期，新媒体这三个字所指称的对象是不同的。19 世纪三四十年代，大众报刊横空出世。相对于莎草纸、手抄报和书籍等传统媒体来说，大众报刊就是当时的新媒体。20世纪二三十年代，电台广播以横扫千军之势，一举拿下了家庭这个室内传播场景的控制权，成为当时当之无愧的新媒体，并迫使大众报刊沦为了传统媒体。到了 20 世纪五六十年代，电视这个注意力收割霸主诞生，并迅速确立了其不容争辩的新媒体地位，而彼时的电台广播显然已经沦为了传统媒体。

虽然新媒体的定义、指向和内涵在历史的长河中不断更迭和演变，但深入考察后可以发现，其有一个亘古不变的本质特征，那就是任何一个特定历史时期中被冠以新媒体称谓的媒体形态，一定是基于当时最热门的新兴信息传播技术而诞生的。比如大众报刊的兴起是基于蒸汽印刷机技术，电台广播的兴起是基于无线电广播技术，电视的兴起是基于图像电信号技术……

由此可见，新媒体之所以"新"，正是因为它是时代新兴传播技术的产物这一本质特征。可以说，技术性就是新媒体时代性的本质。新媒体就是时代的媒体，是时代技术的媒体。这是准确理解和定义新媒体必须遵循的逻辑。

## 二 "新媒介"与"新媒体"

在此，本书尝试将当代的新媒体定义为：运行于互联网之上的数字化媒体。这个定义强调的是 20 世纪 70 年代以来的新媒体，指的是生长于数字传播技术之上的媒体形态及其传播范式。①

这个定义包含了"新媒介"和"新媒体"两层含义。新媒介强调的是新媒体语境下信息的存储所依赖的是全新的数字化介质。新媒体强调的则是运行数字化信息传播的组织体，其自身的组织形态、运行方式，以及其对社会的影响都是全新的。

---

① 本书认为：当代语境下的"新媒体"和"数字新媒体"是两个可以互换而不影响表达的同义词。"新媒体"即"数字新媒体"，反之亦然。在本书的叙述中，将采用更为简洁的"新媒体"来替代"数字新媒体"，在强调当代新媒体不同于以往新媒体的个别语境下，则使用"数字新媒体"这一术语。

## 第二节　数字技术：挟改造世界的
## 力量改造传播

### 一　时代的新媒体，更是新媒体的时代

数字新媒体既是时代的新媒体，也开创了一个新媒体的时代。

与历史上任何一次新媒体浪潮不同的是，掀起数字新媒体巨浪的数字技术并非媒体与传播的专属技术，而是定义时代的技术。数字技术是更为通用的底层技术，具有普适性的应用空间，是体现当下时代特征的技术，是推动世界转型的力量，具备十分强大的社会改造力。

历史上任何一种新媒体形态都从未像今天的数字新媒体一样耀眼地站在时代舞台的中央。无论是从自身的经济社会影响力来看还是从其对公众舆论的吸引力来看，当下无疑是新媒体的时代。数字新媒体的影响力突破了媒体和信息传播领域，深刻影响了人类的生存方式、社会的构成形式、企业的商业模式和国家的治理范式。

### 二　新媒体定义新时代

1995 年，美国麻省理工学院教授尼葛洛庞蒂在其划时代的作品《数字化生存》中，将数字技术理解为构成新世界的基本要素。他认为，建构传统物理世界的基本粒子是"原子"，建构新兴数字世界的基本粒子则是"比特"[①]。尼葛洛庞蒂认为，"比

---

① 比特（bit），计算机专业术语，是信息量单位。

特，作为信息的 DNA 正在迅速取代原子而成为人类社会的基本
要素"，数字技术"将决定我们的生存"。[①]

当代数字新媒体浪潮是数字化社会与数字化经济进程的
一个组成部分。换句话说，数字新媒体发展内嵌于数字化世
界进程之中，媒体的数字化是由经济数字化与社会数字化推
动的。

席卷整个人类社会的数字化浪潮为媒体的数字化提供了强大
的助力，媒体的数字化又反过来推动了经济的数字化和社会的数
字化，构成了媒体数字化与社会经济数字化互为驱动的发展机
制。这是本次数字新媒体浪潮赢得了历史上任何一次新媒体浪潮
都不具备的社会影响力和公众关注度的内在原因。

在具体表现上，以数字化为特征的新媒体浪潮凭借对公众注
意力的收割能力和对传统媒体格局的颠覆能力，逐渐成为 20 世
纪 90 年代末以来的焦点议程。

首先，随着互联网接入服务的普及和移动智能终端人群渗透
率的不断提升，加之内容型应用程序供给的井喷效应，当代人类
日益生活在一个被新媒体所包裹的世界中。有限的时间不断被新
媒体所占据，无论个体生存还是组织运行都离不开新媒体，新媒
体成为社会运行的基础设施。这直接促使新媒体具备了超强的社
会影响力。其次，新媒体这种排浪式的改造能力首先作用于信息
传播和媒体领域，形成对传统媒体生存空间和利益格局的巨大冲
击。当下这个数字新媒体勃兴的历史时期，实际上也是新媒体和
传统媒体冲突和交替的时期。这个交替过程本身并非平和的，而

---

① 〔美〕尼葛洛庞蒂：《数字化生存》，胡永、范海燕译，海南出版社，
1996。

是充满了博弈。新媒体和传统媒体围绕用户、市场、人才、话语权、政治资源展开的对抗和争夺所引发的社会冲突涟漪扩散而形成影响力，波及了社会生活的方方面面。这种影响力使新媒体具备了定义当代经济社会和人类生存的能力，使新媒体、新传播成为当代最核心的特征之一。

## 第三节　数字化：新媒体到底新在哪里？

### 一　互联网：激发数字技术的"集群效应"

当代新媒体到底新在哪里？要深入理解当代新媒体的内涵，就必须深入理解数字传播的技术逻辑。

塑造新媒体的数字技术并非单一的，而是集群化的。云计算、大数据、人工智能等数字技术之间相互赋能，形成了数字技术的"集群效应"，即数字技术之间经由复杂的化合反应，形成提升既有技术应用效能、促进新技术诞生的机制这一现象。形成这种集群效应的关键要素就是互联网。

互联网本身就是一种数字技术，为何在新媒体定义中将互联网与数字技术并列呢？原因在于，互联网是一种特殊的数字技术，是激活数字技术集群的催化剂，在数字化过程中扮演着关键的角色。

互联网是计算机之间的通信技术，其本质是连接。互联网基于点对点的数字通信技术，将接入网络的计算机实现两两连接，从而构成一个巨大的信息传输网络。在这个跨越空间的网络里，任何一台计算机都可以成为一个节点，任何两个节点之间都可以实现信息交流。这使以往孤立存在于单个计算机、移动智能终端或任何有计算功能的物品（如智能家电）之上的数字技术实现了连接。广泛连接的数字技术伴随着相互的信息交流形成了协同效应，数字技术之间相互赋能，优化和提升了应用效能，催生了更多的应用场景。

计算机（指广义的计算机，包括任何有计算能力的终端设备）、架构在计算机硬盘上的网站和应用程序、使用计算机和网站程序的人，这些要素经由互联网连接成一个用户信息需求与传播技术发展相互推动的闭环。例如，内置于手机的数字摄像头经过互联网的连接，促使用户产生了基于社交性炫耀和攀比的照片拍摄、编辑与分享需求，这一需求推动了数字摄像头硬件技术的发展和图片编辑与社交分享应用的发展，这一技术迭代又反过来激发了用户更加深入和个性化的图片拍摄、编辑与分享需求……以上机制通过正反馈不断循环，形成一个数字技术集群相互作用的体系。这个体系不但驱动了手机产业的发展，也驱动了社交应用的更新迭代。在这个体系中，技术迭代和应用场景构成了复杂生态，成为新媒体赖以产生和发展的基本环境。

## 二　理解数字化："转化"与"进化"

新媒体的形成和发展进程就是媒体与传播数字化的过程。这个过程包括转化与进化两个维度。

### （一）转化

转化维度呈现的是信息基础形态的数字化演变及信息与物理附着介质的分离。自然世界和人类社会的运行无时无刻不蕴含和释放着信息，但信息有显著的依附性，不能脱离介质而单独存在。换句话说，信息本身不是实体，必须借助物理介质才能够成为人类处理的对象，被纳入内容生产流程。在传统媒体时代，信息必须借助纸张、电波这些物理介质才能够被人类收集、整理、加工和传播。这决定了信息与"寄存"信息的物理介质之间是不可分割的关系，物理介质决定了信息的形态。就像寄存于纸张之上的信息，其形态是图文；寄存于电波之上的信息，其形态是视音频。

数字化技术将信息的基础形态转变为"0"和"1"。以"0"和"1"这两个数字形态存在的信息便可以超越物理介质，在任何数字设备、终端和传输渠道之间流动。在数字传播技术语境之下，无论是图文信息还是视音频信息，对传输渠道、存储工具和编辑设备来说，其工作对象都是数字化的"0"和"1"。至此，数字化实现了信息和物理介质之间的分离。信息的基础形态变为数字化的"0"和"1"之后，信息便可以在任何物理介质中自由流动。

在数字化改变信息基本形态的基础上，新媒体便可以实现传统媒体内容的数字化，即将图文、音频和视频等传统内容转变为数字内容。另外，智能设备可将社会生活过程数字化，转化为可供新媒体处理的内容。比如智能穿戴设备可以将用户运动、健康信息数字化，出行应用可以将用户生活方式信息数字化，智能家电可以将用户消费信息数字化……这一转化过程大大突破了传统媒体内容的数量。经由这个转化，新媒体在理论上可以将自然世界和人类社会的运行信息完全内容化，从而大大扩展了媒体内容的空间和范围。

## （二）进化

进化维度呈现的是数字化为传播活动带来的生产力进步与生产效率提升。传播活动核心包括信息的录入、存储、编辑和传输四个环节。数字化将这四个传统上因媒介形态不同而差异化极大、边界清晰的环节统一转变为对数字"0"和"1"的处理。这为信息的更高效率采集和传播提供了基础。

首先，依托数字设备的技术优势，新媒体将人类传播活动对信息的处理速度和处理量均提升到了一个前所未有的高度。以当下的传播技术而言，光纤网络的传输速率处于百兆与千兆之间，信息的传输能力远远超过无线电波；传统媒体在信息存储环节所借助的物理介质，比如纸张、胶卷等，其信息容纳能力根本无法与数字存储设备相提并论。一座图书馆的信息，可以轻松装入一个巴掌大的硬盘之中。这使得处理海量信息成为新媒体的日常操作。

其次，信息处理成本的极大降低和效率的极大提升。在内容编辑这个环节，需要在信息所附着的介质上进行物理化修改。比如传统纸媒修改一篇图文稿件，必须借助需要耗费时间学习的修改符号，在原纸质文本上修改，还需要追加消耗纸张。在传统电台、电视台的内容编辑方面也存在这一现象。这一方面要消耗大量的物理介质成本，另一方面也要消耗很高的人力成本。数字化的新媒体借助体积越来越小巧、容量越来越大、价格越来越便宜的存储设备和使用门槛越来越低、越来越普及的图文与视音频编辑软件，可以同时实现成本的极大降低和效率的极大提升。

最后，如前所述，数字化将信息的基本形态转变为数字，形成了信息与物理介质之间的分离。传统寄存于纸张的图文信息和寄存于电波的视音频信息可以在数字化的设备和软件上做统一处理。这样不仅在信息处理过程中打破了信息之间的形态边界，还在信息的使用端构成了全媒体呈现的全新传播优势。

在传统媒体时代，信息与其寄存的物理介质之间是不可分割的关系，这些信息介质之间又是泾渭分明的。这造成了内容消费者在纸媒上只能接触到图文信息，在广播和电视上只能接触到音频和视频信息的割裂场景。新媒体依托数字化的优势，能够在同一个智能终端或者应用程序里同时接触到文字、图片、视频、音频等全媒体信息。站在用户的角度来说，融合图文和视音频的全媒体信息促成了内容消费体验的极大升级。新媒体的这一传播特性增强了内容对用户的吸引力，形成了内容对用户的吸引和用户对内容的沉浸。这同样是数字化推动信息传播生产力发展和生产效率提升的体现。

## 第四节　数字生态：新媒体的认识论

高质量的实践需要科学的方法论作指导，高水平的思考需要正确的认识论作指引。深入认知新媒体，首先需要从鸟瞰社会总体的视角勾勒出新媒体在社会中的全貌，描绘出其在社会总体中的分布、结构与存在形态，即构建一个社会总体视野下的认识论。

### 一　传统形态：大众传播与传媒产业

传播是一种古老的人类活动，广泛存在于日常社会生活之中。以大众传媒的诞生为分水岭，人类传播活动的社会存在形态和分布结构可以划分为两个时期。

在漫长的"前大众传播"时代，人类传播活动受媒介的信息传播能力与效率的约束，其影响力和波及范围始终非常有限。作为一种日常化的人际和群体间行为，这一时期的传播以"小规模""分散化"的零碎结构广泛存在于人类社会经济活动之中。

大众媒体的诞生，为人类传播活动赋予了工业化的内涵与特征。以此为转折，机构化、组织化的大众媒体凭借工业化的信息传播技术，在规模与效率上释放出绝对的传播优势，开创了全新的大众传播范式。大众传播这种全新的传播活动以前所未有的影响力将以往分散化、小规模的传播活动，聚合到大众传播体系之中，使大众传播成为人类传播活动的绝对中心。大众传播凭借超越人际和群体的强大覆盖力和影响力，缔造了传播活动"规模化""中心化"的全新社会分布结构。

与此同时，大众媒体这种超越媒介物理介质属性的"组织体"，作为大众传播活动的策源地和驱动器，成为大众传播的中心。可以说，大众传播成为人类传播活动的中心，大众媒体则成为大众传播的中心，这种"套叠式"的中心化结构使得大众媒体成为人类传播活动中心的中心。

不同于前大众传播时代伴随性的日常传播活动，大众媒体的运行是由专业人士和专业机构执行的专门化活动。产业是这种专门化活动在社会经济中的具体存在形态。根据经济学的定义，产业是从事某一类专门活动、具有某种共同属性的经济组织的集群。随着传媒产业的发展，专业分工逐渐细化，传媒产业开始呈现出关联性聚集，具体表现为环环相扣的链条式产业结构。

传统大众传播具有"三专"属性：专门化的传播机构、专业化的从业人员和专属化的传播权力。一言以蔽之，大众传播是由专门化的机构、专业化的从业者所从事的专职活动。同时，传播作为一种能力（抑或权力），专属于机构化的大众媒体。因此，无论分工多么细致、产业规模如何庞大，由于专门、专业、专属的本质属性，传媒产业链总有其清晰的边界。从社会总体的视野鸟瞰，传统媒体产业链（见图 1 - 1）所勾勒和划定的大众传播活动呈现"封闭"、"独立"与"单一"的基本特征。

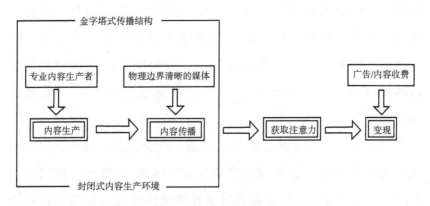

图 1 - 1 传统媒体产业链

## 二 新媒体：从单一产业到复杂生态

与传统大众媒体不同的是，催生新媒体的数字技术是集群化而非单一化的。这些数字技术来源于不同的创新领域，应用于不同的产业实践，在涵养新媒体和驱动新媒体发展的过程中不可避免地牵涉庞杂的产业类型，影响到各种社会活动，由此塑造了新媒体突破传统媒体产业边界，融合多种产业发展的天然基因。

具体来说，支撑新媒体发展的互联网基础设施、智能硬件设备和应用场景之间经由数字技术与产品形成相互赋能与激发的动态机制。电信技术的突破，带来新媒体应用场景的爆发；智能硬件的发展，带来用户新媒体使用方式的变革；新媒体产品的迭代，又倒逼智能硬件和电信技术的进步……这种相互促进的动态闭环发展使新媒体突破传统大众媒体的产业边界，形成与电信产业、智能硬件产业和传统产业相互交织的复杂关系。

## （一）生态：传播活动的全新社会形态

数字技术的复杂性和关联性令新媒体传播打破了传统大众媒体时代传播活动封闭、独立、单一的产业化结构与社会存在形态，促成了新媒体时代传播活动深入多个产业、牵动多条产业链的复杂关系。这使得传统的产业视角既无法准确勾勒出新媒体传播的社会存在形态，也无法准确描述出新媒体传播的内涵。

放宽视野可以发现，新媒体传播与社会之间形成的这种复杂关系同自然界的生态系统具有高度的相似性。因此，可以使用"生态"这一概念来描述和理解新媒体时代传播活动全新的社会存在形态与分布结构。

自然界的生态是指动物与有机及无机环境之间的相互关系，是一切物种的生存状态以及它们之间和它们与环境之间环环相扣的关系。生态系统是任何物种生存和发展都必须依赖的环境。任何物种在生态系统中都会占据一个独特的"生态位"，即物种在时间、空间上所占据的位置及其与相关物种之间的关系。

以此观之，通过广泛融入海量产业与社会生活，新媒体消解了传统媒体的产业边界，形成了传播与其他产业之间边界模糊、相互融合的新型社会关系，使传播由作为社会体系中独立部分的结构转变为社会体系中无所不在的一体化结构。同时，通过融入日常生活，融入出行、餐饮、服饰等多条产业链，新媒体传播成为个体生活与组织发展不可或缺的通用工具与标配技能。在传播作为一个产业的独立性被消解的同时，其在社会发展中的通用价值得到快速提升。传播活动不再是单一产业所能涵盖的，而是指向多条产业链相互交织的复杂生态系统。

在生态观念的视阈下，新媒体已然超越了传统上单一、封闭的产业形态，构成了庞大、开放的生态系统。新媒体传播占据着社会系统运行的核心"生态位"。新媒体成为社会运行的基础设施。同时，生态观也为认识新媒体时代传播活动的结构性特征提供了视角。新媒体生态图景如图1-2所示。

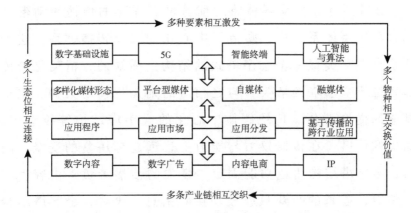

**图 1-2 新媒体生态图景**

## （二）多样性

与传统媒体的封闭性不同的是，新媒体传播生态的开放性令新媒体传播活动的主体遍及各个产业与社会组织。这些拥有不同传播目的、传播观念、传播方法与话语表达方式的传播主体创造了新媒体传播的多样性。与自然界健康生态追求生物多样性的逻辑一致的是，多样性的传播活动为新媒体传播生态带来了远超传统媒体时代的巨大活力。这种活力优势体现在内容生产、内容消费、内容产品等多个维度。这种活力同样带来了新媒体传播的复杂性和挑战性。

与传统媒体时代传播活动的单一化不同的是，多样性的传播带来了复杂的内容体系、用户接触行为与舆论环境，这提升了传播主体达成其传播目的的专业门槛。在多样性的传播生态中，任何个人和组织想要借助新媒体传播实现其个人需求与组织目标都需要比在传统媒体时代更为系统、专业的知识储备和实践经验。

### （三）多中心化

如前所述，大众媒体将之前分散、零碎的传播活动聚合到大众传播体系之中，塑造了中心化的大众传播体系。这个体系直观上类似一个金字塔式的结构：稀缺的、精英化的传播者位于金字塔的塔尖，与之相对的则是规模庞大的、位于基座的受众群体。传统媒体中心化的金字塔结构等级森严，塔尖的传播者在传播权力与能力上远远超越塔基的受众。同时，金字塔结构角色功能固定，塔尖的传播者负责内容生产与传播，塔基的受众只能被动接收信息。再者，金字塔结构边界清晰，传播活动机构专门化、操作专业化、人员专职化特征明显。

前大众传播时代，传播的主体和客体都是分散化的。大众传播时代，大众传媒作为传播的主体是中心化的，作为传播客体的受众则是分散化的。在新媒体生态中，传播活动又重新广泛分布于社会之中。但这并不意味着新媒体传播简单重归于前大众传播时代的分散化，也不意味着新媒体打破了大众传播时代的中心化。通过数字传播技术和数字媒体的赋能，作为传播主体的任何个人和组织都可以突破人与人之间和群体与群体之间的传播范围，瞬间影响到所有的人。换句话说，在新媒体时代，传播既是高度分散化的，也是随时可以中心化的。

通过应用程序这种可供任何个体和组织自主运用的自有媒体和第三方平台型媒体的账号，新媒体生态产出了近乎无限的媒介资源。这使得新媒体传播的主体可以分散在社会生活与经济运行的任何一个环节。同时，任何一个传播主体，只要遵循新媒体传播规律，都可以利用数字媒体的技术优势，瞬间成为传播和影响力的中心。因此，在新媒体生态中传播主体再次分散化的本质是"多中心化"。

### （四）生态环境数据化

数据就是内容生产过程和传播效果的数字化依据。数字化是新媒体内容生产全过程中最重要的基本特征。新媒体内容产品的生产原料、生产工具、生产过程和产品形态都是数字化的。同时，新媒体内容产品的传播效果也是数字化的。因此，新媒体内容生产过程之中和内容传播之后被记录下来的数据含有生产过程和传播结果的信息，是有关内容生产效率和内容传播效果的依据与证据，是判断新媒体生态环境健康程度的重要指标。

数据不仅代表了新媒体内容生产与商业变现的效率与活力，还计量了新媒体内容产品的传播效果和价值含量。数据是促进用户升级内容消费、激发生产者内容产出供给、推动新媒体生态参与者拓展商业空间的重要因素。因此，数据是新媒体生态环境健康程度的可视化呈现。反过来说，新媒体生态的健康程度是数据化的。对新媒体生态的各参与方来说，维护数据的真实性和向好趋势是优化新媒体生态环境的重要路径。

### 案例 1-1 微信：从即时通信工具到新媒体生态系统

2011 年 1 月 21 日，微信上线。1.0 版的微信仅包括文字即时通信、照片分享和更换用户头像等简单功能。作为一个可以通过互联网发送信息的即时通信产品，微信通过对电信运营商短信业务的替代效应，积累了第一批用户。

2011 年 5 月，微信 2.0 版本发布，新增了语音功能。同时，微信开始借助同为腾讯旗下的热门软件 QQ 进行推广。通过允许用户导入 QQ 通信录的方式，微信获得了已经在 QQ 上沉淀超过十年的熟人关系链。这为微信带来了第一波显著的用户增长。之后，微信围绕熟人关系链，陆续推出了匹配通信录功能和 QQ 离线消息功能，引导用户导入更为丰富的熟人关系，为用户打造了基本的熟人社交圈。

2011 年 8 月，微信 2.5 版本发布，新增了"附近的人"功能。借助这一功能，用户可以找到附近正在使用微信的人。这是微信在存量熟人关系导入接近瓶颈的时候，及时转向，开始构建陌生人交友功能。从熟人到陌生人交友，标志着微信的本质开始从简单的通信工具转向社交工具，使微信用户大幅增长。之后，微信连续新增了摇一摇、漂流瓶、二维码名片等功能。新的互动方式、新的线下关系导入方式和新的交友方式，进一步拓展了微信社交功能的边界，增加了用户黏性和活跃度，引发了用户的首轮暴涨。2012 年 3 月，微信用户破亿。

2012 年 4 月，微信发布了 4.0 版本，上线了朋友圈功能。朋友圈以分享生活动态为功能定位，令用户可以围绕内容进行信息互动，增加了用户的黏性和活跃度。在朋友圈功能上线之前，用户之间的信息互动频次是较低的。比如加了陌生人，聊过几句，但由于不生活在同一个时空里，互动关系很容易冷却下来，变为通信录里的数字 ID。而在朋友圈里，用户能看到好友在不同时空发生的事情，这样用户便可以通过点赞和评论，进行以信息传播为基础的社交。朋友圈继承了微信聊天的双向好友关系，只有互相为好友才能查看朋友圈与互动。这一设计奠定了微信的基本社交规则。之后，微信开放了 API 接口功能。该功能支持从第三方应用向微信通信录里的好友分享资讯、音乐、摄影等内容，此举开启了微信成为媒体平台的进程。

2012 年 7 月，微信公众平台开始内测。微信公众号构建了自媒体账号体系，支持个人和机构进行内容创作与发布。通过搭建内容服务平台，连接内容生产者与内容消费者，微信迈入了平台型媒体的发展之路。之后，微信进一步将公众平台上的账号分为订阅号和服务号。订阅号主要作为媒体，为用户提供内容；服务号旨在协助账号主为用户提供服务。自媒体账号的分类管理，为微信赢得了多样化的内容生产主体，进一步丰富了微信的内容生态。

2013 年 8 月微信发布 5.0 版本，增加了微信支付功能，正式拉开了微信商业化的大幕。随着 2014 年春节微信红包的爆火，微信支付迅速渗透了游戏、打赏、购物、出行等多个线上、线下支付场景。

2017 年 1 月，微信第一批小程序正式上线。小程序具有即用即走的便捷性，迅速成为微信既有功能的强大升级方式，使其快速受到了微信生态各参与方的欢迎。

2018 年 12 月微信 7.0 版本上线，新增"好看"功能。该功能可令用户看到朋友喜欢阅读的内容。这令原本基于"关注 +推送"规则的公众号多了一个社交分发机制，丰富了微信内容生态内的信息传播方式。

至此，微信构筑了一个基于数字信息传播的大生态系统。如果说朋友圈是人与人的连接，公众号是人和内容的连接，微信支付是人与货币的连接，那么微信生态就是"连接一切"的庞大系统。在这个生态系统中，基于信息的生产和传播，人、硬件和服务被连接在了一起，多条产业链纵横交错，使微信渗入人们日常生活的方方面面，成为互联网最重要的流量入口之一。

## 第五节　重塑传播新景观

在传统大众传播时代，传播主体是封闭的，唯有专业化的传播机构和职业化的传播者才能成为中心化的传播主体。绝大部分人只能成为传播的客体，即受众，被动参与到传播活动之中。但在新媒体生态中，任何个体和组织均可以利用获取成本与使用门槛都越来越低的新媒体工具"秒变"传播主体，形成了一种全民"主体性"参与的传播新景观。全民主动参与下的新媒体传播形成了与传统媒体时代截然不同的特征。

### 一　终极传播范式

从微观信息形态和宏观传播模式来考察，新媒体生态是一种囊括了人类历史上所有曾经出现过的传播形态与模式的终极传播范式。

首先，从微观的信息制作和呈现来看，新媒体能够融合、传播迄今为止所有的信息形态。依托数字技术，新媒体内容制作过程能在同一个工作平台和设备上实现跨信息形态的素材采集、调用、加工和输出，即能在内容生产全过程中实现对文字、图片、视频、音频信息的融合处理。同样，依托智能数字终端，用户能够在同一个设备、同一个应用程序、同一个场景页面中接触跨形态的内容信息，即能体验语音、图文、视音频内容的融合呈现。

其次，从宏观的传播形态来看，新媒体生态涵括了迄今为止所有的人类传播模式。互联网是构架新媒体生态的骨架，是支撑新媒体传播的基础设施，是用户参与新媒体传播的基本工具。每一个新媒体传播活动的参与者，无论是传播的主体还是客体，都必须借助上网设备接入互联网。互联网将每个网络接入设备及其背后的传播参与者进行点对点的两两连接，在此基础上架构了一个巨大的信息传播网络。这个网络包括参与连接的计算机、基于计算机的智能设备、计算机里的硬盘，基于计算机和硬盘的网页和应用程序，当然最重要的还是使用计算机、网页和应用程序的人。以宏观视野观察，网络状的新媒体传播生态把每一个联网的设备、站点和使用设备、站点的人，都变成了网络里的节点。

在网络化的传播结构里，每两个节点之间都能够实现互联互通。这就使得新媒体信息传播网络既可以实现点对点的通信，也可以实现多点对多点的人际传播，还可以实现单点对多点的群体传播和点对面的广播式大众传播。一言以蔽之，新媒体信息传播网络可以实现迄今为止人类历史上所有曾经出现过的传播模式。借用美国《连线》（Wired）杂志对新媒体的定义来形容这种现象就是"所有人对所有人的传播"。

## 二　话语权的不确定性

新媒体这种所有人对所有人的终极传播生态，将话语权从传统媒体时代的确定状态转变为高度随机的不确定状态。

封闭性赋予传统大众传播一种金字塔式的结构，信息在这种结构里从上到下单向流动。专业化的媒体和职业化的编辑记者处于金字塔顶端，凭借天然的稀缺性牢牢掌握着对公众的议程设置能力和话语权。这种对话语权的掌控现象用专业概念来表述就是"把关人"①。

在新媒体的传播生态里，人人都可以是传播者，并没有永远的被动接受者。首先，这打破了传统金字塔结构的封闭性。借助数字传播技术，人人都能够发声。传统金字塔顶端的传媒精英跌落凡间，成为无数信息源中的一个。传统上凭借封闭结构和垄断地位自动获得话语权的机制不复存在。传统媒体机构必须与海量自媒体共同在"观点的市场"中竞争话语权。其次，这也打破了传统金字塔结构的稳定性。借助数字技术优势，新媒体传播可以获得极快的反馈。一个数字内容发布之后，用户可以在毫秒级的速度里与其实现互动。评论、转发、点赞，甚至忽视，都是一种即时的反馈。这种互动极大提升了传播的活跃度，促进了内容热点生命周期的缩短和热点更迭频率的提升。这使得议程设置能力和话语权的产生更具随机性，极大地增强了话语权的不确定性。

---

① "把关人"（gate keeper）概念最早是由美国社会心理学家、传播学的奠基人之一库尔特·卢因在研究群体中信息流通渠道时提出的。1947年，卢因在《群体生活的渠道》一书中系统论述了这个问题。他认为在群体传播过程中存在一些把关人，只有符合群体规范或把关人价值标准的信息内容才能进入传播渠道。20世纪50年代，传播学者怀特将这一概念应用于新闻研究，提出新闻传播的"把关"过程模式。怀特认为，新闻媒体的报道活动不是"有闻必录"，而是对众多的新闻素材进行取舍选择和加工的过程。在这个过程中，传播媒体形成一道关口，通过这个关口传达给受众的新闻或信息只是少数。

## 案例 1 – 2 为什么传统媒体衰落了，新闻传播学院
## 反而越来越活跃？

在互联网新媒体时代，传统媒体已经无法像从前一样决定着大学新闻传播学院的存在和发展。传统媒体甚至已经成为制约新闻传播学院发展的障碍。

以往，新闻传播学院的使命就是为传统媒体培养和输送人才。从这个意义上来说，传统媒体实际上为大学新闻传播学院的存在提供了合法性。

但传统媒体是一个极端封闭的行业。

其一，传统媒体的运作空间是极其封闭的。

在社会经济活动中，任何一个社会组织都有其生存模式。但放眼比较，唯有传媒才需要既 to G（Government）（党和政府），又 to C（Customer）（受众市场），还要 to B（Business）（广告市场）。

简单来说，传媒的运作必须做到同时让党和政府满意、让读者观众满意和让广告主满意。传媒的运作必须在 G 端、C 端和 B 端所构成的三角形边界内充满技巧性地开展。

这三个主体的诉求并不永远一致，有时甚至会有冲突，因此，力求平衡的传媒，其实际运作空间只会比这个三角形的限定范围更小。

其二，传统媒体的组织形式是极其封闭的。

传统媒体首先是一个体制内组织，其人员容纳限度是极其有限的，其人员准入门槛是极高且不透明的。

近三十年来传统媒体市场化改革的一条主线便是用人机制革新。虽然从央视到都市报在这方面探索出了一个个可资借鉴的案例，但因为体制机制的障碍还未完全破除，传统媒体封闭的用人

机制始终没有被彻底打破。

20世纪90年代以来，央视通过台、频道、公司等多元化聘用方式，将封闭的用人环境用市场化的方式开辟了一个新路径；各都市报也通过一线全员聘用的方式，引入了一大批生力军。

但这种"存量不问，增量改革"的改良模式，始终无法彻底突破整体的封闭性。新人新办法、老人老办法、同工不同酬、权责利不对等就是突出的矛盾。

那些通过市场化方式进入的员工在享受完市场化初期的红利后，开始逐渐感受到封闭体制的各种压力和挑战。这为后来传统媒体人才的大量流失埋下了伏笔。在传统媒体内部，有事业编制的被戏称为"正规军"，无事业编制的自嘲为"游击队"，就是这种现象的生动体现。

封闭既抑制活力，更扼杀发展积极性。用经济学原理解释就是，传统媒体作为一个经济组织，其对资源的配置和利用效率是较为低下的。在互联网时代到来之前，这种低下的效率因受到垄断性保护而没有遭受挑战。

互联网和新媒体的出现打破了传统媒体垄断传播渠道的封闭结构。以前由为数极少的几家传统媒体所垄断的中心化的传播渠道分崩离析，信息传播的总体景观碎片化了。

任何一个组织和个人都可以在微信公众号、今日头条、抖音等平台型媒体上开立账号。一个账号，就是一个媒体。拥有百万级粉丝的微信公众号，其影响力可以类比一份曾经的都市报。以往每一个省，仅有1到3家都市报，而如今拥有百万级、千万级粉丝量的头部微信公众号和抖音号已经不少，腰部和长尾自媒体账号更是数不胜数。

媒体的碎片化彻底颠覆了传播需求方的思维观念和操作

方式。

以前，信息传播的买方，即党和政府、广告主、受众们既受制于选择的匮乏，更受益于选择的匮乏。比如广告，因为媒体稀缺，只要占据央视广告位，便能快速辐射全国；比如公关，因为媒体稀缺，只要掌握几个大媒体，便能引导社会认知；比如宣传，因为媒体稀缺，只要通过新华社、央视和《人民日报》等头部主流媒体，便能轻松营造舆论氛围……

而现在，当互联网将媒体和传播作为一种产品功能，低门槛、几乎无成本地赋予普通大众时，传播的"能力图景"甚至"权力图景"均发生了翻天覆地的变化：任何组织和个人都能够借助互联网实现自身的"媒体化"，发出自己的声音。

基于互联网的信息交往成为整个社会最为基础的互动方式。这倒逼新媒体传播能力成为绝大多数组织与个人的标配能力。

互联网以现实的方式，彻底粉碎了自成立之初便困扰新闻传播学院的"新闻无学"论。因为互联网时代，不尊重新闻传播规律的组织和个体即刻就会受到现实的狠狠惩罚。这已无须举例说明。

封闭导致僵化，混乱带来活力。

当"新闻的真实性"这种以往只会发生在从业者内部的小众专业讨论，经由公众号言论危机在微信公众号，甚至普通人的朋友圈和评论里被热烈讨论和广泛普及时；当各行各业都在讨论公众号的传播机制时；当几乎所有创业者都在关心内容如何变现时……"破界"已经在新闻传播领域发生。

新闻传播学院可以不再是为传统媒体而生的专属机构。新闻传播学院正在面临一个大时代的新机遇，即从为一个极度封闭的行业提供专属服务的机构，转型成为对接无限"社会大需求"

的知识机构。

　　这种转型，不但能促进新闻传播学院自身发展活力的迸发，还能促进传统媒体的转型升级。这是因为，传统媒体的衰落，是支撑其运作的体制机制和机构与数字新媒体传播生态不相适应的结果。而这正是国家"媒体融合"战略的初衷。通过自身的转型升级，新闻传播学院不仅能推动传播能力在更广泛的社会组织和个人之中得到应用和发展，从而避免自身培养目标的僵化，将自身从学科专业停滞、过时与边缘化危机中解救出来，还能促进传统媒体的转型和升级。

　　为新媒体传播的社会化大需求提供服务，是新闻传播学院的大未来。

# 第二章　理解新媒体的十大
# 思维逻辑

庞大的生态系统和复杂的机理关系令新媒体理解起来十分困难，但有一些关键的概念和术语不仅深入分析了新媒体的某些核心维度，还能发挥底层思维工具的作用，协助人们深度认知新媒体。

## 第一节　流量逻辑

流量体现了数字传播时代的媒体影响力，也体现了数字传播时代的用户注意力，是新媒体内容生产与商业变现的价值中介。流量是用户消费新媒体内容或与新媒体内容互动时产生的数据，是新媒体时代的注意力计量方式，也是新媒体时代的注意力"货币"。作为计量方式，流量对注意力的计算与衡量精度比传统媒体时代的同类手段高得多；作为货币，流量对注意力价值的度量效率和交易通用性都比传统媒体时代的同类币种高得多。

数字技术改变了媒体和传播的方方面面，但并未改变媒体"注意力经济"的本质。新媒体仍然是围绕注意力的获取和变现展开的内容价值生产与交易活动。内容的价值性体现在其对注意力的获取能力上，在内容价值的生产与交易这两个核心环节中，交易效率发挥着非常关键的功能。交易效率的高低直接决定了价值生产的活跃度。只有生产出来的价值能得到高效率的交易，才能激励人们将更多的要素投入内容价值的生产中。

因此，传统媒体发明了很多注意力计量指标，比如发行量、收视率和收听率，以此来提升内容价值交易的效率。但这些指标无论作为注意力衡量方式还是注意力交易货币，都存在两个主要问题。首先，其对注意力价值的衡量精度不高。在传统媒体时代，发行量、收视率和收听率的精准性既受数据采集方式的影响，又受统计误差的影响，精准性较差。比如报纸的发行量，其实主要统计的是印刷量，很难证实每一份印刷出来的报纸最终都送到了读者手上；收视率则受样本户统计偏差和样本户记录偏差的影响。其次，各个指标之间基本无法换算，影响了注意力价值的交易效率。由于媒介形态边界的存在，很难用一种公认的方式对收视率、收听率和发行量数据进行兑换。

从流量数据的产生过程来看，流量是用户浏览网页、转发链接、点赞或评论页面时与内容承载网站发生的数据交换量。因此，流量作为一种注意力测量标准和方法，精确性很高。首先，流量是一种记录数据而非统计数据，这就有效规避了统计误差对数据准确性的影响。其次，流量不仅能对注意力总体进行衡量，还能使衡量精度精确到贡献注意力的个体。访问站点的用户总数越大，用户与站点之间的数据流就越大，流量也越大；同时，流量是用户与网站之间点对点的通信数据，每一个用户不同的注意力支付行为呈现出的流量也是不同的，比如浏览与评论、消费图文和视频的注意力卷入度是不同的，表现在流量数据上也不一样。

基于新媒体破除媒介形态差异的融合传播特征，流量能够统一测量文字、图片、视频和音频内容所获得的注意力。无论用户消费的是图片、文字还是视频、音频内容，在流量的记录进程中，都是数字化的比特流。因此，流量突破了传统媒体不同媒介形态下价值货币无法换算的难题，形成了注意力货币的"通存通兑"，极大提升了注意力价值的交易效率。

流量逻辑在于，凭借精确性和高效性，流量成为公认的注意力价值衡量标尺和通用的注意力价值交易货币。凭借标准化和通用性，流量将注意力价值的计量精度和交易效率提升到了前所未有的高度，体现了新媒体数字传播的技术优势，重新定义了传播活动的价值流程，从而推动了注意力经济的升级。在流量逻辑的驱动下，注意力经济获得了前所未有的繁荣。获取流量因此成为新媒体传播主体的首要动机。一言以蔽之，流量逻辑是主宰整个新媒体生态运行的第一法则。

## 第二节　精准逻辑

新媒体生态所包含的一切传播模式，其基础单元都是点对点的数据通信。这是基于互联网点对点连接功能所形成的数字化传播的特性。无论是点对面的大众传播，还是多点对多点的人际传播，其最小构成单元都是点对点的数据交换。因此，数字技术令新媒体传播主体有能力精准获知内容是被谁、在什么设备上，以及如何消费的。

精准作为一种新媒体传播所特有的能力，解决了传统大众传播时代的一个顽疾，即传播者始终无法准确知晓自己所生产的内容是被谁以及如何被消费的。在精准的赋能下，用户的内容需求得到更为细致的划分，更多的细分内容需求得到更为精确的洞察。在此基础上，更多垂直内容市场得到开发，内容的用户效用和用户体验得到全面提升，内容市场整体发展的正向循环得以建立。

同时，精准还解决了传播活动中"以谁为准"的难题。精准作为一种技术支撑，历史上第一次从手段和流程上确保了内容生产者真正可以将用户需求当作传播活动的起始点。从大众传播时代起，用户需求一直是专业传播活动追寻的原点。但受技术条件的限制，大众传播活动所满足的用户需求，毋宁说是传播者对用户需求的理解，甚至想象。传播者赖以形成这种理解或想象的往往是碎片化的信息和传播者自身的经验。借助数字化的精准技术，传播者可以对用户需求进行准确捕捉，这使得传播活动的运行逻辑发生了翻天覆地的变化。真实的用户需求，而不是传播者的经验判断，开始主导内容生产。在精准的赋能下，不只内容，连广告也开始摆脱打扰用户的既有印象，转变为一种对用户有用的资讯。在这样的机制下，内容生产的逻辑被重塑，用户而非传播者，开始成为传播活动的主导力量。

精准逻辑在于，凭借数字化的精准工具，新媒体传播主体能够更加深入和充分地了解目标对象的需求，并在此基础上展开内容生产活动。同时，新媒体传播的客体更有可能接触到更加符合自己需求的内容。这就是说，新媒体传播的主体与客体都能够借助精准实现更高的效率、避免更多的浪费，实现了远优于传统媒体时代的成本收益比。

## 第三节 数据逻辑

数据是新媒体传播全过程中伴随性留存的数字化痕迹，也是衡量新媒体传播效果的数字化依据。数据在新媒体内容生产与新媒体传播中无所不在，形成了新媒体特有的"数据文化"。

新媒体运行的核心特征是数据化，即"以数据始，以数据终"。新媒体传播的本质是数字化比特流的传输。从数据的形成来看，新媒体传播过程中的任何一个行为和环节都必然产生数据。数据是新媒体传播活动避不开的痕迹。从数据的应用来看，对数据的使用贯穿了新媒体传播的全过程：内容的策划与选题是基于对用户需求的洞察数据做出的；内容的分发和推送是根据目标对象的结构数据采取的行动，最终也落实为用户的触达数据；传播效果既是传播活动结果的数据化呈现，也是下一步传播活动优化的数据起点。从对数据的需求来看，新媒体运行中呈现出对数据前所未有的旺盛需求。从内容生产后端的注意力价值评估与交易来看，其所依据的也是数据化的流量。因此，新媒体内容生产者在传播活动中下意识地、近乎本能地使用数据、依赖数据。离开数据传播就无法开展，成为新媒体传播的主要特征。同时，新媒体传播的精准化与数据化互为表里、相互促进。精准化指明了数据化的效用，数据化令精准化得以落地。

数据逻辑在于，数据的使用不断渗透入新媒体传播的全过程，对数据的广泛使用令新媒体传播活动深度依赖数据。这不仅使数据变为内容生产要素，更令数据取代经验和才华，成为内容方面的第一生产力，围绕数据的需求和使用所形成的数据文化得以形成并不断得到强化。

## 第四节　运营逻辑

运营最初是工业企业对流水线上标准化产品制造活动进行管理

的一种方式，是根据上一阶段经营行为的结果进行以优化绩效为导向的持续性改进。运营是一种兼顾过程与结果的管理方式，其本质是基于周期性的结果回顾来进行持续性优化，以追求绩效最大化。这种管理模式原本和追求创意的媒体内容产业水火不容，但随着新媒体对内容生产流程和用户内容消费行为的重塑，运营逐渐成为新媒体传播活动的核心动态特征，也逐渐成为数字内容生产产业的基本管理方式。

基于数字技术的赋能，新媒体传播的全过程，包括内部的内容生产和外部的商业变现，在技术可能性上实现了全流程的数据化。新媒体传播活动全过程中每一个细分环节的结果，都可以通过数据实时进行可视化的呈现。这就意味着，借助这样的"数据导航"，新媒体传播主体可以持续依据过程结果来不断改进自身的行为，从而使最终传播效果最大化。这样一种传播作业方式，显然要比传统媒体时代纯粹依靠策划和经验的"盲人摸象"方式先进、高效得多。

互联网基础设施的发展，使得"移动化"成为网络接入和应用程序使用的主流方式。"随时随地"成为用户消费内容的主流形态，这一方面提升了用户内容需求的量级，另一方面提升了用户内容消费的品质需求，形成了用户内容需求持续变化、难以捕捉的形态。这令传统媒体的策划、发布节奏越来越跟不上快速变化的用户需求。对传播活动进行更为敏捷化的动态管理成为必须具备的能力。

运营逻辑在于，在内外变革的推动下，运营在新媒体传播中从一种技术可能性转变为作业活动的必备能力和标配。根据反馈数据持续不断地调整优化这一运营理念已经深入新媒体传播的每一个环节。同时，运营被视为一种独立的管理方式，目前已有专门负责运营工作的岗位。这些组织和管理上的架构，令运营成为新媒体传播的主要组织特征。

## 第五节　产品逻辑

从制造业的视角来看，产品是产成品；从营销的视角来看，产品是市场提供物。自大众传播开启了内容的有组织化生产以来，产品就一直是传媒产业的基础。但受到时代与技术的双重制约，无论在理念上还是在实际操作中，大众传播时代的产品都等同于内容。

新媒体打破了传统上"内容即产品"的狭义理念，全面扩展了产品在内容生产中的内涵。全新的数字传播生态令渠道选择、平台依托、内容形态、视觉呈现、互动方式等与内容联系紧密但不属于传统内容范畴的环节，对消费者的内容体验起到了关键作用，继而成为影响传播效果的关键变量。因此，有必要将产品的外延扩展到技术支撑、呈现方式、交互设计等一切影响用户内容消费体验的可能接触点上。这就需要产品机制来弥合程序员、内容生产者和内容消费者三方之间可能的错位，确保技术被纳入内容生产流程之中。同时，海量的数字技术供给令内容生产主体在对内容形态、呈现样式和交互方式进行选择时面临着近乎无限的可能；愈发精准的内容供给则培养了内容消费者更加多样化和多变的需求。为确保产品机制发挥其动态协调技术端和用户需求端多个变量的功能，产品经理这一专职专岗的"翻译官"角色在组织管理层面应运而生。这便是产品在新媒体时代的全新含义和作业范畴。

同时，新媒体数字化的产品形态打破了传统工业时代物理产品由生产者完全主导和掌控的"全封闭式"结构。从产品的研发环节开始，新媒体产品的整个生命周期和运营过程都渗透着用户的参与。也就是说，新媒体产品的开发、生产、运营是一个"无边界"的过程，是一个由用户参与和共创的互动过程。

再者，新媒体在产品逻辑中还内嵌了一个"迭代"逻辑。在开放式生产过程和用户参与式互动的影响下，新媒体产品采用的是与传统工业化物理产品不同的迭代式市场策略。这种市场策略讲究的是放弃对产品功能与体验的完善性的追求，将产品抢先投放市场，再根据用户的反馈对产品进行持续不断的优化和完善，即遵循先有再好、先上市再完善的逻辑。

产品逻辑在于，产品作为一种思维观念和管理方式，为内容生产、输出和用户体验设定了游戏规则。通过产品和产品经理制度，内容形态、呈现样式和交互方式在内容正式生产之前便被预先设定，以利于内容在一个相对标准化的框架内进行持续性输出。基于技术构建的产品规则成为内容生产的前提，内容生产和用户体验都必须在产品划定的框架内运行。产品的研发和迭代连同产品经理的思维介入内容生产的底层，打破了传统中内容生产者完全主导内容生产的局面。

## 第六节　应用逻辑

"应用"包含两个层面的意思。对于用户来说，应用就是应用程序，是指为针对用户的某种特定使用目的所编写的软件。从桌面互联网时代起，获取信息就是用户接入互联网的第一需求，这已经被聚合资讯的门户网站和分发资讯的搜索网站相继成为互联网入口的历史所证明。及至移动互联网时代，几乎所有用户的智能手机里都必然会装载媒体或内容类应用。因此，新媒体作为一种应用程序，几乎覆盖了全体网民，是一种名副其实的国民级应用。

同时，对于传播主体来说，新媒体是一种可供其达成特定传播目标的应用工具。任何个人、组织都可以借助第三方平台型媒体提供的账号，或编写自有的应用程序来获得新媒体这一工具，从而获得面向任何特定对象进行信息传播的权利。这打破了传统媒体时代传播专属于特定机构、特定群体的"特权"结构，在传播的起始点上实现了平权。

应用也可以被视为产品。这是因为，从开发主体的角度来看，应用是一种市场提供物，本质上也是为使用者获得体验服务的。另外，从应用的研发、推出和优化迭代过程来看，其与产品的管理方式是同构的。应用既受开发者决策的影响，又受用户体验的影响。归根结底，应用过程中所形成的用户体验才是影响开发者决策的根本因素。因此，应用的优化过程和产品的迭代过程也是重合的。

应用逻辑在于，作为一种赋能方式，新媒体形成了对社会和个人的一种"裹挟力"。在任何一个个人或组织都拥有了传播的工具和发声的可能之后，实际上形成了一种对不发声或者不能有效发声的个体和组织的反向压力。失声成为新媒体时代个体与组织的不能承受之重。因此，在新媒体时代，每一个个体、每一个品牌、每一个机构都必须拥有自己的新媒体工具和发声能力。这是个人的生活技能，是组织和品牌的必备能力。

## 第七节　融合逻辑

融合是在数字技术支持下，新媒体不同于传统媒体的一种以"无边界"为核心特征的内容生产和呈现形态。所谓"融媒体"，就是以消融传统边界为发展方向的全新媒体形态。

边界清晰是传统媒体的核心特征。传统媒体时代，不同的媒体搭载不同的物理介质，因此具有不同的形态。报纸、杂志、广播、电视等不同形态的媒体之间泾渭分明；与此同时，不同形态的媒体在内容生产方式上也各不相同。图文、视频、音频等不同形态的内容所需的组织方式、专业技能和生产工具也大相径庭。

数字化消融了媒体形态之间的边界。不同媒体形态的内容可以被统一处理和呈现。在全新的数字化环境中，任何传播主体都可以通过技术与平台的选择，运用任意一种或多种媒体形态来生产和呈现自己的内容；同时，用户可以在任何一个终端设备上，选择接收和消费任何一种或多种媒体形态的内容。因此，根据所选择媒体形态的不同，任何一个新媒体组织内部都可以容纳、适配一种或者多种媒体形态的内容生产方式和专业人士。这令传统媒体时代清晰严明的媒体形态边界不复存在。

融合逻辑在于，基于数字技术，新媒体在横向上消融了不同内容形态之间的边界，使传播主体可以跨越边界选择合适的内容形态；在纵向上消融了不同内容生产方式的边界，使不同内容形态生产者和生产活动能够并存于一个组织内部。通过"消融"与"整合"的模式，新媒体令图文、视频、音频等多种内容形态可以根据传播主体和用户的需求得到使用，无须再考虑媒体形态的物理限制，极大地提升了内容生产的效率和用户的体验。

## 第八节　平台逻辑

平台是数字传播生态孕育出的一种新型媒体形态。平台既不从事内容生产，也不从事内容消费，却同时掌控着内容生产市场与内容消费市场，是新媒体生态系统中的"顶级猎食者"。

平台作为一种组织体，其运行遵循"双边市场"原则。所谓"双边市场"，即双边参与者需要通过中介或平台进行交易，中介或平台从双方的交易中收取费用。在这样的市场中，一方参与者的收益取决于加入该平台的另一方参与者的数量与活跃程度。

在新媒体生态中，平台通过设计一套匹配规则，令遵循规则的内容生产者与内容消费者更容易找到对方并连接彼此。遵循平台构建的匹配规则，内容生产者更容易获得用户与流量，内容消费者也更容易获得适合自己的内容和消费体验。绝大部分内容生产者与内容消费者都不得不依附于一个或数个平台。正因如此，平台控制了新媒体生态中绝大部分的流量。

平台制定的匹配规则涉及内容的生产规则、内容的分发规则和用户的使用规则。其中最核心的是内容的分发规则，它决定了什么用户在什么环境下会接触到什么内容。因此，内容的分发规则是内容生产者与内容消费者之间的连接机制，是决定内容生产者与内容消费者之间如何互动的机制。不同平台的分发规则有差异，有的基于算法和人工智能，比如今日头条，有的基于订阅，比如微信公众号，因此，各平台构建了属于自己的小生态。在由平台主导的小生态中，依附于平台的内容生产者和内容消费者按照平台制定的游戏规则运行。

平台逻辑在于，平台掌控了绝大部分数字内容的分配权，决定着绝大部分数字信息流的流量和流向，成为"媒体的媒体"。在传统媒体时代，注意力市场遵循着寡头竞争法则，数家大型媒体集团拥有对市场的控制权。平台的出现，令寡头竞争格局之上出现了更高层次的规则制定者。自此以后，即使强大的媒体寡头，也不得不像普通的内容生产者一样依附于平台。

## 第九节　用户逻辑

用户是一种对象观念，指的是新媒体产品的使用者和新媒体内容的消费者，这与传统媒体时代的传播对象观有着本质的不同。在传统媒体语境下，传播的对象是"受众"。"受众"包含两层意思。首先，传播的对象作为信息的接受者是被动的。所谓"受"，是一个固定的角色。其次，在传播者看来，传播的对象是群体化的。所谓"众"，即非个体。"用户"一词则透露了完全相反的含义：用户是根据自己需求主动寻找内容的行动者，另外，用户具有鲜活的个体性，用户与用户的需求是有个体差异的。

用户作为新媒体时代一种全新的对象观，有内容供给端和内容需求端两方面的成因。从内容供给端来看，用户是内容供应海量化与传播手段精准化的产物。新媒体开放式的内容生产结构令内容供给呈现出海量化的态势。海量的内容同时竞争有限的内容消费者，促使内容提供者不得不对用户的需求有更加深入的了解和把握。同时，精准化数字传播技术的不断发展和应用，令传播者能够从个体的维度展开对传播对象的认知和了解。在技术的支撑下，内容消费者的细微消费行为也能被即时反馈给内容生产者，作为洞察传播对象的途径。因此，从个体层面了解和响应内容消费者的需求成为必需与可能。从内容需求端来看，海量且丰富的内容供给培养了内容消费者的自主意识，使其个性化需求得到释放。个性化成为内容消费者的发展趋势。内容消费者不再是面目模糊的群体，而是个性化十足的个体。

用户逻辑在于，当内容生产者将传播对象视为遵循"使用与满足"① 过程行动的用户后，用户成为新媒体传播的主导力量。借助精准化工具，用户的需求不断得到深入开发。这一方面令内容对用户需求的满足能力持续增强，另一方面也令用户需求的个性化不断得到丰富和深化。用户需求与内容供给的正向互动机制得以形成。在这个机制下，捕捉和满足用户需求成为所有传播主体生存和发展的基础。用户需求定位了内容生产的方向，基于内容生产者经验和主观判断的"从内向外"式内容生产模式被基于用户需求洞察的"由外向内"式内容生产模式取代。用户成为推动新媒体生态发展的主导力量。

## 第十节　场景逻辑

场景原本是戏剧和影视术语，指的是在一定时间和空间内发生的具体生活画面，是戏剧的最小构成单元。为了实现更为精准高效的产品开发与内容生产，新媒体传播借用场景来深入思考与分析用户的内容需求和内容消费行为，即从时间和空间这两个维度下多种变量的无数种组合中，激发、把握和满足用户的多样化需求。

数字基础设施的发展，推动新媒体在 2008 年前后从桌面互联网时代全面进入移动互联网时代。这就意味着，用户接入网络并消费互联网内容再也无须受到网线和固定场所的约束。这更意味着，利用无线网络和智能终端，随时随地上网成为用户消费数字内容的主流方式。

随时随地消费加深了用户内容消费行为的复杂性和多变性。

---

① "使用与满足"是把内容消费者看作有着特定需求的个人，把他们的内容消费行为看作基于特定的需求来"使用"内容，从而令需求得到"满足"的过程。

这要求移动互联网时代的新媒体传播主体用更细致的精准化方式来了解和把握需求更加分化和多变的内容消费者的需求。同时，随时随地消费的特性令内容消费以碎片化的方式嵌入用户日常生活之中，成为用户日常生活中的伴随性行为。正如戏剧理论所强调的那样，场景与单纯的环境描写不同，它是以人物为中心的环境描写。借助戏剧场景理论的思维，用户的内容消费行为是发生在不间断的生活之中的，对内容消费者需求的把握也需要从用户的日常生活切入，以"人＋环境"为分析的角度，这便是新媒体传播中场景观念的由来。

场景作为一种更加精细化的思考逻辑与操作方式，将对用户的理解和洞察推向了一个更为深入的层面，令用户个体受到了更为全面的观照。在场景理论视角下，同一个用户在不同的环境下会有不同的内容需求与内容消费行为。基于每个人在日常生活的不同场景中需求不尽相同这一认知，场景把传播主体对用户的理解提升到了更加完善的程度，是新媒体时代内容生产力的革新与飞跃。

场景逻辑在于，作为一种聚合与遴选精准化工具的框架，场景极大丰富了认知内容消费者的维度，为内容产品与内容市场的开发提供了更多的方向，极大地促进了新媒体内容生产力的进步与内容市场的繁荣。场景还发挥着勾连和促进其他新媒体逻辑运行的枢纽功能：场景令精准逻辑有了更好的实施路径，也令用户逻辑有了更为具体的实施方式，还令产品和应用的优化有了更为精准的依据……总之，时间、地点、环境、设备等场景要素，已经成为新媒体产品开发与内容生产等基本运作活动的前提。

中篇
# 内容生产

内容是数字新媒体产业的血液。

内容生产是驱动新媒体生态运行的价值源头，也是新媒体传播的核心环节，涵盖"谁"（Who）、"通过什么方式"（What）、"如何生产"（How）等主要命题。对比传统大众媒体，数字化新媒体的内容生产无疑是一场生产关系的全面进化和生产力的全面提升。但新媒体的生产力并非独立的存在，而是具体体现在生产者自身的属性特征、所使用的生产工具、生产活动的组织模式和生产方式上。

# 第三章　数字内容生产者

## 第一节　多元化的内容生产主体

作为认知与理解的对象，新媒体时代的内容生产者比大众媒体时代的同行们要复杂和难以把握得多。在传统媒体时代，内容生产者从组织上来说属性单一，均为体制内的官方机构媒体；从规模上来说群体有限，均为职业化的专业传媒人。

新媒体时代的到来，令媒体和传播不再是一种专门的机构和一种专属的权利，而是变为一种人人均可获取的工具和能力。这从根本上改变了传统体制内官方媒体一统天下的局面，塑造了多元化的内容生产主体新结构。

新媒体时代的内容生产者，属性和来源比较庞杂和分散，主要包括个人、工商企业、党委政府和传统媒体四大组成部分。单纯从数量构成来看，海量的个人、规模庞大的工商企业成为内容生产者群体的主要部分，在数量上占据着绝对的优势。各级党委政府作为新加入的群体，也逐渐占据了越来越大的份额。相反，大众媒体时代一家独大的传统媒体机构却成为少数群体。从组织形式来看，海量的内容生产者可以划分为个体与机构两种类型。个体内容生产者往往集各种工序和工种于一身，由个人完成整个内容生产流程。机构内容生产者有机构与组织的支撑，生产过程存在专业分工和协作。

面对复杂、庞大的内容生产者群体，该如何把握其特征和本质呢？这必须依赖科学的分类方式。新媒体内容的融合生产与融合传播特性，令传统媒体时代按照媒体的物理介质形态进行分类的方式失效。把握数字时代媒体的本质需要全新的分类方式。

对新媒体进行分类最可靠的方式是依据不同媒体形态在数字内容生态中所扮演的角色和功能，即不同媒体类型（内容生产者）在这个生态系统所处的生态位和所扮演的"物种角色"。按照这一标准，新媒体时代的内容生产者主要可以划分为平台型媒体与自媒体这两种数字媒体形态。生产力不是独立的存在，而是体现在生产者的能力上。因此，若将平台型媒体与自媒体视为一种认知视角，便最能透视新媒体时代的先进生产力和生产关系。

## 第二节　平台型媒体：内容生产者的生产者

如前所述，平台型媒体既不从事内容生产，也不从事内容消费，却掌控着数字内容世界的绝大部分流量，是最能代表新媒体内容生产力先进性的内容生产者。那么其和内容生产的关系是什么呢？答案就是：平台型媒体是"内容生产者的生产者"。换句话说，平台型媒体的产出是内容生产者及其生产方式。平台型媒体虽不从事具体的内容生产活动，却通过为具体的内容生产者提供数字化生产工具和传播渠道的方式，为具体生产者赋能。因此，平台型媒体决定了其他内容生产者的生产方式和生产能力，是数字内容世界最有影响力的内容生产者。

按照双边市场理论，位于平台型媒体两端的内容生产者与内容消费者是鸡生蛋和蛋生鸡的相互依存关系。但若从先有鸡还是先有蛋的逻辑关系和优先级角度来看，平台型媒体首先要生产出尽可能多且丰富的内容生产者，并维护好这些内容生产者，激励其持续输出大量丰富的内容，才能吸引到内容消费者，双边市场两方参与者相互拉动的机制才能够建立。因此，平台型媒体虽不直接生产内容，但确实是新媒体时代最具内容生产力的内容生产者。

平台型媒体是通过制定内容生产规则和为自媒体提供技术支持这两种方式，进行"生产内容生产者"这种顶层的内容生产活动的。

在规则制定方面，平台型媒体规定了自媒体作为平台内容提供者必须遵守的生产规则，以此来规范和引导自媒体的内容生产行为。比如微信将公众号划分为订阅号与服务号，并制定了不同的内容发布频率规则，以引导订阅号和服务号在微信内容生态中分别扮演内容输出主体和服务提供主体的角色。

在技术支持方面，平台型媒体通过将数字传播技术工具化，将内容生产能力以编辑工具的方式提供给自媒体内容生产者，大幅度降低了其进行内容生产的专业门槛。这一方面增强了自媒体的内容输出能力，另一方面也提升了自媒体对平台的依赖度。

为了提高数字技术赋能的效率，平台型媒体一直致力于强化数字内容生产工具的"傻瓜化"。比如抖音推出的官方剪辑工具

"剪映"，具有"剪同款"功能，支持用户以复制粘贴方式制作视频内容，极大降低了用户视频内容制作的门槛。

具体来说，在吸引自媒体入驻平台并维持自媒体在平台内的创作热情和活跃度上，平台型媒体的主要行为包括建立动机、兑现承诺和运营这三个环节。

建立动机就是从制定规则的层面明确加入平台给内容生产者带来的可能收益，以此来激励内容生产者入驻平台。一般来说，平台给予内容生产者的回报承诺有流量和变现两种收益方式。

有了激励之后，平台还必须周期性地兑现对内容生产者的承诺，以维持并强化其动机，确保内容输出的数量与质量能够稳定提升。只有周期性兑现平台许下的承诺才能持续不断地吸引内容生产者入驻，内容生产的持续性才能得到保证。

运营就是为了让动机确立与承诺兑现的循环机制能够有效运转起来，平台主动采用一些手段来加快对内容生产者承诺的兑现或增强其入驻平台的意愿和动机。具体来说，平台的运营方式主要有补贴、流量倾斜和拉新三种手段。

所谓补贴，就是在内容生产者完成从内容生产到商业变现的转化之前，由平台提前给内容生产者支付回报。各个平台都推出过对内容生产者的补贴计划，这是它们最关键的运营手段。阿里巴巴旗下的平台型媒体 UC 就曾经在 2019 发布"U 创计划"[①]，宣布将投入 10 亿元现金扶持内容生产者。今日头条平台设置了对单篇优质文章进行专项奖励的"青云计划"。根据今日头条官

---

[①] 《UC 升级"U 创计划"，全方位赋能创作者》，猎云网，https：//baijiahao. baidu. com/s？id = 1643104357020823701&wfr = spider&for = pc，最后访问日期：2020 年 2 月 17 日。

方公布的数据，2019 年今日头条助力创作者获得 46 亿元的收入，其中 1.4 万名创作者的 12 万篇文章获得今日头条"青云计划"奖励。

所谓流量倾斜，就是平台型媒体把自身可以控制的用户流量通过内容推送的方式引导或分配给要扶持的内容生产者。也就是说，平台型媒体通过自己的流量分配机制，令被扶持者生产的内容更多地曝光在用户面前。如前述"U 创计划"宣布每日投入价值"20 亿的流量"来扶持原创内容生产者。

所谓拉新，就是平台型媒体通过各种利益刺激方法为平台拉入新的用户，以增加内容生产者可能获得的内容消费者和流量。各大平台型媒体经常会通过各种线下活动使消费者关注平台或注册成为平台的用户，为内容生产者提供价值资源池。

### 案例 3 - 1　今日头条：始于"一套算法"的平台型媒体

"今日头条"的出品方字节跳动原本是一家从未涉足过传媒领域的技术公司。

2012 年 5 月，字节跳动的第一个产品"内涵段子"（后因违规被永久下架）上线。在这款产品中，字节跳动首次将"算法推荐"应用到内容分发领域，这在绝大多数采用人工分发的资讯产品市场上显得独树一帜。正是这个产品，帮助后来的今日头条获得了一半以上的初期用户。

2012 年 8 月，今日头条 1.0 版本上线。在这款用来与腾讯新闻竞争的产品中，字节跳动公司采用了算法推荐和智能分发机制，即通过爬虫采集各大网站的资讯内容，再以人工智能技术对资讯进行基于用户内容需求的智能分发，达到千人千面的个性化推送效果。这种内容分发机制与包括腾讯新闻在内的所有基于人工分发的数字资讯产品均不相同。

今日头条本身并不生产内容，而是依靠人工智能技术进行内容的抓取和分发。这套基于算法而非人工的产品逻辑，使得今日头条在内容分发的精准性和用户需求的响应能力上均远远超过了以往的人工编辑推荐。这极大地提升了数字内容消费者的体验。凭借用户体验上的比较优势，今日头条首先在用户端站稳了脚跟，构建了平台型媒体双边市场的其中一极。据字节跳动披露，截至2012年底，今日头条的用户总数达到1000万，日活跃用户数达到100万。

对于平台的另一端，今日头条在2013年推出了自媒体账号体系"头条号"，吸引媒体、党政机关、企业以及个人等各个层面的内容生产者入驻。由于有用户端巨大的流量做牵引，加上头条所提供的丰富的创作、变现工具，今日头条很快打造出自有的数字内容供给体系，成功架构了平台型媒体双边市场的另一极。据字节跳动披露，截至2018年3月，头条号自媒体账号总数已超过150万个，每天发布60万条内容，创造超过50亿次信息消费。头条号体系的发展，一方面令今日头条摆脱了之前抓取站外内容带来的知识产权风险，另一方面通过完善双边市场格局，使今日头条正式成为一个凭借分发来左右海量数字内容生产与用户流量的平台型媒体。

至此，今日头条完成了从一套聚焦数字内容分发的算法到一个典型的平台型媒体的进化之路。依靠智能推荐，今日头条扮演着促进内容生产者与内容消费者高效匹配的平台的角色。为了维持和提升双边市场的网络效应，2015年，今日头条相继推出了"千人万元计划"和"新媒体孵化器计划"，为头条号的内容生产者提供物质报酬和孵化服务，以提升内容生产者的活力，保障数字内容源源不断的供给。

## 第三节　自媒体：平台型媒体的产物

既然平台型媒体自身并不直接从事内容生产，那么到底是谁在负责具体的内容生产呢？答案就是"自媒体"。

"We Media"（自媒体）作为一个明确的概念，公认的说法是2003年在一份由美国新闻学会媒体中心发布的研究报告中被首次提出来的。顾名思义，We Media 即"我们就是媒体"。其中有两层含义：首先，"我们"是最广泛的普通大众，这与传统媒体时代传播主体为精英化的专业传媒人有着本质的区别；其次，普通大众之所以能化身为传播的主体，是因为数字科技的赋能与强化。由此可见，自媒体这个概念在诞生之初就被用来描述一种与传统媒体时代截然不同的传播主体，是新媒体时代新兴内容生产者的代名词。

### 一　内容生产共同体

自媒体是数字传播生态下的一种全新媒体形态，是平台型媒体的产物。自媒体与平台型媒体共同构成了全新的"内容生产共同体"（见图3-1），它体现了新媒体内容生产力的先进性。

自媒体与平台型媒体在内容生产共同体中呈现出全面而深入的相互依存关系。在内容生产环节，自媒体作为一种全新的媒体形态，遵循平台型媒体设定的规则，借助平台型媒体提供

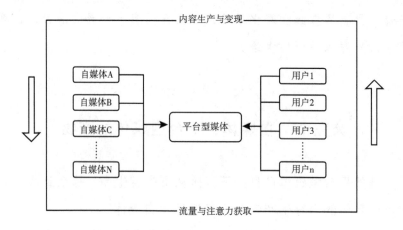

**图 3-1 内容生产共同体：平台型媒体＋自媒体**

的数字技术支撑与生产工具赋能，通过平台型媒体提供的数字分发渠道对所生产的内容进行传播。在商业变现环节，自媒体依托平台型媒体吸附的用户获得流量，借助平台型媒体提供的数字化商业工具和服务获得变现收益。与此同时，平台型媒体也需要凭借自媒体产出的内容来获得用户和流量，并基于自媒体的商业变现行为收取佣金和服务费，以此来获得收益。因此，可以说自媒体与平台型媒体是数字传播生态中最不可分割的两个"关联物种"。

　　由于平台型媒体需要自媒体供给内容，以便其获得流量和进行商业变现。为了强化内容生产共同体，平台型媒体在规则制定层面向来致力于二者共同利益关系的建立。比如前述抖音官方剪辑工具"剪映"，由于其功能丰富，如果将其内嵌于抖音，显然会给抖音带来安装包过大、运行内存占用过大和操作复杂的负面影响，势必削弱抖音的体验感。因此，抖音采用了以独立应用程序的形式推出剪映，而不是将其功能内嵌于抖音应用程序。然而这样一来势必有分散抖音流量和用户的风险。为了强化二者的一体化，抖音在经剪映编辑的短视频片尾加入统一的标准化动态标志，并在抖音内给片尾含有这一剪映动态标志的短视频以流量倾斜，增加其曝光和被推荐的机会，以此强化二者之间的联系，塑造剪映作为抖音官方编辑程序的定位和价值。

需要强调的是，自媒体是一种媒体形态，并非仅指个体化运行的媒体。任何依附于平台型媒体进行内容生产和商业变现的机构、组织或个人内容生产者都应当归入自媒体的范畴。这些内容生产者在前互联网时代绝大多数不属于媒体，因此，自媒体也可以被定义为传统上非媒体的组织和个人利用数字技术与平台完成自身媒体化之后的媒体形态。

## 案例 3 - 2　平台型媒体的内容生态治理

确保自媒体的内容产出在法律法规和社会伦理的边界内健康运行是平台型媒体必须履行的主体责任，也是其生存和发展的必备条件。在对自媒体的内容产出进行生态治理方面，平台型媒体主要有两种截然不同的对策。

其一，发布前审核制。

这是一种事前审核制，是网易号、头条号和抖音都采用的一种方式。这种方式使用人工和人工智能技术在自媒体创作者发布内容之前筛查并禁止问题内容的传播。优势在于确保内容安全。缺点在于延长了创作者的内容发布时间，在毫秒必争的移动互联网时代容易错失内容的先发机会，也容易影响创作者的热情。

其二，事后纠错制。

微信公众账号体系使用的就是这种模式。这种制度虽说面临着较高的风险，但对平台型媒体生态来说，具有良好的促进作用。

首先，这样有助于激发创作者的动力而不是打击其信心。人工审查不可避免地具有一定的随机性，很难维持一个客观稳定的标准。人工错误很容易引发创作者的负面情绪。这种负面情绪对致力于培育内容生产者的平台方来说，肯定不是好事。尽量把评判标准交给内容用户市场，从结果反馈的角度来评判是否该进行管理规范，这样更能令创作者心服口服。

其次，这样可以建立一个处置层级设计。基于事后处置的信息优势，对于跨越边界的内容，平台可以采用分级处置方式。比如微信公众号就设置了文章和账号两级处理体系，根据违规程度的不同来确定处置方式。

## 二　传统媒体的"自媒体化"

作为从上一个时代迁移而来的"物种"，传统媒体在新媒体时代又是一种怎样的存在呢？在新媒体生态中，传统媒体已然很难称为一个有物种意义的独立存在。这就是说，新媒体时代的传统媒体并没有占据自己独特的生态位，而是大多以自媒体的形式入驻平台型媒体，成为自媒体的一个组成部分，这便是传统媒体的"自媒体化"。

传统媒体是以"内容与传播一体化"方式运作的。每一个媒体机构都独立、完全地掌控着从内容生产端到内容传播端的整个链条。从内容的编辑、制作到触达用户，每一个环节都在媒体机构的掌控之中。互联网打破了这种一体化，令"内容生产"与"内容传播"的控制权分属于不同的主体。

平台型媒体扮演着"把合适的内容在合适的场景下分发给合适的用户"这一功能。其价值在于，通过平台型媒体，内容生产者更容易获得流量和用户，用户则更容易获得满足其需求的内容。因此，平台型媒体把控了流量的进出和分发，掌握了数字内容传播的控制权。

与此相对，传统媒体在数字内容传播端逐渐变得无能为力。传统媒体的自有信息传播渠道逐渐失效，纸媒只依靠自己的发行体系、电子媒体只依靠自己的电波覆盖体系已经极难触达用户。用户早已习惯于在平台型媒体里消费内容，习惯于在微信、今日头条这种平台型媒体里寻找、浏览、转发和分享内容。这样一种内容消费形态意味着，用户是在手机上而非电视频道里看到传统电视台产出的内容，是在手机上而非报纸上看到传统纸媒产出的内容……传统媒体在新媒体传播中逐渐转变为一种"信息源头"。

由于内容传播端的控制权被平台型媒体牢牢掌握，如果不借助平台，传统媒体产出的内容极难获得扩散和规模化的用户触达。实际上，离开了类似微信的社交关系链和今日头条的智能推荐这样的平台型数字传播渠道，传统媒体机构产出的内容就像没有推进装置的导弹一样，威力再大也打不中目标，基本无法获得传播效果。

在平台型媒体所遵循的双边市场逻辑之下，自媒体一方入驻数量越多、内容质量越高，平台的用户就越多。平台的用户越多，自媒体获得流量和变现的可能性就越大。以此形成循环，反复加强。显然，这个循环一旦形成便会自我强化。因此，平台型媒体所获得的市场掌控能力是寡头型的、赢家通吃型的。

在这样一种生态中，传统媒体很难具备能力和资源自建有效数字传播渠道。除了为数不多的优势媒体集团外，大多只能作为自媒体参与其中。在这个生态规则中，传统媒体必须依靠平台型媒体获得用户与流量，必须以某个平台型媒体账号的形态，借助平台型媒体的传播能力，使其所生产的内容触达用户和有效变现。传统机构媒体也必须遵守在"平台型媒体＋自媒体"的内容生产共同体中，自媒体作为一种"信源"而存在的游戏规则。这种现象就是新媒体时代传统媒体的"自媒体化"。

### 三　生产力的释放

平台型媒体与自媒体不仅结成了内容生产共同体，还构建了新型的内容生产关系，极大地释放了新媒体的数字内容生产力。

在传统媒体时代，内容生产力在很大程度上是被禁锢的。内容生产本质上是一种创意活动，人是其中最重要的生产要素。但在传统媒体时代，对"人"这个内容生产资源的配置方式并非基于完全开放和全面竞争，而是充满了无法避免的扭曲和错配。由于传统媒体时代的传播是封闭的金字塔式结构，绝大部分竞争者在进入媒体机构从事内容生产之前，需要经历各种随机的淘汰，有时需要靠运气。因此，无法保证最终能够顺利成为内容生产者的人是能力最强和天分最优者。在传统媒体的资源配置机制下，存在大量具有天分的内容生产者被阻挡在内容生产行业之外，未能有效发挥其天赋的资源错配现象。

自媒体基于人人均可使用的本质，让内容生产成为一个全民参与的活动。任何人与组织都可以通过自媒体的形式参与到内容生产中，自由进入内容生产与注意力争夺的市场，并在这个市场内充分竞争。另外，基数庞大的人群涌进内容生产市场，也触动了人才之间的相互激发，进一步释放了内容生产力。自媒体通过创建开放且竞争充分的内容生产者竞争机制，几何倍地提升了"人"这个内容生产要素的配置效率，继而全面释放了内容生产力。

## 第四节　人工智能：看不见的内容生产者

### 一　人工智能"技术集群"

新媒体作为数字技术的产物，自诞生之初，就被各种新兴技术当作施展应用能力的"标靶"。这就是说，新媒体在其形成和发展的过程中，受到了多种数字技术的推动。在内容生产环节，新媒体则主要得益于人工智能、大数据和算法三种技术力量的驱动。这三种技术原本有着各自不同的复杂体系和应用空间，在新媒体内容生产领域却结成了一种以人工智能为龙头、以大数据和算法为支撑的"技术集群"。

人工智能（AI, Artificial Intelligence）指的是人类制造的能像人类一样为解决某一类问题而工作的机器。算法是指解决问题的进程，即解决问题过程中所采用的策略和步骤。广义上，自从降生以来，人类就一直在发明、使用和传播各种各样的"算法"，以解决生活生产中的各种各样的问题，比如采摘食物、制造工具和种植粮食等。但在人工智能的语境下，算法被严格限定为"符号算法"，即通过数学方程式来规定解决问题的方法、路径和步骤，并通过程序指令来驱动计算机执行任务。大数据指的是海量、多样化且数量高速增长的数据。

作为一个相互之间关系紧密的技术集群，人工智能在新媒体内容生产中发挥着主导作用，大数据和算法则在人工智能的运行中扮演着基石角色。如果把人工智能理解为一台"机器"，算法就是这台机器的内部"运转机理"，大数据就是支撑这台机器运行的"燃料"。一言以蔽之，人工智能是对人类思维的模拟，算法是其具体"思路"，大数据则类似维持大脑运转的能量和营养。

## 二 大数据：人工智能的"燃料"

人工智能的本质是算法的集合，算法的运行离不开数据的投入。人工智能和人类智能最大的区别在于人类不仅拥有头脑，还拥有感官。人类可以通过感官来获得信息，从而通过大脑对信息的加工来做出决策。对于人工智能这样一种没有感官只有大脑的机体来说，作为决策依据的数据从何而来？答案就是大数据。

在新媒体传播的语境下，作为"燃料"被投入人工智能这台"机器"、支撑其运行的数据被称为"大数据"。这并非简单的称谓差异。所谓的大数据，在产生、应用和价值等层面均与传统数据有着根本的区别。

### （一）记录数据而非采集数据

表面上看起来，大数据的特征就是数据规模的庞大，即数据的海量性。这和传统数据在处理量上有一个非常大的层次差异。但这种形态上的差异还不足以说明大数据这种数字技术的本质特征。

实际上，大数据的本质特征在于其被获得和使用的方式上。在传统媒体的内容生产环节，所有的数据都是通过对抽样所得出的样本进行采集而获得的。在使用端，从样本采集而来的数据，经由计算，并通过统计学方式推及总体而得出最终的结果，再将这个结果应用于内容生产决策之中。这种方式在数据采集端很容易因为人为的失误或者样本被污染而出现偏差。即使执行的过程非常完美，最终计算结果也会因为统计方法自身的问题而带有不可避免的偏差。因此，传统采集型数据及其使用方式极大地影响了内容生产决策的质量，是制约传统媒体时代内容生产力提升的一个因素。

大数据的来源方式是记录而非采集。大数据是用户在接触新媒体、消费数字内容的过程中与新媒体平台或产品进行交互时被记录所形成的。比如，用户的点击和浏览行为、在页面上的停留时长、对内容的评论或分享等都会作为数据被网站或者平台记录下来。

数据来源方式的转变使大数据超越了传统基于抽样的小样本结构，成为"全样本"数据。同时，也令数据的获取过程从一种独立的专门活动，转变为用户与新媒体内容互动过程当中的伴生性产物。这就避免了抽样和采集过程中的人为失误与统计偏差，对内容生产决策质量的提升具有重要意义。

**（二）行为数据而非态度数据**

因为是经由记录而形成，所以大数据在本质上属于行为数据而非传统的态度数据。行为数据代表着真实发生过的用户消费行为，其用于内容消费预测和内容生产指导的价值远比态度数据高。

在传统媒体时代，传播主体在对内容传播效果和内容消费者行为进行量化研究的时候，所得出的数据大部分是态度数据。比如运用态度量表调查内容消费者对某个具体内容的倾向。这样得出的态度数据作为内容生产的决策依据，往往偏差是很大的。首先，态度和真实行为之间是有差异的，从态度到行为，存在复杂的转化过程，其中不可控的环节甚多。其次，受调查的对象是具有复杂动机的人。有时候出于人设或者伪装方面的考虑，受调查者有可能提供并不符合其真实想法的答案。因此，基于态度数据所形成的预测或决策，对于内容生产来说其可靠性和有效性都是有局限的。

大数据详细记录了用户接触了哪些媒体、接触了哪些内容、对哪些内容做出了分享和评论、在每一个内容单元里停留了多长时间、在哪一个内容环节里跳离了页面……这些数据都是基于用户的真实行为而被记录下来的。站在这个角度来说，大数据的含义是不管用户怎么想的，只管用户怎么做的。或者说它总是先基于用户怎么做的，再来分析用户是怎么思考的，继而对用户下一步的行为做出预测。这种行为数据对用户行为的洞察和预测质量要明显高于传统态度数据，因而对提升新媒体内容生产效率的作用也是更为明显的。

## 三　算法：人工智能的"思路"

作为人工智能的运转机理，算法左右着人工智能的思考方式，决定了人工智能的"智力"。

最早的人工智能遵循的是"演算法"逻辑。这是一种基于不断试错来寻找正确答案的算法，类似解决走出迷宫这类问题时所采用的方法。具体来说，是把每一个环节的可能选择都罗列出来，然后一步一步沿着可能性往前推导尝试，如遇上错误就折回重新选择，直至走出迷宫。显而易见，这种算法虽不够聪明，但是依托人工智能强大的计算能力，也能实现比人类更高的效率。

### （一）机器学习：算法的自我优化

当前的人工智能算法已经进入"机器学习"阶段。这是一种能够不断进行自我进化和学习，提出更优解决思路的算法。就像人类如果重复同类工作，就能从工作中学习提高一样，算法也可以从重复相同的任务中学习、进步。

在平台型媒体中被大量应用的"推荐算法"就是一种会学

习的算法。基于推荐算法，系统程序经常向用户推荐可能会受到用户欢迎的内容。如果某一用户喜欢内容 A，那么用户应当也喜欢内容 B。做出这样的推荐决策，并非因为系统了解内容 A 与内容 B 之间的联系，系统的判断依据是用户之前的内容消费行为记录。通过数据分析，系统会发现消费过内容 A 的用户，绝大部分也会消费内容 B；另外，算法会尝试寻找一些用户可能并不认识，但内容兴趣与其接近的用户。在这两种情况下，算法能够识别出内容之间或者用户之间的相似性。以这样的方式，算法可以预测用户可能喜欢什么样的内容，并向其推荐。推荐算法既不清楚不同内容之间的联系，也不需要拥有任何相关内容领域的专业知识。它只是对用户的选择行为进行观察，并从中学习。

事实上，这与人类学习语言的过程十分相像。人类学习语言就是从观察周围说话的人开始，然后用大量时间去模仿，并不需要理解语法和搭配的原理。正如推荐算法会向用户推荐一个内容，却不能解释为什么用户会喜欢这个内容。

**（二）算法的迭代**

从演算法到机器学习算法并非线性的优化，而是一种迭代的飞跃。也就是说，机器学习与演化算法相比，其优势并不是更强大的计算能力，而是基于同样的计算能力，效率有本质的提升。

例如，IBM 的计算机"深蓝"就是一种基于演算法的人工智能。其败在围棋这个项目上的原因在于围棋是一种非常特殊的游戏，在博弈过程中，棋手在每一步的选择上都面临着几乎无限的可能。因此，棋手不可能在每一步都穷尽所有可能性，这就令基于演化算法的人工智能感到束手无策。谷歌推出的基于机器学习算法的人工智能阿尔法狗（AlphaGo）就能够不断地进化和学习，提出更优化的方法，因此能够应对围棋项目的挑战。

因此，能够自主学习的算法赋予了人工智能越来越高的智商，令新媒体的内容生产效率得到了巨大的提升。

## 第五节　看不见的生产者与看得见的生产力

作为数字技术的高级形态，人工智能与算法伴随着数字传播生态的形成和演化，逐渐介入新媒体的内容生产过程，并在其中扮演着越来越重要的角色、发挥着越来越重要的功能。

人工智能与算法对新媒体内容生产过程的介入是一种"主体性介入"，而不仅仅是工具性的介入。这就是说，人工智能与算法是作为内容生产者本身参与新媒体内容的生产过程，而非仅仅作为内容生产者的辅助性技术工具。这是新媒体在内容生产端区别于传统媒体的显著特征。以往历史上任何一种媒体的内容生产，无论借助什么样的技术工具和传播手段，具体的生产者都是人类自己。在数字新媒体时代，随着人工智能与算法的主体性介入，数字技术这种"非人类"的力量直接成为内容生产者，使"看不见"的数字传播技术从工具转化为生产主体。

### 一　从辅助工具到独立生产者

人工智能和算法在数字内容生产中的角色和功能经历了一个逐渐深入和不断主体化的演变过程，遵循了从辅助工具到独立生产者的发展轨迹。

早先，人工智能在内容生产中的角色是工具化的，主要起到将内容生产者从繁杂的初级劳动中解放出来，或者提升内容生产者生产效率的功能。比如，利用人工智能对大量的素材进行整理、分析，辅助发现创作线索；通过人工智能技术将文字文本转化为音频和视频，以促进多样化的内容呈现；基于人工智能的语音识别技术，令用户在不借助文字工具的前提下通过语音提出内容需求，这不仅提升了用户与内容的交互效率，还可将内容消费延伸到车载这样一些很难借助文字进行交互的场景。

之后，随着技术的发展，人工智能开始摆脱工具化的辅助性地位，逐渐可以在人工不进行干预的情况下自动进行完整的内容生产活动，成为独立的内容生产主体。比如，用人工智能合成虚拟主播，使其成为一个独立面对用户的内容生产者。再比如，运用人工智能进行新闻写作。新闻消息是结构固定的文体，每次新的写作本质上就是对"5W"要素进行替换填空。运用人工智能只要输入参数就能实现比人类更快的写稿速度。另外，通过深度学习，人工智能在分析海量稿件的基础上，能够输出特定写作风格和话语风格的内容，例如新华社写作风格的稿件，或人民日报写作风格的稿件。所以人工智能在新媒体内容生产领域已经成为一个独立的生产者。

以上应用都是针对自媒体的内容生产，也就是针对具体内容生产者。如前所述，新媒体生态中最顶层的内容生产者其实是平台型媒体。平台型媒体在数字内容生产中扮演的是"匹配"角色，即让合适的内容在合适的场景下找到合适的用户。具体的匹配过程，就是算法大显身手的时候。要实现高效的匹配，首先必须对内容和用户进行"标签化"，即用打标签的方式对内容与用户进行识别与刻画，标注用户的内容需求和内容的结构特点。然后再将二者进行对应性匹配。这整个过程就是一个算法的运行过程。这时候算法作为顶层的内容生产者决定着整个内容生产与内容消费的流转效率，左右着数字内容经济的运行效率。

人工智能和大数据在新媒体中的第一个作用就是提升了新媒体平台内容生产和传播的精准率。精准率的提升，使用户能越来越便捷地看到自己想看的内容。对于商业广告来说，精准率的提升，使广告主能更快地、更精准地覆盖自己的目标用户。无论是基于内容、基于场景，还是基于用户本身的特征，都能做到把合适的内容、合适的广告在合适的场景里推给合适的用户。

## 二　生产者与生产力的合一

科技是第一生产力，这句话放在新媒体生态中再合适不过。人工智能不仅仅是数字内容的生产者，更是数字内容的第一生产力，是生产者与生产力的合一。从这个意义上来说，新媒体可以被定义为"智能媒体"。

人工智能是不需要休息也不会疲惫的内容生产者。人工智能不仅具有人类望尘莫及的计算能力，还有人类无法比拟的持续工作能力，可以无休止地运行。这种续航能力是会疲劳、需要休息、有情绪波动的人类不具备的。人工智能可以快速为海量的用户和海量的内容打上标签，并在极短的时间内通过高速计算对二者进行匹配。这种工作量和工作速度也是人力无法企及的。因此，人工智能作为一种生产力，对内容生产效率的提升作用是非常显著的。

人工智能作为一种生产力，其主要的赋能对象是平台型媒体。平台型媒体获得人工智能赋能后再通过推出技术工具的方式赋能给自媒体。这是人工智能对数字内容生产的"二级赋能"路径。需要特别指出的是，人工智能作为一种生产力，也主要掌握在平台型媒体手中。一方面，人工智能作为一种前沿数字技术，其研发需要大量的投入。这是一般的内容生产者无力负担的。作为数字新媒体生态中的顶端物种，平台型媒体有足够的盈利能力支持这一投入。另一方面，人工智能的运行需要大数据作为"燃料"，机器学习也需要大数据来提供足够多的训练。只有平台型媒体才能拥有海量的用户，进而获得海量的大数据，有了海量的大数据之后，人工智能的学习效率和迭代进程才会更快。因此，只有平台型媒体这种拥有海量用户和内容生产者群体的媒体形态才能确保产生足够大的数据量来支持人工智能的运行和发展。

同时，人工智能令人类从大量基础性、重复性工作中解放出来，可以更好地投入创造性工作中，令创意这个内容生产要素受到激发。美国著名网络科技观察者克莱·舍基（Clay Shirky）提出了"认知盈余"（Cognitive Surplus）这一概念，用来解释当人们自由时间充沛时，利用自由时间通过网络协作可以创造巨大社会价值这一现象。① 这是人工智能提升数字内容生产力的一种间接但成效明显的方式。

---

① 〔美〕克莱·舍基：《认知盈余：自由时间的力量》，胡泳、哈丽丝译，北京联合出版公司，2018。

# 第四章 数字内容的生产方式

## 第一节 无限的生产

受到生产组织形态、内容承载介质、传播周期等方面的限制，传统媒体在内容生产端可谓"戴着镣铐跳舞"。数字化突破了传统媒体内容生产中的种种限制，开创了"无限"的内容生产形态，是数字内容产业活力的重要来源。

### 一 无限形态

传统媒体的生产组织形态是趋同的，甚至是统一的。在全球范围内，不同形态的媒体机构的组织架构大体相同，即有着公认的分工规范和部门模板。与传统媒体大致统一的机构化模式不同，借助数字化传播技术的赋能，新媒体内容生产在组织形态上没有组织架构的规范化限制，呈现出无限的组织自由和无限的形态可能。

由于内容生产主体的泛化，各种不同属性和来源的内容生产主体在内容生产组织上依据不同的组织目标和资源禀赋，形成并发展了不同的内容生产组织形态。其中包括专门化组织、部门化组织和个人化组织三种主要形态。

专门化组织是专业从事内容生产的机构所采用的组织架构。在新媒体时代，专业化的内容生产组织包括传统媒体机构和互联网原生内容生产组织，比如一些文化传播公司和网络技术公司。无论是互联网时代的"移民"（迁移至互联网的传统媒体），还是"原住民"（互联网时代诞生的内容生产者），都是以内容生产为组织的核心职能，在生产方式上组织化程度较高，有清晰的部门化架构和分工协作。

部门化组织则是被另有主业的机构所采用的内部化组织方式。这类组织机构往往有着"非传播"的主业。为了降低成本或者更为顺畅地贯彻组织的传播意图，大量工商企业和党政机关都选择通过自媒体账号进行内容生产。在这样的机构内，内容生产往往采用部门化组织。在组织母体里，内容生产部门被当作一种职能部门来运营，以内容生产活动来配合组织核心目标的达成。

个人化组织作为一种"无组织的组织"，是单元最小、最灵活的组织方式，被个体化的专业和业余自媒体人广泛采用。数字媒体资源的工具化不仅令大量内容生产者以个体化的方式专门从事新媒体内容生产，还令更多的内容生产者以业余的方式加入个体化内容生产大军中。在"认知盈余"效应的推动下，利用空闲时间进行内容生产的业余内容生产者大量增长，形成了"大规模业余化"的现象。在个人化的组织方式下，内容生产者摆脱了组织管理的束缚，甚至都不需要固定的工作地点，只要一台电脑，随时随地接入互联网就可以生产内容。相比组织化的"重"生产，个人化的"轻"生产具有无可比拟的成本优势。这对信息流转速度超快的新媒体来说尤为重要。同时，随着数字内容生产工具的进化，其使用的便捷性也越来越高。"即用即走"成为新媒体数字内容生产工具的主要特征。这也推动了个人化生产模式的进一步扩展，促使其成为数字内容时代最庞大、最具活力的一个生产者群体。

## 二　无限产量

在传统媒体时代，内容的产量因受到多方面的限制，始终十分有限。

一是产能的限制。传统媒体的内容生产者在数量结构上是封闭而稀缺的。尤其在我国的语境下，体制内的媒体与政府机构几乎是同构的。以电视台为例，其分布依照中央、省、市、县"四级办台"原则，和行政机构架设一致。这实际上严格限制了传统媒体机构的数量。同时，在封闭的媒体机构内进行内容生产的群体在规模上也是有限的。在社会上处于绝对少数派的专业内容生产者即使开足马力全年无休，其内容生产能力也是极其有限的。有限的生产主体加上有限的生产能力，极大地限制了传统媒体的内容产能。

二是媒体技术和传播形态的限制。在传统媒体时代，内容生产还受到媒体传播周期和媒介物理容量的限制。比如，纸媒受到出刊周期的限制，在一定时间段内刊出的频次是固定的；电波媒体受到播出时长的限制、纸媒受到版面空间的限制，所能容纳的内容都是有限的。

在数字技术条件下，媒体资源的供给是无限量的。任何个人和组织都可以在平台型媒体上注册自媒体账号，从事内容生产。这形成了内容生产主体的丰富化。同时，数字技术还冲破了传统媒体生产周期的限制，形成了"生产永不眠"的不间断生产形态。在新媒体时代，每个内容生产者都有不同的生产时间安排，在传播频率和周期上也没有统一的限制。从总体上看，全天任何时段都有内容生产活动在进行，人工智能和算法更是不眠不休。另外，无论是平台型媒体还是自媒体，对内容的容量都是没有上限的。因此，丰富的内容生产主体、充沛的内容产能和24小时不间断的生产模式共同缔造了新媒体海量的内容产出。

## 三　内容品类的分化

新媒体数字内容供给的海量化包括内容总量的激增和类型的分化两个层面的动态含义。

在传统媒体时代，受物理时空的限制，纸媒刊载版面有限、电波媒体播出时长有限。受经济逻辑的约束，传统媒体不得不把有限的产能集中在头部①内容的生产上，以争取产出投入比的最大化。为长尾用户的需求提供内容服务所获得的注意力规模在价值上无法覆盖所投入的媒介时空资源的成本，因此其在经济上并不可行。

在新媒体时代，数字技术将媒介资源的边际成本降到无限趋近于零。互联网的连接性令新媒体可以在全世界范围内寻找内容用户。利用无限的数字化媒体时空资源，规模化聚合长尾用户，

---

① 统计学中，正态曲线中间突起的部分叫"头"（head），两边相对平缓的部分叫"尾"（tail）。长尾效应（long tail effect）理论认为，头部市场是用户需求规模化的、大众化的市场，它集中了大多数用户的需求，长尾市场则是用户需求个性化的、小众化的、零散的市场。大众化的需求对应需求曲线的头部，小众化的需求在需求曲线上面形成一条长长的"尾巴"。长尾效应指的是若将所有小众化的市场累加起来就会形成一个比大众市场还要大的市场。详见〔美〕克里斯·安德森《长尾理论》，乔江涛译，中信出版社，2015。

将以往无法满足的小众需求通过互联网聚合为一个具有规模经济意义的市场。这是数字时代全新的传媒经济逻辑。因此，头部用户和长尾用户都可以并且应该被纳入数字内容供给侧的服务对象。同时，产品思维的渗透和数字化精准工具的发展，令新媒体内容生产主体开始有意识地开发用户的个性化需求、有策略地对内容进行产品线管理，这同样促进了用户需求的分化和长尾市场的养成。

在内外部因素的促动下，数字内容分化出了"品类化"的格局，即数字内容在构成中，打破了以往新闻一家独大的局面，各类基于长尾市场的垂直化细分内容与传统上处于绝对垄断地位的新闻内容共同构成类别多样化的内容供给新结构。正如生物多样性是生态健康的指针，内容品类的丰富也是内容生态健康的特征。

数字内容供给像消费品市场中的品类化产品一样琳琅满目，供不同需求的用户选择。在内容品类化供给的模式下，平台型媒体类似汇聚并分门别类管理产品供用户选购的超市，自媒体则类似提供不同种类产品的供应商。从主流平台型媒体的运营实践来看，内容往往被划分为新闻、美食、旅游、美妆等十几个品类进行有针对性的流量倾斜和运营激励，以促进品类结构的丰富化和健康化。

## 第二节　平台型媒体的生产

作为新媒体内容价值链的绝对掌控者，平台型媒体的生产不仅决定了新媒体的内容生产力，还定义了新媒体的内容生产关系。

平台型媒体并不直接从事内容生产，而是通过服务自媒体的方式，驱动自媒体进行具体生产。总的来说，这种生产方式就是构建一个结构健康、运行良好的"生态环境"。

## 一 生态环境

平台型媒体下的内容生态环境优良与否，取决于平台型媒体所设定的"生态法则"，即由平台型媒体所制定的根本游戏规则。生态法则起到了吸引各方参与、规范各方行为、平衡各方利益的功能。

检验这套生态法则优劣的标准在于其能在多大程度上促使平台型媒体形成"网络效应"。所谓网络效应，简单讲就是用户越多，平台对用户的价值就越高，平台的传播效率也越高。网络效应之下，用户越多，平台型媒体对自媒体的价值就越高，用户基于相互分享信息的体验价值也就越高；入驻自媒体越多，平台型媒体对用户的价值就越高，自媒体之间相互激发创意的集群价值也就越高。网络效应之下，平台型媒体成为方便内容生产者与内容消费者进行内容交易的双向渠道，生态内的信息传播效率也会更高。平台型媒体的生态环境如图4-1所示。

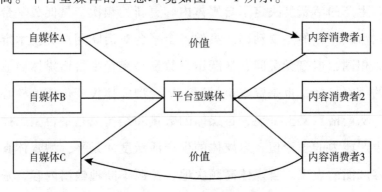

图4-1 平台型媒体的生态环境

本质上，平台型媒体的产出是自媒体。因此，自媒体的数量、结构和生产活跃度是建构与观测平台型媒体生态环境的三大微观要素。

根据双边市场逻辑和网络效应原理，平台型媒体首先需要具备一定量级的自媒体入驻，才能跨越网络效应启动的阈值。对于平台型媒体来说，远比网络效应形成之后维持自媒体数量困难的是吸引到第一批"种子"自媒体，突破自媒体和用户双缺乏的"冷启动"阶段。以新浪微博为例，在冷启动阶段，新浪微博的对策是邀请影视明星和科技名人入驻新浪微博，并为其账号提供加"V"认证。将其原有的影响力搬到新浪微博，成功吸引到了第一批用户。

正如生物多样性是生态环境健康的表征，自媒体类型的丰富性是平台型媒体生态确立的标志。自媒体结构的多样性有两个层面的含义。一是自媒体属性的多样化，即入驻自媒体主体来源的丰富性。不同的组织形态、行业来源不仅扩充了自媒体的数量基数，也丰富了自媒体内容输出的方向。二是自媒体内容品类的丰富化。丰富的内容品类结构有助于吸引更多用户的参与，也有利于促成用户对内容的社群化分享和互动。

生产的活跃度决定了自媒体内容更新的频次，是促成平台另一端活跃用户的主要动因。虽然各个平台对活跃用户的技术定义不尽相同，但毫无疑问，活跃用户数量是衡量平台型媒体商业价值的核心指标，也是资本市场评判平台型媒体投资价值的核心指标。从严格意义上来说，自媒体的数量和结构只是平台型媒体内容生产能力的理论值，自媒体的生产活跃度才是平台型媒体真实内容产能的表现。自媒体高频次地、源源不断地输出内容，是平台型媒体维持机制运行的根本。

## 二 作为生产关系的"UGC"模式

在平台型媒体所设定的生态法则中,居于核心位置的,是对内容来源的安排。自媒体作为内容源头与平台型媒体所构成的生产关系是释放内容生产共同体整体生产力的关键。

UGC(User Generated Content)即用户生产内容,这既是一种内容生产方式,更是一种内容生产关系。作为媒体,将内容生产这一核心环节置于组织之外,让一部分用户(自媒体)为另一部分用户(内容消费者)生产内容,这是基于技术基因的平台型媒体的首创机制。其不仅真正定义了平台型媒体的内涵,定义了平台型媒体和自媒体这两种生产主体之间的差异,更定义了平台型媒体驱动自媒体进行内容生产这一新媒体时代独有的生产关系。

用户生产内容打破了传统媒体从内容生产端到信息传播端的"纵向一体化"结构,令内容生产与信息传播主导权分化,更细致的专业分工促使内容生产与内容传播的效率均得到了提升。这是生产关系释放生产力的典型案例。

随着实践的发展,UGC又分化出PGC和OGC两种延伸模式。PGC(Professionally Generated Content)即专业生产内容,指的是内容生产者以资质、经验、学历等为基础,以专业身份或专家人设生产垂直领域内容。OGC(Occupationally Generated Content)即职业生产内容,指的是内容生产者以内容生产为职业。PGC和OGC并非独立的内容生产模式,而是UGC模式的衍化和发展,是UGC主体属性和来源的分化与丰富。因为从本质上来说,这两种模式都服从于自媒体与平台型媒体所构成的内容生产关系。

### 案例 4-1　李子柒：从 UGC 到 OGC 的转型升级

作为一个自媒体内容生产者，李子柒用短短四年左右的时间便完成了从"创作者李子柒"到"账号李子柒"、从 UGC 到 OGC 的演变升华之路。2019 年 12 月 6 日，李子柒被《人民日报》官方微博点赞，话题"李子柒是不是文化输出"登上了微博热搜榜，阅读量达 7.5 亿，相关文章刷爆了朋友圈；2019 年 12 月 9 日，李子柒被共青团中央官方微博点赞；2020 年 1 月 10 日，她再度登上热搜，话题是"李子柒否认收入 1.68 亿"。

2015 年，李子柒开了一家淘宝店，但销量一直不佳。2016 年，李子柒在弟弟的"怂恿"下开始尝试自拍自导一些美食视频来吸引消费者。虽然此举并未扭转淘宝店的生意状况，她却发现很多网民对她的视频十分感兴趣，于是索性关掉了淘宝店，专心研究拍视频。2016 年 3 月，李子柒在美拍发布了自己创意制作的视频《桃花酒》。《桃花酒》制作粗糙，拍摄的全是简单的推拉镜头，她穿的是民族风服饰，视频转场与字幕更是毫无美感可言。虽然这条视频并没有激起流量的水花，却受到了来自屏幕另一头的一个人的特别关注。同年 9 月，李子柒收到了杭州微念科技的创始人刘同明发来的私信，他表示对视频很欣赏，并愿意提供专业的拍摄支持和微博流量扶持。这年年底，李子柒身着一身白衣演绎的视频《兰州牛肉面》在新浪微博意外收获了 500W+ 的播放量，之前其视频平均转发量和评论数为 2000+，这个视频一下上升到了 2W+ 的转发量和评论数。

视频爆火后，李子柒随即转发微博向网友咨询技术层面的问题。可以看出，直到这时，她的视频都是自拍自导自剪的，即 UGC 模式下的内容生产。

2017 年 4 月，李子柒在新浪微博上发布的视频《秋千》再一次成为爆款，而这股风也刮来了众多非议与质疑。5月13日，李子柒在平台上宣布停更，并动情地讲述了自己的童年经历，以及成名后身边人和自己遭受的网络暴力以及拍摄背后的辛酸故事，还展示了自己不断来回按下开/关机键的视频素材。没想到，素材集锦的视频再次成为热门。

两个多月后，李子柒在内容生产方式上做出了一个重大选择，成立了四川子柒文化传播有限公司，她持有49%的股份，另外51%的股份持有者是MCN机构微念科技。与专业MCN机构合作，标志着李子柒的内容生产模式正式转向了OGC模式。

2017年6月，李子柒恢复了视频的更新。新的视频画面中"李子柒"的水印有了调整，素材更加丰富，构图讲究，视频的转发量与评论数都是2W+起步。但李子柒表示，专业的团队只是给予视频制作技术的支持，镜头的动线、内容主题的策划权还是由自己掌握。

在商业变现上，由于MCN机构的专业加持，李子柒显现出比一般网红更大的商业格局和更深远的经营谋划。2018年，通过多平台运营，李子柒已经在国内外多个平台型媒体上积累了大量的粉丝，但她仍然没有接广告、做代言。李子柒的起点很高，不同于其他靠吆喝、靠颜值、靠带货的网红，李子柒一开始的定位就是由内容打造品牌，再由品牌孵化IP。

2018年七夕，李子柒宣布将打造个人品牌。其实，早在2017年10月，子柒文化传播有限公司就已将"李子柒"注册为商标。宣布品牌上线后，不到一周的时间，首批售卖的四款商品为店铺带来了超过15万份的销量，销售额破千万。

MCN机构赋能之下的OGC模式，一方面保证了李子柒优质内容的持续输出。从非遗蜀绣到活字印刷，顺应国潮兴起势头的、符合国风调性的高品质内容持续吸引着流量和关注。另一方面，商业变现策略与路径的支持，共同建构了"李子柒"这个代表田园牧歌想象的 IP。内容生产模式的转变令李子柒一步步摆脱了网红的刻板形象、突破了有限的商业价值。

## 第三节　内容生产对消费的形塑

多元属性的内容生产主体、多样化的内容生产方式、先进的内容生产力、巨大的内容产量……这些内容生产端的特点和优势共同作用于内容消费端，对新媒体内容消费者的消费行为与消费心理形成了强大的形塑作用。

### 一　时间瓶颈

与数字内容供给侧丰富的产能和海量的产出不同，需求侧的需求量是有限的。虽然移动互联网服务塑造了用户随时随地消费在线内容的习惯，但用户总的消费容量受到自身生理条件的限制，有着明确的天花板。虽然每个人的寿命有长有短，但每个人的一天都是 24 小时。也就是说，即使用户把所有时间都用来消费在线内容，每天可供新媒体使用的时长最多也就 24 小时。这是新媒体内容需求端永远无法打破的瓶颈。

根据中国互联网络信息中心发布的数据，2019 年，中国网民的平均每周上网时长已经达到 27.9 个小时，平均每天有近17% 的时间用于上网。从走势来看，自 2013 年比 2012 年有 4.5个小时的增长外，中国网民平均每周上网时长已经连续 6 年增势平缓（见图 4 - 2）。这充分说明网民平均每周上网时长的增长空间已近消失。从日常观察来看，公众已经将睡觉、工作之外的绝大部分时间都贡献给了网络，平均每周上网时长的增长已经逼近用户的时间瓶颈。

因此，供给侧和需求侧之间海量供给与有限需求的矛盾必将越来越大。用户的任何内容消费行为，本质都是在消费其越来越有限、越来越宝贵、边际价值越来越高的时间。用户每次的内容消费行为也会带来越来越高的边际成本。在这样的社会心理约束之下，用户对内容的选择性行为①必将得到强化，绝大部分内容的命运不是被用户直接忽略，就是被用户以"浅阅读"的方式掠过。

图 4 - 2　中国网民平均每周上网时长

资料来源：CNNIC（中国互联网络信息中心）第 43、44 次《中国互联网络发展状况统计报告》。

## 二　进度条心理

进度条是计算机在处理任务时，以动态图片形式实时显示任务进程的方式，一般以长条状显示任务的处理速度、完成度、剩

---

① 选择性行为指的是用户会根据个人的需要、意愿和既有态度，对信息进行有选择的接受、理解、储存和对应的回避、曲解、遗忘。

余未完成任务量和可能需要的处理时间。进度条作为一种新媒体产品的可视化交互设计，逐渐成为折射数字内容消费者心理变化的"透镜"。

随着数字内容消费行为占据越来越多的用户时间并逐渐逼近其时间极限，用户心理上被海量数字内容所裹挟的感受愈加强烈。这种感受令用户本能地产生抗拒，用户的内容耐心快速消失。这表现在用户对不符合自己兴趣的内容越来越不能容忍，也越来越没有耐心花时间来仔细判断具体内容是否符合自己的兴趣。如果没有进度条或者进度条显示进程慢，绝大多数用户便会果断放弃对产品的使用。当用户的内容耐心快速减少后，其倾向于尽快判断内容与自己兴趣的匹配程度，并在较短的时间内对无法匹配自己兴趣的内容做出放弃和跳离的决定。这种浅尝辄止的判断和喜新厌旧的高频次转换就是"进度条心理"。其折射的是新媒体时代数字内容消费者的一种显著的消费形态。这给内容生产者提出了全新的要求：在用户的快速选择面前，留给内容生产者用来捕捉用户兴趣的时间是非常短暂的。想要抓住和留住消费者，内容就必须在最短的时间内、以最快速度、最大化刺激到用户的兴趣点。

## 第四节　内容生产的"去中介化"　　与"再中介化"

### 一　内容的"代理生产"

信息传播对社会的运行和国家的治理都具有重要的意义。可以说，每个身处现代社会的组织和个人都有传播信息和相互沟通的需求，这是每个社会活动参与主体的本能需求。

在传统大众媒体时代，信息传播能力作为一种话语权力被媒体机构所垄断。"非传媒"的社会主体必须借助媒体才能满足自身对信息传播的需求。在这样的社会分工之下，媒体承载了为第三方组织和个人生产内容的职能，形成了内容的"代理生产"制度。

在内容代理生产制度的安排下，专业化的媒体和职业化的传播从业人员，通过新闻和广告这两种最主流的大众信息传播方式为其他社会主体生产并传播内容。这便是媒体的"中介化"，即媒体作为整个社会的"信息中介"而存在和发展。

## 二 自营：内容生产的"去中介化"

在互联网技术集群的催生下，数字化新媒体呈现出海量供应之势，逐渐打破了原有的媒体供给结构。任何组织和个人都可以在腾讯、新浪、字节跳动、网易等互联网公司打造的平台型媒体上注册新媒体账号，免费获取媒体资源，也可以通过自己开发应用程序的方式，建立自有媒体资源。媒体作为工具逐渐向社会渗透并为绝大部分组织和个体所获得。与此同时，个人和组织的社会传播能力也与媒体资源一起，呈现出同步增长的态势。随着广泛的社会组织和个人完成了自我的"媒体化"，信息传播的权力和能力逐渐从传统媒体时代的集中化走向分散化，传统媒体对信息传播和话语权的垄断被打破。

在应用程序和自媒体账号体系的推动下，不少社会主体改变了以往依靠大众媒体进行新闻发布和广告传播的内容代理生产模式，转为建立内部化的内容部门，自己经营内容生产与传播，架构从策略、内容到传播的一体化内容自营模式。内容自营模式的迅速发展和广泛普及，宣告了内容代理生产模式的终结，媒体作为社会信息中介的功能和地位逐渐弱化，新媒体促成了社会传播领域的"去中介化"态势。

在数字传播领域的去中介化进程中，随着越来越多的个人和组织，尤其是大型企业和党政部门，逐渐采用内容自营模式，传媒产业组织形态开始呈现出"内化"趋势，即传统上作为独立组织和机构的内容生产部门开始逐渐成为"非媒体"组织和机构中一个专事传播、通过传播活动为组织整体目标服务的部门。社会传播主体渐渐将传统用于媒体关系维护和购买公关服务的预算挪到内部，将外部市场交易转变为内部内容生产人员的薪资。

内化带来了传媒产业形态和交易方式的巨大转变，重新定义了内容市场。传统上基于内容代理生产的社会分工模式被重构。越来越多的个体和组织选择自营内容，令内容生产主体愈发规模化与庞大化。传媒产业开始从代理交易转向内部投入。

以广告产业为例，以往建立在广告主与代理商交易基础上的广告市场有很大一部分开始转向广告主的内部薪资投入。在这种结构性变化之下，越来越多的广告主从采购代理公司服务转向采购人力资源，广告产业市场形态发生了深刻演变。由于广告主所购买的广告人力资源大多来源于传统代理公司，这种行为也加速了内容从业人员的流动，重构了内容生产主体之间的竞争关系，导致不少传统广告公司的衰落、瓦解，以及网易、GQ 这类新兴广告内容机构的崛起。

## 三　MCN：内容生产的"再中介化"

在数字内容生产与传播的复杂生态系统中，去中介化并不是绝对单向的存在。基于资源的整合与效率的提升，以 MCN 模式为代表的"再中介化"也迎来了快速发展的阶段。

MCN（Multi-Channel Network）是一个舶来概念，字面意思是多渠道内容网络，实际指的是数字内容生产和商业变现领域的一种中介组织。在实际运作中，MCN机构通过寻找和锁定具有流行潜质的个人内容生产者，对其内容生产过程进行专业化支持，以提升其内容产出的质量，并为其寻求平台型媒体的流量支持，之后再通过代理其流量的变现来获取收入。

这个模式其实和地产中介的运作过程非常相似：地产中介的做法是先找房主把房子签下来，然后找买主进行推销。对于那些地段好的、可能卖出高价的房子，地产中介通常会花一笔钱先去装修它。

MCN与去中介化趋势是反向的，可以称为"再中介化"。在庞大的数字内容生态系统内，社会主体自营内容的去中介化与以MCN为代表的再中介化是互不冲突的两个平行体系。两个模式以各自不同的方式优化了数字内容产业的生产效率和变现能力。

MCN诞生于网红经济现象密集的美妆、美食、旅游等垂直内容领域，这些领域由于个人内容生产者众多，资源分散、效率低下，MCN是对其的一种系统性整合和优化。MCN通过重组专业分工的方式实现了资源在整个产业链条内的优化配置，因此对数字内容产业各参与方都具有价值。

对于个人化的内容生产者来说，即便是具有成为网红的潜质，也很难凭借个人有限的资源和能力在专业门槛越来越高、用户越来越挑剔的数字内容市场杀出重围。而MCN机构能够提供专业化的服务，帮助其补齐专业能力方面的短板。比如，如何设定和优化主播人设、如何进行专业的视频制作、如何吸引内容消费者的注意力、如何争取平台型媒体的流量倾斜。全面满足这些细分领域的需求超越了个人内容生产者的能力范畴，需要专业的人员和团队协作来完成。同时，对于个人化的内容生产者来说，即便其具有很高的内容创作天分，可以通过输出优质内容来获取流量，但在商业变现方面也很难达到专业级别。比如，很难专业化地与广告主沟通，为广告投放和内容衔接确立策略，从而实现自己商业价值的最大化变现；很难通过专业的手段将自己在内容消费者认知中塑造的 IP 价值进行跨产业、跨行业的变现；或者通过专业化的设计和营销推出内容周边产品。而 MCN 机构可以提供这样的服务。MCN 机构还有另外一个很重要的价值，即其能帮助内容生产者向平台型媒体争取到更好的流量资源倾斜，比如获得曝光机会、热门推荐和首页推荐等。MCN 机构会站在平衡双方利益的角度，代表内容生产者去跟平台型媒体进行谈判。从本质上来说，内容生产者需要更好的流量，而平台型媒体需要更多优质的内容。

简单来说，MCN 机构能够帮助内容生产者优化生产和培育流量，也能够帮助内容生产者进行商业变现，还能够帮助平台型媒体获得优质的创作者和内容资源。因此，MCN 机构对双方来说是一个具有撮合功能的中介。

作为一个中介，MCN 机构的价值还在于它的风险投资和风险管控能力。凭借专业眼光和趋势判断能力，MCN 机构通常提前以低价锁定一些比较有潜力的内容方向和内容生产者，并通过自己专业化的孵化和培育，比如专业化的内容生产辅导、内容运营支持，以及专门针对平台型新媒体进行资源谈判，以此促成内容生产者和内容的 IP 化之后，再进行专业化的商业变现。通过资源培育期的低价和资源成熟期的高价之间的价差，MCN 机构实现了其最大的商业价值。MCN 机构实际上和演艺圈的经纪公司非常相似，可以说是移植到互联网新媒体和流量经济里的经纪公司。

MCN 机构的出现标志着新媒体产业中分散的个人化内容生产者开始被专业机构整合、并入麾下。它是新媒体内容产业走向集约化的一个核心的标志。在这股潮流之下，不少的平台型媒体，比如微博、抖音、快手，不仅倾向于和 MCN 机构进行合作，由这种专业的中介机构为自己供应更为优良的内容，还以资本的方式投资入股 MCN 机构，深入分享这股再中介化所带来的红利。同时，很多在野蛮生长时代脱颖而出的内容生产者也将 MCN 机构作为自己转型的一个方向。最典型的例子就是，知名自媒体"papi 酱"在自己完成了 IP 化之后，成立了一个 MCN 机构，从台前的主播转型为幕后推手。

## 第五节　何以为王：内容生产者的新竞争战略

新媒体时代的内容生产者面临着远比传统媒体时代的同行更为激烈的竞争。这是由数字生态中海量的内容生产者与用户愈发稀缺的内容消费时间之间的结构性矛盾所决定的。

### 一　何以为王：竞争战略的分化

到底是"内容为王"还是"渠道为王"？这个有关媒体如何赢得市场竞争的著名争论伴随着传媒产业的发展和转型，从传统大众媒体时代一直延续到了新媒体时代。"内容为王"与"渠道为王"作为截然对立的媒体竞争战略，虽然在思考逻辑和实施路径上大相径庭，但在实践中各有成功案例作为佐证。因此，双方高下难辨、各有支持者，长时间争论不休。

归根溯源，内容为王战略是维亚康姆（Viacom）集团创始人萨默·雷石东（Sumner Redstone）所提出的媒体竞争战略。在这一战略的指导之下，维亚康姆集团常年聚焦内容生产，凭借诸多热门优质内容跻身全球最大的媒体娱乐公司行列。渠道为王战略则为新闻集团（News Corporation）创始人鲁伯特·默多克（Rupert Murdoch）所采取。在这一战略的指引之下，新闻集团通过持续的并购，扩充媒体渠道资源，建构了庞大的媒体帝国，成为全球经营最为成功的媒体公司之一。

语境的转换令"何以为王"的争论变得毫无意义。"内容为王"还是"渠道为王"之所以能够成为媒体竞争战略决策的争议焦点，从根本上是因为传统媒体特殊的产业结构。"纵向一体化"的产业结构令传统媒体时代的市场主体能够独自掌控从内容生产、内容传播到触达受众的整个链条。媒体机构作为竞争主体可以自主决策是将资源禀赋集中于内容生产还是内容传播（见图 4 – 3）。

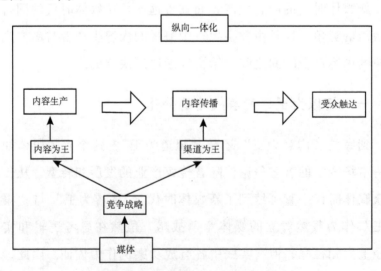

图 4 – 3　传统媒体时代的竞争战略

在数字传播生态下，内容生产和内容传播的控制权被切割并分置，这终结了媒体纵向一体化的可能性。这场结构性变革始于内容传播这一最具市场影响力和商业价值的环节被平台型媒体锁定并垄断。在这种垄断之下，平台型媒体掌控了绝大部分数字内容消费者的流量和绝大部分数字内容的分发权。绝大部分数字内容消费者习惯于在平台型媒体上寻找和消费内容，这促使绝大部分数字内容生产者不得不依附于平台型媒体来触达用户和传播内容。这一全新的市场结构重构了媒体竞争战略的选择空间和最优决策。新媒体时代市场竞争主体的战略选择超越了内容为王还是渠道为王这一非此即彼的选择，令市场主体必须基于不同媒体形态在数字内容生态中的差异化角色和功能做出全新的选择。简而言之，在数字新媒体生态中，不同形态的媒体所面对的战略可能性和最优的战略选择是不同的（见图 4 - 4）。

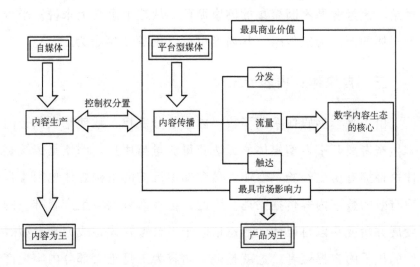

**图 4 - 4　新媒体时代的竞争战略**

## 二　平台型媒体：产品为王

在新媒体时代，平台型媒体优先选择的竞争战略是"产品为王"。这是因为对于平台型媒体来说，形成、保持和强化对内容传播环节的掌控力是最符合自身资源禀赋和实现商业利益最大化的发展方向。实现这个发展目标所需要的战略却远非传统渠道为王意义上对媒体渠道资源的并购和占据。

产品为王战略的内涵在于平台型媒体需要在数字传播技术趋势和内容市场发展之中动态把握机会点，通过技术的架构、规则的设定，搭建起对内容生产者与内容消费者具有双向吸引力的"撮合"机制。同时，以标准化的方式确保这一机制的常态化运行，即确保用户内容消费体验感的稳定和持续，确保内容生产者生产活力的存续和提升。因此，产品战略的本质是分发机制的建立和相关技术布局，以此涵养一个生态系统，形成内容源源不断供给、流量源源不断聚集的健康循环。从这个意义上来说，平台型媒体的产品为王战略，其内涵也可以说是"生态为王"。

## 三　自媒体：内容为王

由于平台型媒体垄断了数字内容的分发权，致使绝大部分内容生产者离开平台型媒体便无法获得流量与用户。即便是传统媒体这种拥有历史经验、专业人员和知识沉淀的机构媒体也很难自建有效的数字内容传播渠道。因此，绝大部分内容生产者唯一的发展方向就是以自媒体的形态依附于平台型媒体，成为平台型媒体的优质内容提供者。这就是说，内容为王是绝大部分内容生产者唯一可选的竞争战略。

但新媒体时代的内容为王与传统媒体时代相比有着微妙的不

同。传统媒体时代内容为王战略的内涵，是针对内容消费者持续推出符合其需求的高品质内容。新媒体时代的内容生产者所面对的不仅是内容消费者，还有横亘于其与内容消费者之间的平台型媒体。内容生产者必须首先满足平台型媒体的内容需求，才有机会满足内容消费者的需求。或者说，内容生产者如果能较好地满足平台型媒体的内容需求，就更有机会满足内容消费者的需求。因此，新媒体时代的内容为王战略，其新内涵在于内容生产者首先需要针对平台型媒体的内容分发机制、流量分配法则和算法进行创作，如此才能在符合平台型媒体规则的框架下获得流量和用户。

新的内涵也使得内容为王战略在具体实施上较以往有着很大的不同。虽说传统媒体时代的内容生产是针对内容消费者进行的，但由于技术手段的限制，内容消费者的"需求可见度"比较低，内容生产者实际上是依靠自己的经验进行内容生产。而平台型媒体提供的数字技术令内容消费者的需求可见度大幅提升，令内容生产者可以利用这些数字技术工具进行更贴近内容消费者需求的创作。

## （一）针对算法生产

针对算法的内容生产方式，即自媒体形态的内容生产者通过解码平台型媒体的流量分配算法和内容推荐算法，有针对性地对内容的主题、编辑、呈现等元素做出符合平台型媒体算法规则的创作，以获得平台更多的推荐和流量。比如桌面互联网时代针对搜索引擎的优化，可以使自己的内容更易于被搜索引擎发现或在搜索结果中得到更好的呈现位置。又如移动互联网时代针对推荐算法进行基于关键词的标题写作，可以使自己的内容更有机会曝光在信息流推荐中。

### （二）针对热点生产

数字传播生态系统的主要矛盾是近乎无限的数字内容供给与有限的用户注意力资源之间的矛盾。因此，对于普通内容生产者来说，如何捕捉稀缺的用户注意力是非常大的挑战。追逐和搭载热点事件便顺理成章地成为大多数内容生产者首选甚至必选的内容创作策略。

热点是短期内最具注意力吸附能力的内容，是流量和注意力的短期汇聚，也是用户阶段性内容需求的具体呈现。新媒体时代的热点事件呈现出"信息流"式的更新模式，就像内容类应用程序在手机中以瀑布流形式呈现内容的更新一样。随着用户刷新动作的结束，最新的动态会在手机最上方显示，并把上一轮的最新动态往下挤压，持续来看就像流动的内容瀑布一般。在这样的信息更新和呈现形态中，手机上下边框就是内容呈现的上限和下限，因为屏幕所能容纳的内容极其有限，所以这种信息流呈现形式的优势在于以新旧更替的方式形成了新内容的展现和旧内容的沉没，以方便用户更好地关注到最新内容。这与新媒体时代热点事件的出现和消失的机制是一致的。手机上下边框所形成的有限信息容纳能力就类似于用户有限的注意力资源，新的热点事件闯入用户注意力的过程就类似信息流中的内容更新，最新的热点事件总是会出现在最显眼的位置，伴随而来的是上一轮热点的衰退，甚至消失。

与传统媒体时代依靠经验或调研等"间接"方式了解内容消费者不同，数字工具增强了内容消费者需求的可视化程度，赋予了内容生产者直接针对明确需求进行精准化内容生产的能力。绝大部分平台型媒体推出了内容热点的实时呈现工具，比如新浪微博的"热搜"、抖音的"热点榜"和微信的"看一看"等。

这是平台型媒体赋能自媒体的一种主要方式。这些数字化工具的"导航"功能增强了内容生产者实时掌握注意力焦点和流量流向的能力。对于内容生产者来说，热点是一种"短时红利"，基于热点将更有机会生产出更具流量获取能力的内容。

以笔者的亲身实践为例，2020年2月28号，游泳运动员孙扬被禁赛的消息成为热点。笔者在自己的今日头条账号"智高气阳"上发布了以此为主题的实时创作，一小时之内便获得了15万的阅读量（见图4-5）。

**图4-5　针对热点生产的案例**

## 第六节　媒体融合：一个组织能力命题

"媒体融合"本质上是一种竞争战略。媒体融合战略的行动者是新媒体时代的传统媒体。数字技术打破了传统媒体对传播活动的垄断，令新媒体时代的传统媒体需要与海量且多样化的新兴内容生产主体共同竞争用户有限的时间和注意力。这是媒体融合战略的出发点。

在用户的眼中，并没有媒体属性和类型的差异，有的只是内容质量的高低和内容消费体验的优劣。因此，媒体融合战略的实质是持续输出更高质量的内容，以更优质的体验感来赢得竞争。从表面上看，媒体融合战略是借助数字传播技术改造传统媒体的内容生产方式与内容传播方式，以使其更符合新媒体时代内容用户的消费需求与消费习惯。但其实这种内容介质和内容形态层面的融合充其量只能算作"媒介融合"。媒体融合战略的核心内涵在于，传统媒体作为竞争主体，其组织数字内容生产要素与资源的能力是否具备竞争力，即吸引、留存和激发数字内容生产资源与要素的组织能力是否具备比较优势。

数字时代复杂的竞争环境对内容生产者的资源组织能力提出了远超以往的要求。在传统媒体时代，单纯的链式产业结构加上国家赋予的垄断地位，决定了媒体所需处理的资源相对单一、所需匹配的组织能力相对简单。在数字传播生态中，内容生产者所需调配的资源变得多元化、复杂化和多变化。媒体融合战略要求传统媒体在高速变化的技术趋势、媒体竞争态势和内容消费潮流中建立起对技术、人才、资金这三类核心资源的组织优势。

数字时代开放式的竞争环境令竞争主体在核心资源的获取、

留存和激发等环节面临着越来越激烈的竞争。组织能力的竞争成为内容生产者之间的根本竞争。以人才为例，传媒归根结底是一个以人为主的创意行业，因此内容生产主体对人才的竞争空前激烈。新媒体的组织属性绝大多数为企业，可以按照市场规则竞争和组织人才资源，为人才开出具备竞争吸引力的高薪，或者在风险资本的支持下，为高端人才提供期权等。这些竞争手段给在体制内运行的传统媒体带来了空前的挑战。

因此，作为一种竞争战略，媒体融合是一个竞争视野下的组织能力命题，考验的是传统媒体在组织层面对数字内容生产资源和要素的竞争性把控和运用能力。其破题的关键在于体制机制的创新，即破除体制机制对资源和要素的组织约束，令传统媒体在组织能力上形成对要素资源的强大吸引力。

## 案例 4-2 媒体融合战略下的体制机制创新

在媒体融合战略的实施中，各传统媒体纷纷将体制机制改革作为突破口。

"澎湃"一改以往对报道人员的组织方式，将原来时事新闻中心按照新闻来源划分为法制、政治、教育等小组的架构，重组为纪实新闻和深度调查两个组。纪实新闻组负责用最快时间跟踪最新热点，深度调查组负责做进一步调查报道。这样不仅能契合互联网时代对内容时效性的全新要求，也能继续发挥传统媒体在深度报道方面的优势。

同时，澎湃还对内容生产流程进行了再造，改进了内审制度。在坚持传统媒体严格内审标准的同时，创新随到随审方式。澎湃对记者稿件执行从团队组长到分新闻中心主编，再到澎湃新闻值班主编的三审流程。但与报纸时代固定在晚上审稿的方式不

同的是，流程再造后执行稿件随到随审制度。随到随审制度对应
24 小时不间断的生产机制，加上弹性化的、非科层制的人员管
理模式，在保证内容质量的同时，全面激发了内容生产者的活力
和创造力。

为保障"中央厨房"体系的产出效率，《人民日报》建立了
融媒体工作室，吸引报、网、端、微各个内容形态的采编人员按
兴趣组合、以项目制运行，通过破除边界的方式整合资源。融媒
体工作室采取"四跨"与"五支持"机制："四跨"即允许记
者编辑跨部门、跨媒体、跨地域和跨专业组成小规模的组织；
"五支持"是"中央厨房"作为后台，对工作室提供资金、技
术、推广、运营、经营五方面支持。

在这一新机制之下，《人民日报》相继开设了麻辣财经、学
习大国、一本正经、国策说等十余个工作室，内容涉及时政、文
化、教育、社会、国际等领域。来自 15 个部门的近 60 名编辑记
者参与其中，媒体技术公司投入设计师、动画师、前端开发人
员、运营推广人员共 40 多人，提供技术支持。可以说，融媒体
工作室制度极大地促进了《人民日报》融媒体内容的产出。

# 第五章 "分发"：数字时代的
# 新传播范式

## 第一节 数字传播生态视阈下的分发

### 一 传播的"大规模个性化"

#### （一）信息传递与扩散模式的进化：从"广播"到"分发"

传播就其过程而言，就是信息的传递与扩散。传统媒体向新媒体的进化令信息传递与扩散的基本模式从"广播"转变为"分发"。

"分发"一词的本意是"一个个地发给"或"分别给予"。作为一种信息传播机制，分发在数字内容生态中所承载的功能是：决定什么样的内容，在什么样的场景下，被传递给了谁。

分发与传统媒体时代的信息传递与扩散过程有着根本的不同。传统媒体时代的信息传递与扩散模式是广播，即将标准化的信息通过规模化的技术手段进行复制，再将其无差别化地传递给个人化特征不明显的大众。分发则是通过数字技术将契合用户个性化需求的内容大规模传递给在内容需求方面个人化特征鲜明的用户。从概念本意来看，分发的本质是按对象的个性化需求来传递信息，其起始点是信息传递对象的个性化需求，具有鲜明的对象意识。

分发作为一种基于数字技术赋能的全新信息传递与扩散模式，令信息传播建立在针对性这一基础之上，极大地提升了信息传播的有效性和用户的体验感。相对于广播式的信息传递与扩散来说，分发是更为先进的信息传播方式。

分发作为一种规模化的内容信息传递方式，其诞生是数字传播技术对传统内容信息传播规则的破坏式创新。无论是从思维观念还是具体实践来看，在传统大众传播过程中规模化与个性化是相互冲突、此消彼长的两个方面。即追求信息的规模化传播必然要以牺牲信息传播的个性化为代价，反过来说，追求信息的个性化传播必然要以牺牲信息传播的规模化为代价。而数字技术的进步，令传统上相互冲突的个性化传播与规模化传播向一体化方向发展，使得内容信息的大规模个性化传播成为可能。

### （二）数字内容的增值

分发传播内容信息的过程与邮政系统的信件投递有着高度的相似性。在信件投递过程中，邮政系统通过邮政编码和地址将信件投递给由寄信人事先设定的收信对象。在分发过程中，分发系统通过 IP 地址和社交网络账号等将内容推送给由内容生产者事先设定的接收对象。

正如邮政编码是邮政系统的中枢一样，数字技术是分发系统得以运行的枢纽。通过邮政系统，大规模有明确收信人的信件得以精准投递。通过分发系统，大规模的内容得以精准化传播。因此，新媒体语境下的分发可以被视为一种前所未有的"大规模个性化"传播。

与传统媒体时代相同，在新媒体时代媒体所产出的内容，也必须经由传播才能形成价值。但与传统媒体时代不同的是，在新媒体时代分发作为一种数字化的传播，是新媒体数字内容生产中的独有环节，是数字内容价值的"增值"部分。分发的内核是数字技术的支撑和应用，分发是最能体现数字化内容生产力的新媒体传播活动。

## 二　异于大众传播的"新范式"

传播是媒体内容扩散的基础过程，也是内容产品交付使用者的通用过程。传统媒体时代纸媒的发行和电波媒体的传输，都属于这样一个环节。分发作为数字时代的新传播范式，与传统意义上的大众传播既有紧密联系又有本质区别。

微观上来看，受技术条件的限制，传统大众传播范式下传播者关注的是作为"群体"的传播对象。无论是在观念上还是在实践上都不关注也无法有效关注"个体"意义上的传播对象。大众传播范式下的传播，是指由特定的信息传播者向不特定的大众进行广泛的信息传递。因此传播的对象不是特定的，甚至对于传播者来说，并不能够确切地知道其所传播的信息最终传递给了谁。

分发作为数字技术赋能下的新传播范式，是一种新媒体内容传播者在数字技术赋能下，基于内容消费者的个性化需求而进行的有针对性的、精准化的传播活动。分发与传统大众传播最本质的区别就是其基于个体化传播对象的观念和实践。在分发范式下，传播对象得到了个体化的观照，其个性化需求成为传播活动的逻辑起点和运营基点。在分发系统中，借助数字技术手段的支撑，传播者不仅能精确决定将内容传递给谁，也能够准确知晓其所传播的内容是被谁以及如何被消费的。

宏观上来看，大众传播范式的焦点是传播者与传播对象的地位及角色关系。金字塔结构阐释的是作为精英的塔尖上的传播者与作为大众的塔基上的传播对象之间的结构关系。分发范式强调的是作为总体的传播者和传播对象之间的价值交易关系，即通过个性化的、有针对性的分发，让内容以更低成本找到目标消费者，让消费者以更低成本找到符合自己需求的内容，从而提高内容生产者与内容消费者之间的价值交易效率，促进数字内容产业的经济循环。

### 三　内容生产与消费的"匹配"

作为数字媒体时代独有的新传播范式，分发根植于数字传播生态系统下内容生产端与消费端之间的"匹配需求"；作为维持数字传播生态系统健康运行的内生性需求，分发在数字传播生态中扮演着举足轻重的角色。

数字传播工具的赋能与数字内容生产力的释放，令数字内容的数量暴增，并在极短的时间内走过了从丰富到海量的历程。据国际数据公司（IDC）在 2018 年发布的白皮书《数据时代 2025》预测：2025 年全球数据量将达到 175ZB[①]（见图 5 - 1）。这样的内容规模已经远远超过了人类所需要和所能处理的信息量级，由此形成的"信息过载"成为数字新媒体时代的基本特征。

信息过载是数字传播生态健康的主要决定因素，左右着数字传播生态系统的进化和新媒体产业的升级。信息过载会引发内容消费者的抵抗机制，从而抑制内容消费者的行为，继而影响内容

---

① ZB（ZettaByte），泽字节，计算机存储容量单位，是 EB 的 1024 倍。

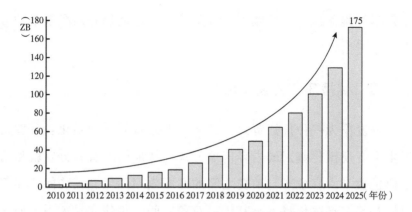

图 5 - 1  2010～2025 年全球数据量增长趋势

资料来源：《数据时代 2025》，希捷科技有限公司官网，https：//www.seagate.com/cn/zh/our - story/data - age - 2025/，最后访问日期：2020 年 3 月 12 日。

生产者的生产动力。分发作为一种传播范式，其本质就是通过提升内容生产者与内容消费者之间的匹配效率来缓解信息过载，即通过让内容生产者和内容消费者以更高效、更便捷、更低成本的方式找到对方，以此来避免数字内容供给与消费之间的失衡，并提升内容产品的流通效率，促进整个数字内容产业的循环。因此，分发作为对信息过载的一种技术性解决方案，诞生于数字传播生态系统对内容生产与消费的匹配这一内生性需求。

同时，在数字技术持续进步和迭代的推动下，数字内容数量的增长和用户可用时长有限之间的矛盾是不可避免的。信息过载作为数字传播生态系统的固有矛盾，势必将长期存在。因此，分发范式的具体形态并非一成不变，而是将在数字传播生态系统对内容生产和消费之间匹配效率的无止境追求中持续发展进化。每一种分发形态都有生命周期，其对匹配效率的优化能力都将面临边际效用递减的命运。也就是说，每一次新形态分发方式的出现都会立即促进新媒体产业的进化升级，但其对匹配效率的提升幅度则不可避免地会慢慢减小，直至下一个更能提升匹配效率的分发形态诞生。

## 四　传播环节的独立化

分发作为一种传播范式，其实现形态首先是规模化。分发是天生带有规模化基因的内容传播方式。从成因上看，分发就是为了促进数字内容生产与消费之间的匹配效率而生。其功能并非仅仅针对某一具体传播者与其传播对象之间的价值交易关系，而是为整个新媒体生态健康服务。从形态观察，分发作为数字技术赋能下的系统性解决方案，其信息处理能力和内容传播数量级必须达到大规模、个性化的标准，才能提升数字内容生产与消费之间的匹配效率。

分发范式的另一个实现形态是垄断化。分发作为一种大规模、个性化信息处理系统，规模经济的属性决定了其自然垄断的特性，即由单个或少数几个主体大规模运行比多个主体同时运行具有更高的经济效率。呈现在新媒体传播实践中就是分发作为一种传播权力，往往为少数几个传播主体所垄断。

规模化和垄断化促成了分发的独立化。传统大众传播范式下，传播环节总是从属于某一个传播主体，即传播是传播主体内容生产的一个组成部分。比如纸媒的发行或是电波媒体的传输，都是某一传统媒体整个内容生产环节里的一环。新媒体所谓的分发，是将不同主体所生产的内容分发给不同的用户。正如邮政系统既不写信，也不收信，只负责信件投递一样，分发既不从事内容的生产，也不从事内容的消费。规模化和垄断化的分发成为新媒体数字内容传播生态中的一个独立环节，一个完全独立于内容的生产与消费、专门从事内容生产与消费之间匹配工作的独立环节。分发这个独立环节借助平台型媒体的形态得以实现。平台型媒体通过其特殊的媒体形态，行使着既不从事内容生产，也不从事内容消费，而是把合适的内容在合适的场景下推送给合适的用户这一生态职能。平台型媒体作为一个完全独立的平台系统，是分发的最终实现形态，其功能是撮合内容生产者和内容消费者，优化内容生产和消费之间的匹配效率。

因此，平台型媒体作为分发范式的实现形态，掌控了新媒体传播生态中的绝大部分流量，左右着新媒体传播的效率和新媒体产业的发展，是数字内容产业的寡头，也是新媒体时代看不见的内容生产者与"数字"把关人。

## 第二节 分发的"进化"逻辑

### 一 互联网"入口"

#### （一）进化机制

分发作为一种传播范式，其具体形态随着新媒体传播生态环境的演变而处于不断的进化之中。分发形态的进化是在两种动力机制的交叉作用之下进行的。首先是技术驱动。数字传播技术的迭代为实现更高效率的分发提供了可能性。其次是产品驱动。产品为技术提供了标准化的应用，将技术的可能性转化为产品化的实际效用。在技术和产品的双轮驱动之下，分发的具体形态随着数字内容传播对匹配效率无止境的追求而不断进化演变，更符合新媒体传播生态环境、更有效提升内容生产与消费匹配效率的分发形态在技术和产品的支撑下不断出现，呈现出演变升级的发展轨迹。

### （二）主导形态

在每一个当下，或者说分发形态进化的每一个历史瞬间，都有基于垄断地位的具体分发形态。这种时代性的分发形态，是分发历史进程中最符合当下新媒体生态环境、最能有效提升内容生产与消费匹配效率的一种分发形态，是对当下最先进数字传播技术的应用，也是当下最具竞争力的新媒体产品。同时，根据分发的规模经济和自然垄断属性，这种时代性的分发形态掌控着当下数字内容交易市场的绝大部分流量，是用户获取内容和内容获取用户最主要的数字渠道。

### （三）入口效应

用户是整个数字内容生产与传播活动的价值源头，用户的使用行为是最能够体现分发效率和垄断性分发形态的指标。如果在新媒体生态中，绝大部分用户都使用一种分发形态，或者具体来说是使用一种分发形态之下的一个或几个产品来进行数字内容消费，那么可以认为这种分发形态就是当下的时代性分发形态，这一种或几种产品便是互联网的入口。

入口作为一个形象的概念，生动地描绘了垄断性分发形态的确立：海量的数字内容将用户的内容消费行为变得像大海捞针一样缺乏效率。事实上，早期互联网接入行为被形容为"冲浪"就真实体现出这种在茫茫无际的数字海洋中漫无目的地寻找内容的用户体验感。分发作为一种效率系统，极大地降低了用户寻找符合自己需求的内容的时间成本，一经出现便获得了用户的追捧。当绝大多数用户为分发的效率所吸引，开始依赖于分发系统获得数字内容时，即绝大部分用户将某一个应用程序或产品当作自己进入网络内容世界的必经之路时，入口现象便出现了。互联网入口作为一个用户视角，是判定当下主导性内容分发方式及其代表产品的核心指标。

## 二 分发形态进化的三个阶段

作为数字时代的传播范式，分发的具体形态处于持续不断的进化之中。总的来说，每一种内容分发形态的诞生都是由于受到了相应技术变革的激发，其兴起则是受到商业模式创新升级的推动，从而主导了一个时代的内容分发。

每一种分发形态的典型生命周期包含了从"技术创新"到"定义性产品"，再到"功能模块"的三个发展阶段（见图5-2）。在完整经历三个阶段的发展之后，分发形态将升级到下一个更高级的、数字内容生产与消费匹配效率更高的新形态。在这种进化过程中，上一轮的旧形态并不会被新形态完全取代，而是会被其兼容，成为新形态的一个组成部分或者构成新形态的某种基因。等到新的分发形态进入生命周期之后，下一轮技术创新便开始酝酿，新的分发形态又将处于孵化之中。

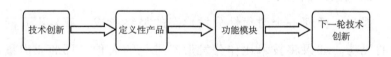

**图5-2 分发形态的生命周期**

### （一）技术创新

分发归根结底是一种技术解决方案。因此，数字传播技术的创新是分发形态进化的起点，但技术并非新分发形态诞生的充分条件。首先，孵化分发系统的技术往往并非为分发应用所定向开发的，通常只是一种纯粹的技术创新。其次，新诞生的数字技术

99

还需要经历复杂的创新扩散过程，才会被用户接受，成为新的主导性分发形态。

## （二）定义性产品

在从技术创新到新分发形态的形成过程中，产品发挥着至关重要的作用。技术从来不会自动生成分发形态，而是必须借助产品这一机制的推动。首先，产品为分发系统的运行提供了标准化与程序化支持，起到了稳定用户体验的作用，稳定的体验是促进大规模使用的关键。尤其是程序化，其以计算机程序运行的方式最大化排除了人工介入对标准化造成干扰的可能性。其次，从技术到占据主导地位的分发形态，需要在产品层面持续研发投入以促进技术迭代、优化用户体验，还需要持续运营以吸引更大规模的用户。

无论是技术迭代还是运营推广都需要大量的、持续的资源投入，因此产品本身就是一个竞争的过程。首先获取开创性技术的公司围绕产品展开激烈竞争，在产品商业化层面赢得优势的公司将有能力持续为产品的技术迭代和用户运营投入资金和人力资源，并最终使自己的产品在竞争中胜出，成为代表某种分发形态的"定义性产品"。

因此，任何一个时代性分发形态的最终形成，都离不开商业上的成功。如果将技术比作分发形态进化的火种，那商业力量就是推动火种最终燎原的风势。

## （三）功能模块

当基于某种开创性数字技术的分发形态被某个商业上成功的产品所定义，进化成为最新的、占主导地位的分发形态之后，这种新技术将逐渐成为市场上几乎所有分发产品都具备的功能模块，即成为一种通用功能。同时，新的分发形态还将兼容上一代分发形态，使上一代分发形态成为自己的一个组成部分。

以搜索为例，作为一种前沿数字技术，搜索被创新商业模式的谷歌和百度分别在国外和国内塑造成为定义性产品。而后，搜索成为几乎所有资讯分发产品的标配功能，等到新一代分发形态"智能推荐"占据主导地位之后，搜索又以智能推荐分发里一个功能模块的方式被兼容。

# 第三节 "门户"分发

## 一 发展历程

"门户"（portal）一词的原意是正门、入口，在新媒体传播中被用于形容最早的内容分发形态，即门户网站。

### （一）万维网与数字内容库

从起源来看，万维网是孕育门户这种内容分发形态的开创性技术。将分处不同物理位置的计算机（其实是计算机上的存储硬盘）进行连接，以实现信息的分享和交流，这项数字科学探索工作始于20世纪60年代末。自那时起，各种连接计算机的网络便不断被开发。比如美国的阿帕网（ARPANET）、卫星网（SATNET）和法国的CYCLADES等。

随着各种网络的建立，一些问题开始显现：不同的网络整体上处于分散和切割状态，相互之间无法通信；当时网络之内计算机的通信使用的是一般公众无法掌握的复杂技术协议。这导致计算机网络始终停留在科学家的小圈子内，无法被社会大众使用，因而无法对更大范围内的社会经济产生影响。对一种能在更大范围内实现互联互通，同时对用户更为友好、方便普通大众使用的计算机网络的需求变得越来越迫切。

1991 年 8 月 6 日，欧洲粒子物理研究所（CERN）的科学家蒂姆·伯纳斯 – 李（Tim Berners-Lee）发明了万维网（World Wide Web）。万维网是一个数字技术集成体，核心包括超文本链接（hypertext）和浏览器两项技术。超文本链接是用链接的形式来指向一个页面的技术。该技术令用户只需点击一串蓝色的、高亮显示的、带下划线的字符，就能跳转进入一个包含多媒体内容的页面。浏览器则是一种显示万维网中多媒体信息的程序。浏览器可以方便用户寻找网站地址和显示网页内容，即通过浏览器这个程序，用户可以便捷地访问所有联网的内容。①

万维网的诞生，令普通大众能够以极低的操作门槛便捷地访问网站内容。这一便捷的连接技术令网站这种使用数字工具制作并用于展示特定内容的相关网页集合成为数字时代传播信息的重要载体。在万维网越来越广泛的连接所塑造的网络效应之下，越来越多的个体和组织有越来越强烈的动机去建立自己的网站。这使得网站成为数字内容的基本承载单元，由万维网连接的网站集群成为数字内容的供给产地和消费场所。

万维网将互联网变成了一个数字内容库，一个迄今为止最大的信息和知识库。因此，对于新媒体这种基于互联网进行的数字内容生产与传播活动来说，万维网的发明是一个具有里程碑意义的事件。

### （二）互联网上的"电话黄页"

随着互联网上的网站越来越多，内容消费者寻找网站的成本也开始变得越来越高。即使有了万维网技术的帮助，用户输入网

---

① "The Birth of the World Wide Web: An Oral History of the Internet", https://www.vanityfair.com/news/2008/07/internet200807，最后访问日期：2020 年 3 月 17 日。

址和浏览网页的内容消费行为已经变得方便很多，但在网站数量爆炸式的增长下，用户花费在寻找网站上的时间成本还是越来越高。内容分发，即一种方便内容生产和消费双方以更低成本相互匹配的需求逐渐出现。

在门户网站正式出现之前，浏览器市场的领导者网景（Netscape）公司一个无意的营销行为点燃了催生分发模式的创意火花：网景公司刚推出导航者（Navigator）浏览器时，出于推广的需要，将浏览器默认站点设定为自己的官网。于是，当用户打开浏览器时，访问的第一个站点就是网景公司的网站。这样做的结果是，在一段时期里网景公司的网站访问量一直高居各网站之首。网景公司的创意带来了一个启示：一个具备流量汇聚能力的互联网入口级应用，能够为一个网站导流。那么，如果借助这个机制为多个目标网站进行导流，也就是对流量进行分配，是不是就等同于为互联网内容消费者提供了在数字内容世界里寻找目标的"导航"功能呢？

在这样的创意激发之下，门户网站作为分发的第一代实现形态出现了。所谓门户网站，就是建立一个"刊载网站的网站"。在门户网站内，由人工搜集而来的各类网站的网址经由编辑手工分类归纳，以超链接的方式呈现在页面上。这种以人工方式将网站转变为分类索引目录以方便用户查找和浏览的内容分发形态和电话黄页的逻辑基本一致，甚至可以说门户网站的产品设计思路很大程度上就是来源于电话黄页。电话黄页是一种十分古老的工具，其通过收录并分类整理工商企业、组织机构的电话号码形成号码簿，以方便用户查找并拨打。因此，门户网站可以被视为"互联网化"的电话黄页。

门户网站的功能是聚合网站信息以方便用户访问。门户网站极大地降低了用户寻找互联网上数字内容的成本，因此很快成为用户上网的第一步，成为新媒体的第一代入口。由于分发匹配的双向性，门户网站客观上也成为第三方网站进行推广、获得流量的渠道，对日后网站的营销产生了深远的影响。早期的雅虎首页如图5-3所示。

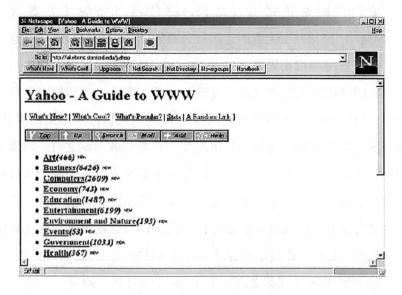

**图 5 - 3　早期的雅虎首页**

资料来源：《雅虎主页变形记》，https：//www. oschina. net/news/34047/yahoo - home - page - change - list，最后访问日期：2020 年 3 月 19 日。

## 二　商业模式创新

众所周知，门户作为数字内容分发的第一代实现形态，其鼻祖是雅虎（Yahoo）公司。也就是说，虽然雅虎并非第一个门户分发产品，早在几乎与发明万维网同时，蒂姆·伯纳斯 - 李就已经在尝试做一些万维网站的索引目录工作，但雅虎是门户分发的定义性产品，定义了门户的基础架构、生成机制和基本体验。雅虎能够定义门户分发，所凭借的正是其在商业模式上的创新。通过全面模仿雅虎而奠定中文互联网空间中门户分发定义性产品地位的中文四大门户网站（即新浪、搜狐、网易、腾讯），成为定义性产品的过程也遵循了同样的逻辑。

雅虎敏锐地发现并成功挖掘到了门户分发形态为门户网站带来的巨大广告价值。内容查找的便捷性赋予了门户网站互联网入口级的流量汇聚能力，流量所蕴含的注意力资源使门户网站具备了广告媒体的价值。雅虎通过移植传统媒体特别是报纸的广告经营模式，取得了商业上的巨大成功。从媒体广告经营的角度看，网站可以被视为一份报纸，网页就是这份报纸的版面，被网站吸引的流量就相当于报纸所覆盖的受众。因此，类似报纸可以售卖广告版面，网站也可以销售页面上的广告位置。雅虎的成功就得益于销售其网站上的广告位置。具体而言，就是在两个方向上挖掘网站的广告价值。一是开发广告位置，即尽量挤出网站页面的"非内容"空间，用于发布广告，加大广告位置的供给量。二是通过市场开拓，逐步提高单位广告位置的售价。在高效的广告经营策略的推动下，雅虎很快在用户市场和资本市场上站稳了脚跟，成为门户分发形态名副其实的定义性产品。

雅虎的商业模式还具有开创性意义，即奠定了广告作为分发形态下新媒体产品（或者平台型媒体）主流商业模式的地位。从此以后，分发型新媒体产品或平台型媒体所谓的商业模式创新，大多体现在对广告这一核心商业模式的持续开拓，也就是对广告这一流量变现方式变现效率的提高上。

## 三 效率瓶颈

### （一）自我优化

门户分发作为一种产品，自身也有其迭代优化的机制。比如，在早期的门户网站内，索引目录中超链接指向的是目标网站，后来变为目标网页。从网站到网页的转变，使内容的分发更加精准，对用户时间成本的节约作用也更加明显。

随着互联网数字内容的快速增长，门户分发开始在两个方向上深入优化、调整以应对内容数量的膨胀。首先，优化分类方式，即通过更为细致的栏目设置和主题编排来优化内容的筛选和呈现。其次，增加页面量的供给，即通过提供更多的页面，并设置首页和跳转页面之间的层级关系，来引导用户在站内寻找目标内容。

### （二）边际收益递减

这样的优化调整在数字内容暴增的数量面前，呈现出边际收益递减的态势，使门户分发不可避免地遭遇到无法破除的"效率瓶颈"。

首先，网页空间的容纳能力始终是有限的。无论如何细化栏目、加长页面，也不可能容纳所有热门内容。其次，越来越多的页面供给在增加门户网站内容容纳能力的同时，也会因为越来越多的页面跳转行为增加用户的使用成本。

从用户端来看，随着页面信息含量的增加，页面超链接密布的拥挤视觉体验极大地影响了用户的体验感。其次，门户网站聚合头部热门内容的分发模式与数字内容用户越来越个性化的内容需求越来越不相适应。这也造成了用户对门户分发体验感的下降。

从商业收益上来说，增加的页面供给并不能有效增加门户网站的广告收入。这是因为，网页的跳转与用户的使用成本呈正相关性，因此随着跳转层级的加深，离开网站、放弃寻找内容的用户会增多，这造成了页面广告媒体价值的下降，即页面层级越深，广告价值越低。这从经济上阻止了网页数量的无限量供给。

### （三）分化

在自我优化迭代和下一轮形态进化之间，门户分发还出现了分化现象，即出现所谓的"垂直门户"。这是一种专注于某一类细分内容的门户网站，相当于聚焦传统门户网站里某一个栏目或主题的、专业化的门户网站，比如财经门户、体育门户和娱乐门户等。门户分发的这种分化在很大程度上降低了一部分需求较为明确的用户的内容寻找成本，有助于提升分发效率。

但从数字内容生态的总体来看，这种分化的实质是对流量的分化，消解了门户网站的流量入口功能。就实践来说，没有任何一个垂直门户网站达到了传统门户网站的流量汇聚能力。因此，门户分发向垂直门户的分化，并没有从总体上提升数字内容生产与消费之间的匹配效率，它只是分发形态进化的一种中间状态。

## 第四节　"搜索"分发

### 一　发展历程

搜索引擎（search engine）是一种数字化的网络信息处理技术，指的是一种使用特定的程序从互联网上搜集信息，然后根据一定的规则对所搜集到的信息进行组织和处理，再基于用户具体的信息需求为其提供信息检索服务，并遵循特定的算法将用户检索的相关信息展示给用户的一整套信息处理系统。

如果将门户分发看作网络电话黄页，那么搜索引擎的使用场景就类似在互联网上通过图书馆借阅图书。在这个使用场景中，搜索引擎像图书馆收藏和存储图书一样，将其从互联网上搜集而来的内容按照一定的标准进行分类整理，以供用户查找。搜索框则扮演着与图书馆服务台相似的交互功能，在收到用户搜索请求后，系统使用算法将匹配搜索需求的内容呈现给用户。这与图书馆在收到读者借阅书目后根据图书分类标准找到目标书籍并将其提供给读者的逻辑是相同的。

### （一）"程序逻辑"与"响应逻辑"

以搜索引擎技术为核心的搜索分发是门户分发的下一代分发形态。搜索分发凭借"程序逻辑"和"响应逻辑"实现了远超门户的分发效能和分发效率。

搜索分发的程序逻辑是对门户分发"人工逻辑"的进化。所谓程序逻辑，是指搜索分发的运行是计算机程序化的、"非人工化"的。从内容源的获取直到将内容分发给用户，搜索分发的全过程都是在算法和计算机程序指令之下运行的。这与门户分发依靠人工搜集内容，再通过人工将所搜集到的内容整理形成索引目录的人工逻辑有着根本的差异。程序逻辑借助数字技术的赋能，在内容信息的处理能力和处理效率上均远超人工逻辑。

搜索分发的响应逻辑是对门户分发"编辑逻辑"的进化。所谓响应逻辑，是指搜索分发本质上是对用户搜索请求的"被动"响应，而非主动推送。在响应逻辑下，用户具体的内容需求通过"关键词"提交给搜索系统，而搜索系统通过展示关键词相关内容来响应用户具体的、个性化的、即时的内容需求。这与门户分发的编辑逻辑具有根本性的导向差异。在门户分发的编辑逻辑下，编辑作为把关人"代替"用户进行内容的筛选，并将编辑自身理解的、用户可能会感兴趣的内容"主动"展示给用户，供其选择。响应逻辑与编辑逻辑体现的是用户需求驱动与编辑推荐驱动的差异。搜索分发并不会代替用户做选择，而是根据用户自身的需求对其进行"一对一"的响应以满足其内容需求。因此，响应逻辑赋予了搜索分发更有效满足用户个性化内容需求的能力，以提升内容消费者体验感的方式极大地提升了分发对内容生产与消费的匹配效率。

### （二）从"服务客户"到"服务用户"

从历程来看，搜索引擎技术的出现要比万维网的诞生还早一些。1990 年，加拿大麦吉尔大学（McGill University）计算机学院的师生开发出了搜索引擎的模型 Archie。由于当时万维网还未诞生，Archie 主要用于在 FTP 主机中查找文件。虽然 Archie 只是一个模型，但其奠定了搜索引擎工作原理和运行机制的基础，即自动搜集信息资源、建立索引目录，并将其展示出来。1994年，使用蜘蛛爬虫程序全自动爬取信息的来科思（Lycos，在拉丁语中是狼蜘蛛的意思）上线[1]，这标志着搜索引擎技术的正式诞生。

早期搜索引擎的服务对象并不是个人化的"用户"（consumer），而是企业级的"客户"（business）。搜索分发的定义性产品谷歌在成立之后曾经长期作为雅虎的搜索技术独家供应商；中文搜索分发的定义性产品百度在创业之初也为新浪、搜狐这些门户网站提供过中文信息检索服务。首先寄生于门户分发之上，为门户网站提供第三方技术支持是搜索成为独立分发形态之前的特殊成长路径。

从面向客户转为面向用户，是搜索分发迈上独立发展之路的转折点。促成这一转变的，是搜索结果呈现技术的突破。早期的

---

[1] 王如君：《"狼蜘蛛"全球结网》，《环球时报》2000 年 11 月 17 日，第 12 版。

搜索引擎虽然可以借助爬虫程序在全网迅速爬取内容，却无法在大量的相关结果中，准确筛选最符合用户搜索请求的内容并将其优先展示，这导致用户不得不在搜索结果中"二次搜寻"，增加了用户的使用成本。后来，谷歌创造了著名的网页排名算法（PageRank），即一种根据网页之间的相互超链接来确定网页的重要性并以此优化网页呈现的算法。这一算法优化了搜索结果对用户需求的匹配能力，从而大大提升了搜索分发的内容匹配效率，促进了搜索分发的发展。

## 二　商业模式创新

谷歌是搜索分发当之无愧的定义性产品，其技术优势是毋庸置疑的。但在谷歌掌控搜索分发定义权的过程中，技术并非单一的驱动力，商业模式创新也起到了同等重要的作用。

谷歌的商业模式创新在于其开创了互联网广告的新形态，并据此升级了平台型媒体的商业变现能力，同时重构了广告产业的市场结构。具体来说，包括以下两点。

### （一）关键词广告：从售卖位置到售卖机会

关键词广告（AD Words），是一种全新的互联网广告产品形态。其本质就是将用户的每一次搜索请求都视为一个广告推送机会，把含有用户搜索关键词或与该关键词相关的广告推广信息按照一定的算法规则与搜索结果内容混合，然后一同以超链接的方式展现给用户的一种广告产品形态。

关键词广告不仅是广告产品形态层面的创新，也为搜索分发开创了不同于门户分发的全新广告价值逻辑，为搜索分发开拓了远远超越门户分发的商业空间，重划了平台型媒体的商业边界。

关键词广告将互联网广告的价值内涵从位置售卖转向机会

售卖，彻底革新了平台型媒体的广告资源分布模式和供给能力。在门户分发形态下，门户网站售卖的是页面上的广告位置，这时广告资源是在空间和时间两个维度上进行分布并有限供给的。从空间维度来看，门户网站上的广告位置是按照页面的流量来售卖的，虽然理论上页面的流量越高，广告位置的单价就越高，但因为页面空间是有限的，可供销售的广告位置受到页面空间有限性的约束，所以广告资源的价值天花板是明显的。从时间维度来看，为了拓展广告资源的价值容量，门户网站往往将页面上的同一位置按时间切分，以轮播的方式刊载不同的广告信息。这样，即使广告位置的单价不变，由于广告数量增多，最终的广告销售价值也会获得提升。但可供切分的时间是有限的，每天 24 小时是一个无法突破的限制，因此广告资源的价值天花板也是明显的。简单来说，门户网站广告资源的空间分布类似传统报纸可供售卖的广告位置受到版面空间的限制，门户网站广告资源的时间分布类似传统电视可供售卖的广告时段受到整体播出时长的限制。这是位置售卖逻辑下广告资源与价值的天然瓶颈。

关键词广告突破了门户广告对位置的刚性依赖，将用户的每一次搜索请求转化为一个独立的广告投放机会。这种以关键词为纽带的一对一响应机制使用户的每一次搜索行为，实质上都成为搜索系统生产广告投放机会的触发点。在每一次广告投放机会下，所有的页面都被用来为这个机会服务。这种机制使搜索广告资源的分布与供应超越了页面空间与时间的限制，从门户分发形态下一个广告位置固定面对所有用户转化为所有页面服务于一个广告投放机会。自此，广告资源的供应不再与位置的时空变量相关，而是与用户的搜索关键词有关。用户提出多少个关键词，就会触发多少个广告机会，理论上这种广告投放机会的数量是无限的。只要用户不断提出搜索请求，搜索系统就能源源不断地供应广告投放机会。

关键词广告是一种全新的商业模式，其本质是销售广告机会，而广告机会又是由用户的搜索请求创造的。因此，只要搜索分发的内容匹配效率能提升用户的使用体验，用户便会持续提出搜索请求，搜索系统便会持续产出广告资源。在这一逻辑下，用户使用和广告这对矛盾实现了高度的统一。另外，一对一的响应式广告投放，令每一个广告投放信息都与用户的即时需求有关，在极大提升了广告精准度的同时，也减少了广告对用户的打扰，提升了用户对搜索系统的使用体验，形成了用户体验与广告资源生产的正向循环。

因此，关键词广告通过将广告的价值逻辑从位置售卖转向机会售卖，突破了门户广告时空资源的限制，开启了广告资源"无限量供应"的时代，完成了搜索分发对门户分发商业模式的全面超越。

**（二）按点击付费：从售卖展示到售卖效果**

关键词广告对内容分发商业模式的创新不仅在于转换了广告资源的售卖逻辑，更在于通过改变广告的计费方式，转变了广告客户对媒体广告资源的支付逻辑。

关键词广告的计费方式是按点击付费（CPC），即广告主在自己的广告信息超链接被用户点击之后，按照每次点击的单价向搜索平台支付广告费。这是一种具有革命意义的媒体广告资源付费方式，甚至可以说其颠覆了自传统大众媒体诞生以来的媒体广告资源收费模式。

自大众传媒和现代广告诞生以来，媒体广告资源都是按照展示逻辑来收费的，即媒体确保广告在一定量的受众面前被展示，广告主需要根据这些受众的数量来支付媒体广告费。在这种逻辑下广告主实际上的支付对象是广告的曝光度。虽然自大众媒体时代以来，媒体就推出了一系列可以量化的衡量广告曝光度的指标，比如阅读量、收视率、收听率等，但其实直到新媒体时代更为精准的量化指标——流量——出现为止，这些量化数据最终只能反映出广告"看见"了多少人，而不是被多少人"看到"。这是因为广告被展示和曝光并不能确保用户实际注意到了广告。同时，广告作为一种营销工具，最终是为产品短期或长期的销售与品牌溢价服务的，受众看到或者注意到广告只是广告效果过程的起始阶段。因此，广告主按照展示逻辑向媒体支付广告费从广告效果的角度来说，是一种间接支付，即广告主所购买的并非真正意义上的广告效果，而是达成效果的一个环节。

点击付费是根据用户实际的点击行为进行付费。这是媒体发展史上首次出现按广告传播的某种实际效果来收取广告资源费用的模式，是对传统媒体广告资源收费逻辑的巨大革新。在点击付费模式下，广告主实际上省去了为曝光付费的成本，同时在一定程度上避免了从曝光到广告产生实效之间的风险。因此，可以将点击付费视为搜索平台与广告客户对广告效果的风险共担模式。此举优化了广告客户的投资回报模式，提升了广告客户的投放体验，从广告产品的角度形成了对以往展示广告的超越，令关键词广告获得了巨大的市场优势。

同时，按点击付费在广告客户支付金额上产生了一种"化整为零"的效果。在传统曝光逻辑下，广告客户每一次广告投放都必须为一定数量级的受众注意力支付费用，这造成了广告媒体费用的高企。特别是对于一些受众规模庞大的强势媒体，其单次广告投放的费用可谓天价。点击付费模式下，广告主只需要为用户的一次点击付费，每一次的支付金额较低，这不仅提升了广告主投放策略的灵活性，更让以往支付不起巨额广告费的小微广告主有了投放广告的机会。

因此，按点击付费缔造了"效果广告"这一全新概念，开启了效果广告这一新媒体广告特有的商业逻辑，塑造了新媒体广告市场按效果付费的思维方式和发展趋势，令效果广告成为新媒体广告市场的主导产品。同时，按点击付费改变了新媒体广告市场的主体结构，刷新了以往少数头部玩家一统广告市场的格局，令海量的小微广告主成为新媒体广告市场的绝对主角。

## 三 生态危机

与门户分发面临效率瓶颈的挑战不同，搜索分发在其发展后期遭遇到的是生存土壤变迁所带来的"生态危机"。

凭借较高的内容分发效率和先进的商业模式，搜索分发一度成为新媒体内容世界的绝对入口和内容信息流动、流量进出的绝对枢纽。更为关键的是，搜索作为一种分发范式，其自身并没有类似门户分发的天生效率瓶颈。如果非要"吹毛求疵"，搜索分发唯一的短板在于用户在使用过程中必须首先有明确的内容需求，并有能力将此需求转化为关键词，这在一定程度上限制了用户对搜索的使用频率。

### （一）生存土壤的流失

搜索分发是根植于桌面互联网这一生态环境的。所谓桌面互联网，从新媒体传播的角度理解，就是使用个人电脑（PC），通过网线在固定的场所接入互联网，所形成的内容生产与消费环境，以及内容应用程序运营与使用生态。

随着中国互联网基础设施建设水平的提升，内容分发的基础生态开始从桌面互联网向移动互联网转变，搜索分发的生存土壤开始逐渐流失。2009 年中国开始大规模部署 3G 移动通信网络，2014 年又开始大规模部署 4G 移动通信网络。两次网络基础设施的升级换代，有力地促进了中国互联网的基础生态从桌面互联网向移动互联网的快速转向。

中国互联网络信息中心 2014 年发布的第 34 次《中国互联网络发展状况统计报告》显示，2014 年上半年，我国网民上网设备中，手机使用率达 83.4%，首次超越传统 PC（不包含平板电脑等新兴个人终端设备）的整体使用率（80.9%），成为第一大上网终端设备（见图 5 - 4）。这标志着 2014 年前后，我国正式迈入移动互联网时代。

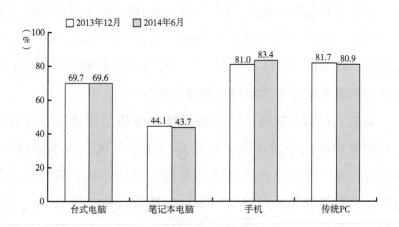

图 5 - 4 中国网民上网设备分布

资料来源：第 34 次《中国互联网络发展状况统计报告》，中国互联网络信息中心官方网站，http://www.cnnic.net.cn/hlwfzyj/hlwxzbg/hlwtjbg/201407/t20140721_47437.htm，最后访问日期：2020 年 3 月 28 日。

移动互联网是与桌面互联网相对的新媒体内容生产与消费环境，是指用户使用手机、平板电脑或其他终端设备，通过无线方式接入互联网，在移动状态下随时随地接入互联网、使用互联网服务所形成的内容应用程序运营与使用生态。

新媒体传播基本生态向移动互联网的全面转向，解构了搜索分发所赖以生存的环境，对搜索分发来说无异于一场"生态危机"。

### （二）用户便捷性的消失和内容源头的枯竭

从用户的使用体验来看，桌面互联网生态对搜索分发的适配性要远高于移动互联网。在桌面互联网生态中，用户与应用程序之间的互动遵循的是"键盘鼠标逻辑"。借助鼠标和键盘，用户可以便捷地在搜索框中输入关键词并在结果页面中浏览和点击链接。而且个人电脑 17～22 英寸的大屏幕和固定的上网场景对正在搜索结果中挑选自己想要的内容的用户来说也是十分友好的体验。在移动互联网生态中，用户与应用程序之间的互动遵循的则是"手指"逻辑。用户使用手指输入关键词和查找链接远比使用鼠标、键盘困难。移动终端 5 英寸左右的屏幕和碎片化的上网场景也令用户挑选搜索结果变得异常麻烦。

如果说移动互联网降低了用户搜索使用的便捷性，内容来源的枯竭对搜索分发来说无疑就是"生态危机"级别的破坏。在搜索分发主导数字内容世界的桌面互联网时代，用户具体的内容消费行为就是在网站之间通过跳转链接来寻找内容。由于搜索分发扼住了用户流量的入口，每一个网站主客观上都有借助搜索分发自我营销、为网站导流的需求。实际上，在桌面互联网时代，几乎所有的网站都表现出对搜索分发这一流量入口的强烈需求，不仅都争先恐后地向搜索引擎开放内容，还纷纷在搜索引擎优化①上展开竞争，以使自己的内容更易于被搜索引擎的爬虫程序爬取或更易于被优先展示。

随着移动互联网时代的到来，用户的内容消费行为开始变为在某一个应用程序（App）内做站内浏览，而很少在应用程序之间频繁跳转。与此同时，为了提升专属于自己产品的用户黏性、延长使用时长，越来越多的应用程序开始把信息封锁在自己的App中，不让搜索引擎抓取。内容开始以割裂状态存在于淘宝、今日头条、微信等应用程序内，搜索引擎无法抓取。

搜索引擎无法再像桌面互联网时代一样，便捷地抓取网页内容，这形成了移动互联网时代搜索分发内容源的干涸化。如果把数字内容视为信息的海洋，由抓取所形成的"内容池"就像维持搜索分发运转的源头活水。在移动互联网生态中，数字内容逐步走向"孤岛化"的存在状态，等于掐断了搜索分发运行的水源，势必造成其内容池的干涸，继而影响其内容分发能力和用户体验，导致搜索分发的生态危机。

**案例 5-1 搜索引擎百度为什么要做自媒体账号？**

中文搜索分发的定义性产品百度于 2016 年推出了自媒体账号服务体系"百家号"。后来发生的事实证明，百度推出百家号不仅仅是为了对标其他平台型媒体，而是利用百家号自建"内容池"，以应对搜索分发遭遇的生态危机，力图在移动互联网时代重新夺回内容分发入口的地位。

---

① 搜索引擎优化（SEO, Search Engine Optimization）是一种通过"逆向工程"的方式分析、解构搜索引擎的页面抓取方式、搜索结果排名算法，并据此对网站进行有针对性的优化，以提高网站在搜索引擎中的自然排名，吸引用户访问网站，提高网站流量的技术与方法。

从 2019 年开始，不断有网络舆论指出，中文搜索引擎霸主百度的搜索结果中开始大量出现自家自媒体账号百家号的内容，百度有逐渐成为给自家产品导流的"站内"搜索引擎的趋势。

其实百度这一做法既有不得已而为之的无奈，更有绝地反击的悲壮。

自从全面进入移动互联网时代以来，中国互联网出现了一个独特现象，那就是内容逐步走向分裂和孤岛化。几乎每一个内容应用程序都倾向于将内容掌握在自己站内而拒绝被百度搜索，这令百度这个桌面互联网时代毫无争议的入口逐渐失去了中文互联网内容分发与流量分配的控制力。

同时，越来越多的数字内容生产主体，无论是新媒体时代作为"移民"的传统媒体机构，还是互联网"原生"的内容生产者，都越来越多地以自媒体的形态进行内容生产，并将自己的内容发布到微信公众号、网易号、头条号等平台型媒体。这意味着几乎所有数字内容都可以通过各家平台型媒体获得，也意味着百度搜索引擎可抓取的内容池已经被平台型媒体分流，以至于无法撑起一个有效率的分发范式。

再者，在移动互联网的冲击下，数字内容的创作、分发和变现体系均发生了巨大的变革。桌面互联网时代"网站＋搜索引擎"的内容体系被"创作者＋平台型媒体"的新体系所取代。以往内容生产者通过建立网站并利用关键词广告和搜索优化获取流量的模式，被平台型媒体发布内容并通过分成、电商、赞赏等工具进行变现的模式所取代。

因此，百度不得不顺应发展趋势，力图通过百家号建立起自己可以掌控的内容池，并通过自媒体账号服务体系迎合已经天翻地覆的数字内容分发生态。

# 第五节 "智能"分发

## 一 全自动分发

智能分发即人工智能分发。这是基于人工智能技术并完全由程序化的机器系统所实施的数字内容分发范式，也是自门户开启分发、主导数字内容生产消费和流量分布以来，技术含量最高的分发范式。简单来说，智能分发是将通过爬虫程序采集来的内容和平台自有内容相结合，以此构建内容池，并以人工智能技术实现"千人千面"的个性化内容分发。智能分发也被称为"智能推荐"。"推荐"一词的本意是形容朋友之间相互分享信息的行为。因此，智能推荐暗含了推荐者和被推荐者之间更为平等的关系。事实上，智能分发也是更加符合互联网平权精神的分发范式。

智能分发的运行机制是：人工智能系统根据用户在平台的内容消费行为大数据，对用户的内容消费兴趣进行预判，并根据预判结果在内容池中寻找匹配用户兴趣的内容，再将其自动推荐给用户。显而易见，智能分发得以实施的技术支点是从用户行为大数据到推荐的"自循环优化系统"。用户行为大数据是智能分发系统的逻辑起点，是平台依据对用户点击、浏览、互动等具体内容消费行为的记录所形成的大数据分析系统。该系统基于用户既往真实内容消费行为的分析研判体系，其输出是系统对用户内容兴趣的判定和据此做出的内容推荐行为。推荐既是用户行为大数据的输出末端，又是下一轮分发系统优化的起点。这是因为从流程上来说，分发系统依据用户行为大数据的分析结果对用户采取内容推荐行为，用户对本轮推荐内容的反应又将以用户行为数据的方式反馈并沉淀到用户行为大数据系统中，形成对用户内容兴趣研判的修正或者强化，以此优化下一轮的推荐行为。因此，用户行为大数据和推荐形成了一个自我优化的闭环逻辑，人工智能分发系统因循该逻辑能够自动持续提高用户兴趣研判的精准性和内容推荐的成功率，继而不断改进和提升用户的体验。

从门户分发到搜索分发，再到智能分发，有两条明显的发展脉络：一是技术含量越来越高；二是作为使用者的用户所需要投入的操作越来越少，使用越来越被动化，但用户的使用时间越来越长，呈现出越来越显著的沉浸化趋势。

从比较和进化的视角来看，智能分发主要有如下两个特征。

### （一）标签化

智能分发的核心机理是根据用户兴趣向其推荐内容，系统对用户兴趣的判定方法是"用户画像"，即根据系统所记录的用户内容消费行为来为每一个用户绘制一幅兴趣画像。这个方法在计算机程序里是通过给用户打"兴趣标签"的方式来实现的。具体来说，系统会根据用户的常用上网设备、上网场景、内容浏览行为等数据，为用户打上细致的标签，再将标签拼接为一幅完整的用户画像。比如，某个用户经常浏览、分享和评论篮球运动的内容，那么有关该用户的标签就可能是"男性""运动""篮球"等，将其拼接后便得到该用户是"篮球运动资讯的年轻男性重度爱好者"的画像。由此可见，有关用户的标签越丰富，用户画像的"像素"就越高，系统对用户的理解和对用户兴趣的判定也就越精准。如果把智能分发算法理解为一个拟合函数，标签就是这个函数的参数。标签就是智能分发系统运行中决定内容与用户是否应该被匹配的"密码"。因此，与门户分发的核心逻辑是人工推荐、搜索分发的核心逻辑是用户需求均不同的是，智能分发的核心逻辑是标签化。

### （二）被动化

在智能分发的运行过程中，用户在基础的内容消费行为之外，并不需要额外的付出，即用户除了基本的浏览与分享行为之外，并不需要对智能分发进行多余的投入，系统会自动在用户内容消费行为之上进行内容分发和推荐。在门户分发时代，用户需要在门户网站中寻找自己感兴趣的内容。门户网站中内容的分类和呈现遵循的是编辑逻辑，这与用户的思维方式往往存在一定差异，用户不得不花时间和精力来调整自己的兴趣与编辑的视角之间的错位。在搜索分发时代，用户需要将内容需求转化为关键词并主动提出搜索请求。在智能分发时代，内容与人的关系不再是人找内容而是内容找人，用户只需要被动等待推荐信息。因此，作为从门户分发到智能分发演变进程中的主要趋势之一，用户的被动化越来越明显，用户在内容分发过程中所需进行的操作越来越少。用户从主动化到被动化转变的背后是分发主体的变迁。门户时代的分发主体毫无疑问是作为编辑的人。搜索时代的分发主体其实还是人，因为严格说来，搜索引擎的本质是响应搜索者请求的系统，搜索分发只是在决定结果排序的程序和算法上有了一定主动性。在传统媒体时代，决定什么内容能被什么人接触到的是一个人或者是一群人，这样的人被称为"把关者"。在新媒体时代，随着分发主体逐渐演变为一套程序，把关者便逐渐从人变为程序。程序与人有着本质的不同，因此由程序决定分发势必引发一系列内容伦理争议。

## 二 发展历程

### （一）从功能模块到独立产品

智能分发的本质是一套向用户推荐内容的算法。其实早在智能推荐成为一种内容分发范式之前，智能推荐算法就已经有了较长时间的发展。如前所述，谷歌研发的网页排名算法通过将更有可能被用户点击的网页优先展示出来，以提高用户点击率和搜索引擎使用体验，这在本质上就是一种基于人工智能的内容推荐算法。

电商巨头亚马逊（Amazon）从 20 世纪 90 年代起，就开始应用目前在内容智能分发领域较为常用的"协同过滤算法"向用户推荐商品。协同过滤算法是根据和用户有共同喜好的人的购买行为，来向用户推荐商品或者根据用户喜欢的商品来向其推荐相似的商品，具有基于用户和基于商品两种实现路径。协同过滤算法在商品推荐中的良好销售效果，促使"购买了该商品的人也喜欢"和"猜你喜欢"这两个商品推荐功能逐渐成为电商网站的标配功能。显而易见的是，如果把商品替换为内容，电商网站的商品推荐和数字内容的智能分发并没有本质的不同。

智能推荐算法在内容领域的应用首先是以功能模块的形式出现的。2004 年成立的美国社交服务网站脸书（Facebook），在成立两年后上线了一个叫作"动态汇总"（news feed）的新功能。这个功能借助一种被脸书称为"边际排序"（edge rank）的算法，将朋友的状态更新、朋友最近浏览的内容、重要新闻、广告和推广信息等各种类型的内容，依据系统对用户行为习惯的分析，进行基于用户兴趣预测的智能推荐。动态汇总里的"news"指的不是传统意义上的新闻，而是平台用户的最新动态。所谓边际，就是用户所关注的朋友的一次信息更新。边际排序算法的机理是：对由平台用户的每一次更新所产生的内容进行加权计算，再根据系统对不同用户兴趣的预测将内容推荐给用户。这种基于算法的推荐，打破了脸书用户之前单纯依靠订阅机制获得内容的封闭性，在保证用户内容需求得到尽量满足的前提下，扩展了用户获得的内容的丰富性，提升了用户的体验感。2013 年脸书官方发布的动态汇总功能新设计如图 5-5 所示。

**图 5-5　2013 年脸书官方发布的动态汇总功能新设计**

资料来源：https：//www.talkandroid.com/153476 - facebook - announces - revamped - newsfeed - with - apparent - nod - to - google/？utm _ source = tuicool&utm_ medium = referral，最后访问日期：2020 年 4 月 4 日。

自诞生之日起，脸书就一直推动动态汇总功能的算法迭代与进化。从早期比较随意且主观性较强的简单加权，到逐步引入机器学习这类高阶人工智能技术，再到如今动态汇总功能下决定一条内容将如何得到推荐需要对上千个标签进行多维度的复杂计算，这种算法技术进化带来的用户体验提升是显而易见的。从用户体验的角度来说，推荐算法赋能之下的动态汇总打破了以往社交媒体仅按照用户所关注对象更新信息的时间线排序展示内容的呈现逻辑，开始通过算法的机器干预，不断优化用户所能看到的内容。

智能推荐算法扩大了脸书的竞争优势，令其在与聚友网（MySpace）的竞争中逐渐居于上风。同时，智能推荐算法在脸书上的应用绩效也引发了新媒体行业的极大兴趣与热烈追捧，令智能推荐算法一时成为新媒体内容公司的标配。社交网络服务平台"推特"（Twitter）、视频网站"优兔"（YouTube）与"奈飞"（Netflix）都纷纷推出基于智能推荐算法的功能模块。

需要指出的是，此时的智能推荐还只是作为一个产品的附属功能而存在，基于智能推荐算法的独立产品形态还未诞生。

### （二）信息流

人工智能算法的迭代，令机器越来越聪明，对用户内容兴趣的预测越来越精准。这构建了智能分发的效率基础。但真正令智能推荐成为一种独立产品形态并逐渐掌控数字内容流量继而形成分发范式的，是"信息流"这种内容呈现形态的诞生。信息流的出现令后台的算法演进与前端的内容呈现实现完美适配，共同构建了智能分发这一最符合移动互联网生态的内容分发形态。

从前端（也就是用户端）来看，信息流是一种有关内容呈现方式的产品设计。在这种设计语言中，结果的呈现页面采用了一种向下滚动无限加载的不用翻页式的交互方式。具体来说，被推送给用户的内容以规整的条状化垂直串联，形成一个瀑布状结构。伴随着用户的每一次刷新，最新的内容从页面最上方出现并往下推挤，呈现出类似瀑布水流持续向下方冲刷的动态特征，因此被称为"信息流"。

实际上，信息流的内涵不只包括前端呈现，还包括内容的来源及所呈现内容的选择逻辑。严格来说，信息流是一种内容资源聚合机制, 这种机制是通过将用户主动订阅的若干消息源 (即平台型媒体中的自媒体账号) 组合在一起形成内容聚合体, 再将消息源的更新信息即时按照时间顺序展示出来, 帮助用户持续地获取消息源的最新内容。如前所述, 脸书的动态汇总功能开创了一种内容分发新模式, 即将用户的关注对象作为信息源, 将关注对象的动态 (发布新内容以及其他社交媒体行为) 当作内容推送给用户。当用户关注的对象足够多或者这些对象的动态发布行为足够频繁时, 用户便能在移动终端上源源不断地收到瀑布状"流淌"的内容。

在内容展现的选择上, 信息流主要有两种机制。一是时间线 (timeline) 模式。这是一种按照消息源更新的时间先后将内容展示给用户的模式, 是最典型的信息流展示方式。早期的新浪微博采用的就是时间线模式, 微信朋友圈则一直采用时间线模式。二是排序 (rank) 模式。这种模式按照某些因素计算内容的权重, 再以算法决定内容展示的先后顺序。排序模式的本质是平台代替用户主导内容分发, 掌握内容分发权, 是最符合内容分发平台自身利益的模式。时间线模式下, 用户所能看到的内容是从源头上完全掌握在自己手中的。排序模式下, 平台通过算法掌握了内容的分发权, 主导了内容的分发, 是最符合智能分发范式的内容展现模式。因此, 在智能分发主导数字内容流通的移动互联网时代, 绝大多数分发平台早已抛弃单纯的时间线模式, 转向排序与时间线相结合并以排序为主的模式。比如, 新浪微博便放弃了早期的时间线模式, 转向时间线与排序混合的模式。

从用户体验的角度来看, 信息流在具体形态上可谓是为移动互联网使用场景而生的。众所周知, 互联网最核心的应用就是将其当作获取信息的媒体。这样一种功能属性随着数字传播技术的进化，在内容信息的呈现方式上出现了多轮演化。起初，典型的产品形态就是网页。网页是一种和传统纸媒相似的内容呈现方式。一个网页对应一个报纸版面，内容单元的组合呈现和报纸的拼版一样，使用版面语言拼接组合而成。通过点击超链接跳转以后，用户进入另一个网页。但移动互联网时代的场景变革令遵循键盘鼠标逻辑的网页不再利于用户的操作。瀑布型的垂直内容分布完美契合了移动智能设备的小屏呈现，用户下拉即更新的便捷使用方式也满足了移动互联网时代的手指交互逻辑。

可以用"源源不断"这四个字来理解信息流的精髓。信息流创造了一个"信息永不眠"的数字内容供给和消费模式。只要用户持续下拉更新这样一个动作，内容就会像瀑布一样不断冲刷而来。从用户的角度来看，这是一个永不停歇的过程。

信息流不仅仅是对用户移动互联网使用场景的极度契合，也是对人工智能分发范式的极度适配。如前所述，脸书将基于信息流的内容分发功能称为"news feed"，"feed"这个英文单词的本意是投喂，即给动物投喂食品。人工智能分发的本质是由人工智能来决定什么样的内容在什么样的场景下给到什么样的用户。信息流产品模式与这个决定过程有着近乎完美的契合度。首先，信息流十分方便后台记录用户的内容消费行为，比如点击的内容对象、在所点击内容上的停留时间、所点击内容的完播率等。其次，推送给用户的每一条内容都已在后台被标签化了，即每条内容都已被贴上有关内容性质、主题方向和关键词的标签，因而，通过用户内容消费行为的记录，后台很容易结合内容标签去判定用户的内容兴趣焦点。根据这个兴趣焦点，人工智能就能够很方便地在后台系统的内容源头库里，选择用户需要或者最感兴趣的内容并将其推送给用户。最后，无论前端呈现使用的是列表、瀑布流还是卡片形式，信息流的页面呈现形态都是由标准化的内容单元所组成，不同的标准化内容单元组成了不同的页面。这一方面方便了系统对消费者内容喜好的了解，另一方面也便于系统对内容进行千人千面的分发。在"投喂"这个技术逻辑之下，用户被人工智能推荐系统理解为嗷嗷待哺的小鸟，都张着嘴巴等着人工智能系统投喂最符合自己兴趣的内容。

从数字内容生态的角度来看，信息流制造了平台型媒体无限大的内容信息胃口。在信息流模式下，伴随用户手指下拉滑动的是内容源源不断地更新流动。对于平台来说，源源不断的内容供给是保障信息流持续流动的必要条件。对于这种近乎海量级的内容需求，平台型媒体不可能通过自己从事内容生产来满足，必须激发广大自媒体的内容生产动力和激情，让第三方来为自己的平台供给内容。这也是智能分发范式下自媒体大量涌现和智能分发平台纷纷推出自己的自媒体账号体系的根本原因。

同时，信息流还在用户体验层面开创了一种"无限化、低卷入度"内容消费模式。无限化指的是只要智能分发系统能保证内容源头的稳定和内容的充足供应，信息流中的内容就会像流动的瀑布一样永不停歇地更新。低卷入度指的是用户在获取这种无限化的内容供应时，所需要投入的使用成本仅仅是手指轻轻地下拉更新，这与门户分发时代的点击翻页和搜索分发时代的关键词输入相比，在用户时间和精力的投入上属于低卷入度。

### （三）制造黏性

信息流不仅促使智能推荐成为独立产品形态，也开了用户在单一应用程序内"沉浸式"使用的先河。在信息流出现之前，无论是门户分发还是搜索分发，用户在具体的使用场景中都不得不在不同的网页间跳转浏览。在信息流分发模式下，用户与应用程序交互成本的快速降低和无限化的内容供应，使分发程序占据用户使用时间的能力迅速提升，进而使用户使用时长快速攀升。

这是智能分发与搜索分发在产品和用户使用层面最大的区别。搜索引擎具有"即用即走"的特征，用户的使用频次较低，单次使用时长较短。只有当用户有明确的内容查找需求时才会使用搜索引擎，当内容查找需求得到满足后用户也会快速离开。搜索引擎的这个使用场景和查字典是非常相似的，是一种工具化的使用。智能分发产品则是针对用户并没有明确内容需求或者并不知道自己想要什么内容的使用场景。在这种场景下，用户漫无目的地浏览智能推荐平台根据自己的以往行为所推送的内容。用户的被动接受与平台的主动推荐形成一个吸附用户时间的场域。这种场域往往会形成对用户时间的"锁死效应"，会极大提高用户的使用频次和延长用户的单次使用时长。

对用户单次使用时长的侵占能力被智能分发平台称为"黏性"。黏性是智能分发产品商业价值和资本市场融资能力的核心指标，也是智能分发平台在产品设计中追求的核心指标。从用户的视角出发，黏性是一种典型的上瘾行为。在智能分发平台有目的、有意识地黏性导向产品设计驱动下，用户无意识地沉浸在产品使用消费中而不自知，下意识地为智能分发平台贡献出越来越大的黏性。从这个角度来说，以用户黏性为导向的智能分发产品设计与功能开发，本质上是形成用户的成瘾性。用户的这种上瘾行为在心理学上被称为"心流"①，因此引导用户进入心流状态是智能分发产品的一个核心策略。

### 案例5－2 上瘾：用户黏性的反向认知

在智能推荐时代，用户对内容分发应用程序的上瘾行为已经引发了极大的社会关注。很多用户为自己的上瘾行为感到严重焦虑和不安。然而，公众需要知晓的是，用户的这种成瘾性是互联网内容分发公司在产品黏性指标的引导下，通过巧妙的产品设计对用户有意识培养的结果。换句话说，上瘾是互联网新媒体公司对单个、分散用户施加的强大影响和塑造行为，是新媒体公司的目的。本案例将对令用户上瘾的主流产品设计做一番盘点。

1. 点赞

点赞（like）是脸书乃至整个社交媒体发展史上推出过的最成功、最具代表性的功能。点赞功能不仅为用户提供了一个使用成本超低的互动渠道，极大地降低了用户对内容的反馈门槛，还为智能推荐系统验证所推荐内容是否符合用户口味和深入刻画用户提供了一个高效的数据来源和分析维度。

点赞功能的原创者是基于信息流的社交网站"FriendFeed"。脸书不仅在自己的产品中复制了点赞功能，甚至在洞察到这一功能的巨大潜力后，收购了"FriendFeed"。

便捷的互动能力激发了用户的活跃性和社交竞争。如今，点赞功能不仅已经成为社交媒体产品的标准配置，更已发展成为社

---

① "心流"是由匈牙利裔美籍心理学家米哈里·契克森米哈赖提出的概念，指的是当人们在做某些事情时，那种全神贯注、投入忘我的状态。在心流状态下，人们甚至感觉不到时间的存在。详见〔美〕米哈里·契克森米哈赖《心流》，张定绮译，中信出版集团，2011。

交媒体产品使用的基本形态。点赞作为判断内容社交传播热度的一个关键指标，成为数字内容价值交易各方竞相追逐的对象；收集、展示甚至炫耀点赞数成为用户使用社交媒体的基本动机；用利益驱动用户收集关于自身产品推广信息的点赞成为商家新媒体营销的基本手段……这些因素共同推动了用户对智能推荐产品上瘾行为的深化。

### 2. 未读信息提醒

内容应用程序内标记用户尚有多少信息未曾读取的通知图标，最早是作为一种提醒功能被开发出来的。脸书最早的通知图标使用的是公司的标准色——蓝色，后来被替换成了有视觉刺激功能的红色，并强化了未读条数显示。

如今，所有内容应用程序中的未读信息通知图标都使用了红色，并放大了数字信息。这样做的意图在于通过视觉提醒与心理暗示，刺激用户点击。从用户的角度来说，这一设计往往能令其不由自主甚至带点心理强迫的意味去点击，造成一种上瘾行为。

### 3. 下拉刷新

下拉即可刷新是用户让智能推荐程序内的信息流流动起来的一种非常简便的互动方式。早先，产品设计师是在无处放置刷新按钮的情况下，偶然将刷新功能安排到下拉动作这个交互方式中的。后来虽然自动刷新功能已经出现，但下拉刷新由于更能形成用户的使用成瘾性，被几乎所有智能分发程序保留了下来。

据谷歌的产品设计师分析，下拉刷新这个动作很像在玩老虎机，每次往下刷新，就好像扳动了老虎机的手柄。用户不知道刷新之后会出现什么内容，这种不确定性反而在心理层面形成了用户的期待感。在这种期待感的驱使下，用户沉迷于下拉刷新中，浑然忘却了时间。

### 4. 自动播放

优兔早先为了让用户在网站内花费更多的时间，推出了自动播放下一个视频的功能。后来，奈飞也增加了自动播放下一集的功能。如今，几乎所有基于信息流的智能推荐产品都有自动播放视频功能，从新浪微博到微信朋友圈，再到今日头条，自动播放视频功能对塑造用户欲罢不能的上瘾行为功不可没。

### 5. 社交竞争

主打"阅后即焚"的美国社交图片分享应用色拉布（Snapchat）开发了一个功能，即展示两个用户之间持续互动的天数。该功能激发了用户围绕其展开社交竞争。为了让这个数字竞争过社交关系链中的其他人，用户们不仅每天登录互动，甚至在自己不能登录的情况下把账号、密码告知朋友，请其代自己登录互动。

这在中国社交应用微信中也发生过。微信在更新版本中推出的"打飞机"和"跳一跳"游戏，无论从设计、呈现还是体验来说，在当时都属于过时游戏。但由于其激发了用户之间相互攀比的社交竞争，在应用内获得了极大的活跃度、较长的使用时长。

### 6. 沉浸式设计

短视频社交应用抖音使用了一种沉浸式的产品设计。这使得用户打开应用程序即进入播放界面，用户只需滑动来更新视频，或者被动接受自动播放的推荐视频。

这种几乎不需要用户任何操作、通过智能推荐完全不给用户挑选机会的产品设计，有效培养了用户往下刷新的习惯，提升了用户的沉浸感和内容消费的连续性。这种懒人式交互设计大大提升了用户的黏性，极大增加了用户的平均使用时间。同时，随着沉浸式内容消费时长的增加，智能推荐平台将获得更多的数据，算法推荐满足用户需求的推荐精准度也更高，继而进一步强化了用户的上瘾行为。

### 7. 竖视频

绝大多数人只注意到了抖音视频的长度，而忽略了其主打竖屏这一内容格式背后的产品设计考量。实际上，在对用户上瘾行为的塑造上，竖屏的贡献并不比短视频少。从促成上瘾行为的意义上来说，抖音是竖视频而非短视频。这是由于竖屏视频与横屏视频有着根本的区别。

从用户观感来讲，横屏视频是传统电影、电视采用的模式，很容易激发用户的场景记忆，也就是让用户下意识回忆到看电影、看电视的那种仪式化场景。和这种场景相联系的视频内容基本是具有舞台感、仪式感的，用户习惯于这种视频内容起承转合的叙事风格。

竖屏是用户使用手机的一贯方式。与这种方式相联系的，是一种快速切入现场的代入感，也就是以第一人称视角的方式让用户有一种立马身临其境的感受，即感觉自己就在现场，有置身其中的参与感。

这两种视频的根本区别不是时间的长短，而是叙事风格、节奏和视觉语言的运用。竖屏能创造立竿见影的沉浸感，是抖音塑造用户上瘾行为的主要手段。

## 三 商业模式创新

在定义性产品的开创上，智能分发走了一条与门户分发和搜索分发都不相同的原创路径。众所周知，中国的新媒体内容分发产品向来有模仿美国原创者的传统。掌控国内门户分发市场话语权的四大门户网站是对雅虎的模仿，国内搜索分发的定义性产品百度起初也是源自对谷歌的模仿。智能分发的定义性产品"今日头条"却是中国本土的原创。因此，智能分发领域定义性产品的诞生是中美互联网新媒体产业关系的分水岭，是中国网络新媒体创新能力发展史的里程碑。

（一）从爬取到自建内容供应体系

2012 年上线的今日头条，是一个依靠爬虫程序抓取内容，再通过人工智能算法向用户个性化推送内容的系统，是一款结合了人工智能推荐技术与信息流呈现方式的内容分发产品，也是内容分发范式的定义性产品。

诞生之初，今日头条是作为"腾讯新闻"的对标型竞品被推出市场的。二者虽然都是面向移动端的资讯用户推出的内容聚合产品，但在产品运行机制上有着本质的不同。腾讯新闻产品的定位是权威、专业的互联网新闻媒体，依靠专业编辑来为用户进行内容选择与推送，秉承的是人工编辑逻辑。今日头条则是一套程序，是通过人工智能推荐算法为用户提供个性化、精准的内容推送服务，秉承的是算法逻辑。不同的产品内涵与运作机制很快促使今日头条走上了完全不同的发展道路。

腾讯新闻主打权威性、专业性的实时新闻推送与特色专栏，实际上是传统媒体运作理念和方式的"互联网化"，在产品与用户关系上延续了传统精英媒体与普通受众的关系模式。今日头条则通过人工智能推荐算法，将用户的个性化需求和喜好置于中心位置，极大地提升了用户的体验感并培养了用户的使用黏性。在产品模式与内容分发理念上，今日头条所遵循的智能分发范式显然领先于腾讯新闻的传统门户范式。实际上，在今日头条逐渐掌控智能分发范式的同时，智能分发作为一种产品或功能模块，几乎成了所有资讯内容分发产品的标配。包括腾讯新闻在内的由各大门户网站推出的资讯分发客户端和音乐与视频分发应用，都配备了基于人工智能推荐的产品或功能模块，形成了"人工＋智能推荐"的混合分发模式。

在内容源头这个关键战略支点上，今日头条走过了一条从爬取到自建的转型之路。起初，今日头条是通过爬虫程序在网络上爬取内容，构建用以推荐的内容池。这种内容源模式与搜索分发是类似的，势必也会遭遇与搜索分发类似的内容源头干涸问题。不仅如此，受到新媒体产业发展的推动，国内数字内容版权意识逐年快速提升，尤其是有传统媒体背景的内容生产者愈发重视保护其数字内容的知识产权和商业价值，这使今日头条的爬取行为不断引发版权纠纷。事实上，自从 2014 年今日头条的出品公司字节跳动宣布完成 C 轮 1 亿美元的融资之后，今日头条便不断受到以《广州日报》《新京报》为代表的传统媒体对其侵权行为的质疑和指控。2014 年 6 月，国家版权局还对今日头条的数字版权保护工作展开过立案调查。其实，早在 2013 年今日头条就推出了自媒体账号体系"头条号"。其后，今日头条利用扶持计划和现金补贴，吸引传统媒体、国家党政机关、工商企业以及个人内容创作者入驻头条号。同时，今日头条还为头条号的内容创作者提供强大的流量服务和一定的商业变现工具，以此塑造传统媒体通过头条号获得流量、影响力和商业回报的行为习惯与思维方式。自有内容池的建构在很大程度上为今日头条规避了内容源干涸与版权纠纷的风险，源源不断的内容供给为今日头条充分展现智能分发的效率优势提供了保障。

### （二）低成本无限广告位供应

在商业模式创新上，智能分发延续了搜索分发奠定的广告位无限供给模式，并进一步开创了广告位的低成本无限供给。如果借用生产的观念来审视这两种分发范式下广告位的制造过程，可以发现：搜索分发范式下的广告位生产是一种响应机制。在这个机制下，用户的每一次搜索行为相当于为广告位生产按下了一次启动按钮。用户搜索行为的关键词门槛和即用即走的使用习惯决定了广告位生产的启动，是以用户提炼出明确关键词为前提的，下一次生产启动的前提则是用户再次明确提出信息搜索请求。这造成了搜索分发范式下，广告位置的生产成本相对高昂、生产周期相对较长。智能分发范式下的广告位是以穿插的形式在信息流中反复出现的。同时，用户手指下拉即可低成本触发广告位的生产。在用户黏性的作用下，用户的持续下拉行为会形成低成本的广告位高频次持续生产。

既然信息流可以让内容在用户智能终端屏幕上源源不断地流动，那么它也能让穿插在内容信息流里面的广告位做到源源不断地供给。因此，信息流对内容分发平台最大的价值在于，通过信息流这种呈现方式让广告位置实现无穷无尽的供给。由于广告位的数量代表着平台的收入，广告位的无限供给模式令平台收入和市场空间得到几何级的增长和放大。因此，信息流下广告位的无限供应，令平台型媒体的市场盈利水平和资本市场市值均得到了极大提升。

同时，由于内容呈现方式的不同，两种分发范式下广告位的价值结构也大为不同。页面是搜索结果的呈现方式，因此搜索广告位的价值也受到"首页效应"的制约，即广告位根据页面流量的不同呈现出首页广告位价值最高，其后逐渐衰减的结构特征，即使是首页广告推广链接的位置也会根据排序出现价值衰减现象。智能分发结果的呈现方式是信息流。信息流具有不分前后、无限刷新的特征。每一次刷新都会生产出价值含量大致相等的广告位置，因此不存在广告位价值衰减的问题。整体来看，智能分发不仅在广告位生产上具有优于搜索分发的成本结构，还具有总体上广告位价值含量更高的结构特征。

### （三）原生广告

原生广告（native advertising）是 2013 年前后开始在新媒体产业中流行的一个概念。它指的是融入用户即时内容消费场景和浏览环境的广告形式，即从用户的体验感出发，原生广告是一种从信息主题到呈现视觉都不会对用户正在进行的内容消费体验有所干扰的广告形式。

在桌面互联网时代，广告依托网页得以呈现。由于用户使用鼠标、键盘这样的精细化操作工具与网页进行互动，并操控内容信息的选择，网页模式得以支持旗帜、通栏、页面悬浮等多样化的广告展现形式。在移动互联网时代，用户的内容信息接收和互动是通过手机这样的小屏幕移动智能终端和手指来完成的，因此对广告形式的容纳能力较桌面互联网时代有大幅度的下降。在小屏幕上投放旗帜、通栏广告很容易造成用户糟糕的体验感。信息流通过将广告与内容进行混合穿插的模式，提升了用户的体验，令广告对用户的干扰降到了比较低的程度。

虽然原生广告有多种实现方式，但智能分发无疑是最适合其实现的平台。首先，信息流形态下每一个单位的内容都是以相同的信息格式呈现的。这在视觉上方便体现广告的原生性，即能有效确保广告的呈现不破坏页面本身的和谐性，在用户视觉上避免突兀感。其次，由于智能分发是针对用户内容需求的精准分发，在技术上分发系统能够做到推送内容与广告的一致性，即让内容主题和广告诉求同时符合用户的兴趣。比如根据算法判断，用户对篮球运动感兴趣，那么智能推荐系统在向用户推荐与篮球运动有关的内容时，也有针对性地选择与篮球运动相关的产品和品牌广告一同推送给用户。这样做能最大程度体现原生广告的内涵，即使内容与广告融为一体（见图5-6）。

无论从信息呈现方式还是个性化推荐技术来说，智能推荐都是实现广告原生性的有力保障。原生广告能将广告转化为对用户有价值、有意义的内容，从而减少对用户的打扰，提升广告的效果。因此，原生广告模式能促进智能分发范式下单位广告位价值的极大提升。

**图5-6 夹杂在信息流中的广告示例**

# 第六节　"社交"分发

## 一　社交分发的"共创式"形成

社交分发指的是，在新媒体的社交化使用趋势下，用户的新媒体社交行为逐渐掌控了数字内容的流通权，成为数字内容的主要分发范式。在社交分发范式下，数字内容主要经由用户的社交分享行为得到传播，同时，数字内容的扩散主要是沿着用户的社交关系链这一路径进行。简单来说，如果将传统大众媒体传播视为从媒体机构到个人的内容传递与扩散，那么社交分发就是内容从一个个人用户到另一个个人用户的水平传递和扩散。

与新媒体发展史上任何一次范式级的分发所不同的是，社交分发并不是以产品化的方式进行明确设计并得以确立的，而是在用户对新媒体的社交化使用中逐步衍化形成的。与门户分发、搜索分发、智能分发由单一产品主体自主研发不同的是，社交分发的形成具有协同新媒体生态各参与方"共创"的性质。从事社交分发的产品，其架构初衷并非分发内容。承载社交分发的新媒体平台，其设计与研发初衷是为用户提供社交工具，而非内容分发平台。工具性的社交产品与平台却在用户的社交性使用中，在用户通过社交关系链进行的内容分享和互动中，逐渐形成了一种规模庞大且威力惊人的内容分发范式，即社交分发。

## 二　社交媒体与社交网络

社交和媒体具有天然的血缘关系，可以说大众媒体自诞生之日起，就一直具有为社交提供话题内容这样一个功能。国内电视媒体刚流行的时候，很多地方都出现过全家人，甚至全村人聚在一起看电视的情形，而且几乎绝大多数人也都有在办公室和酒吧这样的社交场景里讨论热播电视剧的习惯。新媒体的出现令社交和媒体出现了高度的融合，产生了社交媒体和社交网络这两种新现象。

社交媒体（social media）与社交网络（social network sites）这两个概念，是分别从传播方式和具体形态的维度，对新媒体传播的社交化做出的理解与概括。

社交媒体概念强调的是，用户使用新媒体的基本动机与过程是利用其开展基于数字内容的社交性互动。比如用户使用脸书、新浪微博和微信朋友圈等新媒体来公开个人简介、发布个人动态和分享内容，其意图是通过新媒体这种便捷且跨越时空限制的数字化工具来进行社会交往。社交是人类在社会中生存与发展的基本需求，马克思曾有一个著名论断，即"人是一切社会关系的总和"。社交的本质是人与人之间借助各种媒体，通过各种内容进行的符号化的象征性互动①。

社交网络概念强调的则是，由于用户对新媒体的社交性使用，新媒体的信息流通在总体上呈现网络化的结构特征。用户使用新媒体进行的这种数字内容互动，其最终的目的指向是据此建立一个互相联系和分享内容的社交关系链。用户在这个社交关系链中相互浏览各自发布的内容和分享各自的观点，以此

---

① 象征性互动理论（Symbolic Interaction Theory）由美国社会心理学家米德提出。该理论把人看作通过传播互动获得意义的社会动物，将所谓的社会生活看作人与人之间通过传递象征符号和意义而相互作用和相互影响的过程。该理论揭示了利用媒介和内容进行社交在人类社会中的深刻根源。

达到借助内容互动来强化和拓展社交关系链的目的。随着新媒体社交性使用的扩大，用户各自新媒体社交关系链条的交叉重叠总体上达到了覆盖整个社会的规模。同时，由于新媒体整体上是运行于互联网之上的，基于社交关系链所构建的数字内容传播形态呈现出内嵌于互联网的网络状结构。也就是说，新媒体内容传播网络与社交网络开始呈现一种同构现象，这便是社交网络概念的内涵。

所以，社交媒体可以说是理解新媒体的一个角度，是从新媒体时代数字内容流动扩散的动力机制的角度来理解新媒体。从社交的角度来看，新媒体是一种更为人性化的媒体。社交网络是从结构和路径的角度来阐释社交行为对数字内容传播的塑造。从总体数字内容流通的角度来看，社交媒体与社交网络的发展促使社交分发成为一种数字内容分发范式。

社交媒体与社交网络的发展促进了新媒体社交属性的不断深化。社交成为新媒体的主流使用形态。社交传播成为新媒体时代数字内容的主流传播形态。

社交分发逐渐成为数字内容传播与扩散的主流方式。社交分发革新了数字内容的传播机制和动力源头，这一模式主要有四个特点。其一，在社交分发模式下，内容并不是由信息源头或者首发媒体直接传递给用户，而是由用户传播给其社交关系链上的其他用户，继而形成从用户到用户的内容扩散。其二，社交分发的动力机制是将社交关系链中的每一个用户都转化为驱动力，而不是以信息源头或首发媒体为内容传播的唯一动力。传统媒体传播类似传统的火车，信息就像车厢，信息的传播完全由火车头拉动，内容传播的范围及速度完全由火车头决定，这个火车头就是机构媒体。在社交分发模式下，信息的传播和内容的流动更像动车，每一节车厢就是社交媒体的用户，它可以是个人，也可以是机构，关键是每一节车厢都自带动力。社交分发动力机制的要点在于，社交关系链上的每一个用户都可以是信息传播的动力源。所以社交分发时代内容的传播范围和传播速度是由内容对社交用户的激发能力所决定的。其三，在社交分发模式下，信息是沿着社交关系链进行扩散的。换句话说，社交关系链成为内容的扩散路径。内容能取得多大的传播面，取决于其能激发和调动多少用户自发担任内容传播的动力源。其四，社交分发能动员理论数值庞大的用户进行传播，因此其内容传播的速度可以是病毒式的，其内容传播的扩散可以是几何倍的。

社交分发通过对数字内容流通机制的改造，重新定义了平台型媒体。如前所述，所谓的平台型媒体，就是指既不从事内容生产，也不从事内容消费，而是专门从事撮合内容生产端和消费端实现更高效率匹配的数字化媒体形态。社交分发促进了平台型媒体内涵的发展，使其升级为互联网上基于用户社会关系的内容生产和交换平台。在社交分发的全新内涵下，平台型媒体内容生产和传播的根本逻辑是基于用户的社会关系，平台的技术和产品体系则是为用户进行基于社会关系的内容生产和交换服务的。

## 三 新媒体社交：传播范式而非媒体形态

### （一）互联网时代的社交也是互联网时代的媒体

与概念给人的直觉感受不同的是，严格说来，社交媒体指的并非一种媒体形态，而是用户使用新媒体的主要方式。换句话说，社交媒体指的是用户使用新媒体的主要目的是社交。同时，社交传播过程涉及的并不只是一种媒体形态，而是跨越多种新媒体平台。门户网站的内容、搜索引擎的结果链接、智能推荐的推送都可以成为用户社交性分享和互动的对象。也就是说，社交分发涵盖了围绕用户社交需求而形成的跨平台内容生产、内容互动与内容传播活动。

社交媒体与社交传播的发展，促使用户的数字内容接触与消费对象逐渐从媒体、平台转化为与自己有社交关系的其他用户。社交关系链上的其他用户成为用户接触和消费数字内容的关键诱导因素。用户数字内容接触和消费意愿的高低则取决于社交关系链中朋友关系的强弱。这个转变促使社交逐渐掌控了数字内容分发的主导权，社交分发成为一种主流内容分发范式。从这个意义上来说，社交分发既是互联网时代的社交，又是互联网时代的媒体。

### （二）传播的社交化与社交的传播化

社交媒体既是互联网时代的媒体，也是互联网时代的社交。从用户与新媒体二者互动的视角来看，社交分发是"传播的社交化"与"社交的传播化"共同作用的结果。这一过程不仅使社交重新定义了传播，也使传播重新定义了社交。

传播的社交化，指的是新媒体数字内容生产与扩散的底层逻辑变为社交。内容生产者以激发用户自主的社交扩散为自身数字内容生产的导向，用户社交分享的信息传播效率超越门户、搜索和智能推荐，成为分发效率最高的数字内容传播方式。

新媒体打破了传统媒体中心化的内容生产结构，形成了分散化的内容生产主体新格局。传播的社交化则打破了以往内容传播环节的中心化结构，塑造了分散化的内容传播主体新格局。在这样一种格局中，内容消费在很大程度上依赖用户的社会关系。比如，在微信朋友圈这样一个典型的社交传播生态中，某一内容之所以获得转发和互动，在很大程度上并不是因为该内容是由某著名新闻机构或者某著名内容生产者提供的，而是因为该内容是被用户熟悉或者信任的社交对象转发的。也就是说，用户消费内容的诱发因素是社交关系链中具有信任关系的朋友的转发或者评论。社交链条成为内容的传播路径。也就是说，如果没有同一社交关系链上的评论或转发的话，用户其实是很难注意到某一个内容的。

从微信公众号的运营可以看出，公众号订阅用户对内容打开率和阅读数的贡献率越来越低，反而朋友圈转发对打开率和阅读数的贡献率越来越高。也就是说，在传播社交化的时代，内容如果无法激发用户基于自己的社交网络圈进行转发或者评论，则该内容是无法扩散的，即使触达了用户，也很容易被用户忽视。

社交的传播化，指的是新媒体数字内容社交成为与线下真实世界社交同等重要，甚至更为流行的社交方式。经由数字内容互动产生的新媒体社交逐渐超越线下真实社交，成为大多数人首选的社交方式。甚至对于一些人来说，新媒体社交的体验感超过了线下社交。新媒体时代社交的内涵不再仅仅指面对面的真实社交，还囊括了通过移动新媒体和远在地球另一端的对象进行的在线虚拟社交。这种现象甚至令很多人出现脱离新媒体就无法开展社交的趋势。

约瑟夫·瓦尔特指出："与面对面的互动行为相比，网络人际传播在某些情况下超越了人际互动中的正常情感范畴。"他的"超人际模型"理论在一定程度上能够解释为什么这种借助新媒体展开的社交能够风靡全球，甚至一些人宁愿在网上交流也不愿意在线下交流。他认为，一是当视觉线索缺失时，信息发送者通过选择性自我展示进行印象管理，侧重表现自己好的一面。二是以文本为主导的传播信道有利于传播速率和节奏的控制，便于对所要传播的内容进行精心整饰。三是由于可供判断的线索单一，信息接收者很容易将对方理想化，造成对吸引力的过度归因。四是接收者由于理想化而发出的积极反馈促进了交流的持续进行，形成了"行为上的确认"和"认知夸大"的循环。①

传播的社交化和社交的传播化形成了"无社交不传播"这一数字内容流通新规则。这改变了数字内容的覆盖和扩散逻辑，改变了以往媒体覆盖面广必然会形成较大用户触达面积的恒定因果关系，塑造了促使更多用户进行社交分享才能获得广泛传播的内容扩散新逻辑。这从广告这一特殊信息的角度可以略知一二：以往广告传播是通过购买更多的广告位置来实现触达和覆盖的，而在无社交不传播的规则之下，创作更能令用户自发分享和互动的广告信息才是实现触达与覆盖的关键。

在社交分发模式下，无社交不传播的规则令新媒体回归互联网连接的本质，即连接人与人，然后为人与人之间相互浏览和分享各自发布的内容提供数字工具与产品解决方案。所以说，社交分发重新定义了社交，也重新定义了新媒体，形成了一种用新媒体来进行社交和用社交来推动数字内容传播的全新的用户行为习惯和媒体传播逻辑。

### （三）从人到人的水平传播

社交分发令"人"成为最重要的媒体。在传统的大众传播，以及门户、搜索、智能推荐等新媒体传播模式下，内容遵循的是从媒体到用户的垂直式传播路径。在社交分发模式下，内容的传

---

① J. B. Walther, "Computer-mediated Communication: Impersonal Interpersonal and Hyperpersonal Interaction", *Communication Research*, 1996, 23 (1): 3 - 43.

播遵循的是从人到人的水平式传递与扩散路径。社交传播的参与者成为传播的主体，内容传播与社交关系链变得不可分割。同时，无论是以人工进行的门户分发还是以机器为主导的智能分发，都是以分发平台为主体的集中式分发，而社交分发是一种分散式分发。

在大众传播模式下，内容是被标准化复制的信息。对每个接收者而言，内容信息都是一致的。这就是说，大众传播具有单一的信源，信源既是信息源头又是动力源头。内容从一个源头传递到最终对象。反过来理解，每一个信息接收者所获取的信息都来自信息源头。

社交传播模式下的内容信息是开放的，每个人都可以通过评论与转发对内容信息进行加工，甚至改编。信息传播具有多信源和多动力源头的特点，由此形成了内容信息在传播过程中不断演变的"滚雪球效应"。这令社交分发模式下的内容不像大众传播那样标准化和固化，而是允许人们对信息进行选择、加工和回应，并与社交对象一起共创信息。这种模式与线下真实社交场景是一致的，随着社交参与者的加入，内容被改变、调整，甚至重塑，内容接收对象也并非恒定的被动接收者，而是主动性很强的内容共创者。

在社交传播的水平式扩散模式下，用户往往是根据对向自己提供信息的社交对象的信任程度来判断一个信息的可靠程度，而非像大众传播时期一样根据信源来判断信息可靠与否。

### （四）运营"人设"：社交分发的动机

社交分发就其本质而言就是由用户自发进行的内容传播与扩散，驱动用户采取这一行为的，是其运营人设的动机。"人设"一词源于戏剧理论里的人物设计。从社会交往和社会心理的角度出发，每一个参与社交互动的人都希望在其社交对象面前塑造一个自己心仪的人设。这个人设就是社交活动主体期望的自己在社交对象心目当中的形象。新媒体社交非面对面的特性和基于数字传播技术赋能的优势，便于用户使用数字内容来对自己的人设进行更主动、更精心的运营。比如，不少想要建立和维护年轻、漂亮这一人设的用户会使用滤镜和修图应用来美化自己发布在社交媒体上的照片，想要建立和维护旅游达人这一人设的用户通常会在社交媒体发布旅行照片的同时发布地址定位。

人设作为用户自发传播内容的动力逻辑，决定了社交分发模式下的数字内容生产和传播是基于扩散者本人的人设而形成的。用户对新媒体的社交化使用本质上就是对自我人设的运营，用户的新媒体社交行为是统一在其人设运营的框架之下的。因此可以说，用户的任何一个新媒体社交行为都主要是为其人设服务的。比如，用户会在两种情况下转发一篇文章：第一种情况是用户认同这篇文章的观点，第二种情况则是用户认为让别人看见自己转发这篇文章有助于包装其想要的某种人设。在人设动力机制的作用下，第二种行为在新媒体社交中更为常见。

### （五）圈层化

社交分发重塑了新媒体的属性，既重新定义了新媒体，又重新定义了社交。基于互联网的连接性，用户的新媒体社交对象可以是地球上的任何一个人，这塑造了新媒体社交的圈层化。在互联网的世界里，具有相同兴趣爱好和思维模式的人更容易形成连接。这种连接令真实线下世界里相对分散、孤立的个人能够利用数字传播技术在全球范围内跨越时空限制寻找同类型个体，从而更加便捷地形成群体。也就是说，互联网和社交媒体让相同类型的人更容易找到彼此，更容易相互支持，从而形成圈层化。

因此，从社会总体的视角来看，新媒体社交令整个社会出现了明显的圈层化，即社会及传播结构的群体聚集。互联网和社交媒体在令相同类型个体更容易找到彼此的同时，也增强了不同类型个体之间的相互排斥。这形成了圈层之间文化行为、思维方式，甚至话语体系的差异化，形成了不同圈层之间的壁垒化，即本圈层内部奉行的行为与文化并不为圈层之外的人所理解的传播现象。比如，在 00 后（2000~2009 年出生）群体的网络语言中，交个朋友被叫作"扩列"。这一词语来源于使用社交软件 QQ 添加朋友就是扩充 QQ 列表这一社交媒体使用行为。话语体系的相互封闭强化了传播的圈层化，内容的流行是根据其主题和属性在不同的圈层中进行的，很少有内容能够"出圈"，在全社会流行。同时，不同圈层之间很容易形成舆论对攻态势，内容塑造共识的难度越来越高。

## 四 定义性产品的更迭

如前所述，承载社交分发的新媒体平台初始的目的并非谋求互联网世界中数字内容的分发权，而是聚焦于为用户提供一个基于数字传播技术的网络社交工具。符合这一标准的应用程序或产品形态就是社交网络服务平台（social networking services）。这种工具属性鲜明的网络应用程序的典型特征是为每一个使用者提供一个账号，并通过数字化技术将这个账号转化为用户的数字化身份系统。在这个数字化身份系统中，用户的账号不是一串简单的数字，而是一个可以由用户自己设置的虚拟人物形象。用户可以通过文字、图片、视频等数字内容展现自己的个性、塑造自己的人设，并与其他用户展开数字化社交。从社会交往的角度来说，这使得互联网成为一个与现实世界同等重要，甚至比其更为重要的虚拟世界。

数字化的虚拟社交更加注重对内容的使用。这是数字世界人们展开互动必须依赖也唯一可以依赖的方式。因此，随着人们对社交网络服务使用的深化，社交网络服务应用的媒体化出现了。

同时，数字技术的变革令承载这种数字社交服务功能的定义性产品一直处在不断的变化中。换句话说，在社交工具根本属性不变的前提下，令数字化社交变得更便捷，且功能更强大、更贴合当下新媒体生态的社交服务产品不断涌现，不断刷新着社交应用定义性产品的形态。正是网络社交产品的持续演进，推动社交分发逐渐成为移动互联网时代数字内容分发的主流范式。

作为社交网络服务的第一代定义性产品，国内的 ChinaRen 上线时间比美国的脸书早了 6 年左右（ChinaRen 1999 年上线，脸书 2005 年上线）。二者有一个共同点，就是将校园市场当作主攻方向。对于在校学生或已毕业学生来说，同学、校友都是真实世界最重要的社交关系链之一。ChinaRen 和脸书的成功便在于首先实现了这一关系链的数字化和互联网化。

其后，全球社交网络服务产品和使用者暴增，相对于被动接受门户或智能推荐内容，人们更加喜欢主动分享和评论内容；相对于作为个体孤立地接受内容，人们更喜欢和社交关系链上的朋友分享自己对内容的态度和看法。进入移动互联网时代，国外的推特、脸书，国内的微信、QQ 牢牢把控着社交分发的话语权，占据着社交分发定义性产品的地位。

## 五　传播即生产：内容的社交性生产力

### （一）用户成为传播主体

社交分发令用户成为传播的主体。社交分发中的用户既是内容的接收者，更是内容的传播者，在社交机制的作用下，自发在某个内容面前进行协同行动。在社交分发网络状的内容扩散结构中，任何一个节点都可以是传播的信息源。相对于专业内容生产者，普通用户的量级更为庞大，因此，用户成为掌控重要话语权的特殊内容生产者。

表面上来看，被互联网连接的是电脑、硬盘、移动设备和网站，但深入思考便会发现，人才是被互联网连接的最重要的资源。人是互联网的使用主体，也是其开发主体。社交分发最大的创新在于将互联网上数字内容的传播权交回人这个互联网主体的手中，令人成为传播的主体。

社交分发下的用户采用的是一种低门槛的内容生产方式，这种方式既方便了用户参与数字内容分发过程，也增加了其在数字内容分发过程中的话语权。具体来说，用户在接触到能够激发自己社交互动意愿的内容后，往往会通过点赞、转发和评论的方式，向自己社交关系链上的朋友推荐或表明自己对这一内容的态度，以此来强化自己的"人设"或者谋求社交支持。在这种场景下，用户实际上是用自己的态度对内容进行了"再创作"，这是在原内容基础上的一种二次创作。基于原内容和数字技术的赋能，这种创作非常便捷且成本较低，往往只需点一下按钮或输入很少的文字和表情即可完成。由于附加了用户自身的态度和人设，这种二次创作能为"冰冷"的内容注入用户之间的社交"体温"，是决定内容的社交传播活力，以及内容是否能够持续在社交关系链中扩散的关键。

同时，与用户的传播主体化相对应的，是信息源头和首发内容的"素材化"。在这种传播和创作合一的"叠加递进式"内容生产场景下，内容的首发源头已经不重要了。上一轮产出的内容就是这一轮内容生产的素材。用户的二次创作基于上一轮传播的内容，在上一轮内容的基础上加入自己的态度。这决定了首发内容或者源头内容，对于社交分发链条上的用户来说，都只是一个可供自己进行二次创作的素材。

### （二）社交广告

既然社交分发改变了数字内容的流通规则，就势必会改变基于数字内容的商业价值生产方式，以及作为数字内容商业价值主要实现方式的广告。

社交分发在理念和产品两个层面推进了社交广告的发展。就理念层面来看，社交广告改变了以往广告的投放和创意逻辑。无论是在传统媒体时代还是在社交分发之前的新媒体时代，广告的投放逻辑都是尽量购买更多更有注意力汇聚能力的广告位，并增加广告的投放频次，以此来形成传播力，即广告投放的"声量"。社交广告的理念并不在于购买更多的广告位和投放更多的次数，而是注重创作出能够激发用户社交分享意愿的广告信息，即在创意层面强化广告信息对用户社交分享热情的激发。在投放层面则一改以往对覆盖面的追求，转而注重社交传播节点的触达，即优先激发那些能够激发大量用户的特殊用户。就产品层面来看，社交广告也成为掌控社交分发能力的平台型媒体实现业绩增长的主要驱动力。以腾讯为例，基于微信和 QQ 这两个国民级的社交平台，社交广告是腾讯业务增长的主要驱动力。微信朋友圈广告是腾讯社交广告的典型产品，其从视觉呈现上便将广告"伪装"成插在用户朋友圈信息流中的一条好友动态，同时还为广告信息设置了头像、昵称、图文内容等"好友要素"，以便从一开始就切入用户社交分发场景。不仅如此，微信朋友圈产品中的几乎所有社交功能都能在朋友圈广告中实现。用户可以在广告信息下点赞留言，还可以看到自己社交关系链中好友在广告下的点赞和留言，甚至可以在广告下@自己的好友。这样的设计增强了广告信息的社交性，方便用户在社交场景中与广告信息进行互动，提升了广告的效果，是符合社交分发趋势的新型广告形态。

### 案例5-3 "抖音"是不是社交媒体？

从内容分发范式来看，抖音更偏向中心化的广播式媒体，而非社交媒体。什么是社交媒体？笔者的理解是：传播的基本驱动力是用户的社交分享。或者说，信息传播扩散的路径是依附在用户社交关系链条上的。判定的方式也很简单，如果一个内容主要依靠大量用户的转发来实现引爆，这种传播就是社交传播。

在这种内容分发范式下，内容的扩散机制是具有社交关系的个体用户之间的相互展示、相互引导和相互转发。一言以蔽之，刷屏的动力在于第三方个体，而非平台的流量分配或账号主的推送。

再来看看抖音是如何实现内容分发的。从用户的使用习惯来看，大多是基于抖音官方的推荐。也就是说，抖音的首页推荐位置，这一牢牢把握在抖音官方平台手中的资源，是任何内容得以在抖音火爆的关键，而非用户的分享。

特别需要强调的是用户在抖音里的分享。事实上，通过用户的转发实现大面积扩散的内容在抖音占的比重一向不高。相反，在微信封锁抖音链接之前，大量的抖音内容是经由微信朋友圈的转发而火爆的。从这个意义上看，抖音目前并不是一个社交媒体。抖音发展初期的社交属性来自对微信的借用。这也是今日头条和腾讯爆发争议的原因所在。

今日头条系的产品，本质都是智能推荐。从用户的角度来说，这是一种懒人模式。用户习惯了被动接受由算法"读心"后主动推荐的内容。抖音的沉浸式产品设计，强化了用户的这种被动懒人式使用。社交媒体的使用场景是由人到内容的消费逻辑，即阅读一个内容主要是因为用户感兴趣的某个人转发、推荐了。

在社交媒体平台里，人才是真正的媒介，而在智能推荐平台里，人的主动性非常低。机器帮用户寻找、推荐，用户需要做的只是不断刷新。所以在抖音的传播逻辑里，用户更像传统的媒体受众，不同的是，由于技术的进步，互动能力加强了，可以即时评论、点赞。但并不像社交媒体那样，用户迅速切换为传播者，并经由自己的社交链条进行传播。

微信的社交基因，是从通信工具开始的。首先，通过通信录的导入，微信成为点对点的即时通信工具。其次，通过"附近的人"、"摇一摇"、微信号二维码等功能，微信把线下社交圈搬到线上，使得封闭、有限的通信录社交关系变为熟悉与陌生交织的社交关系。借助互为朋友的两两相识设计，微信在动态点赞里为用户埋下了"你俩居然也认识的"社交驱动因素，由此才展开了复杂的社交网络。这与抖音用户主要沉淀在官方智能推荐中，由平台掌控流量和内容分发权的中心化模式有着本质的不同。


# 第七节　"订阅"分发

## 一　订阅分发：历史最悠久的分发范式

订阅可谓历史最悠久的内容分发形态。早在大众传播时代，传统媒体就已经在报刊的订阅与有线电视的订购业务中出现了订阅分发模式。之所以将这一时期的"订阅"定义为分发而非传播，主要是因为在这种机制下，报社和有线电视网络公司知晓订户的基本信息，对用户进行的是有针对性的内容传达而非广播式的大众传播，该场景下的传播方式更贴近分发形态。

订阅分发随着数字传播技术的变革不断演进，甚至可以说跨越了整个新媒体的发展历程。在这一短暂但变革激烈的历史进程中，订阅分发从网站时代的订阅列表到平台型媒体时代的关注，既拥有过掌控数字内容流通话语权，成为范式级分发的辉煌时刻，也经历过作为补充分发形态，辅助主流分发范式的配角时期。无论形态如何演变，订阅分发在数字内容流通中始终扮演着一个重要的角色。

## 二　RSS 阅读器

RSS 阅读器是新媒体时代订阅分发范式的第一款定义性产品。这是一种令用户更方便、更高效获取数字内容的信息聚合技术，其本意就是真正（Really）、简单（Simple）、聚合（Syndication）这三个词语意义的叠加。使用 RSS 技术进行内容生产的网站可以直接向使用 RSS 阅读器关注过自己的用户自动推送有关网站内容更新的信息。反过来说，使用 RSS 阅读器的用户可以自动、实时接收被自己添加到订阅列表里的网站的内容更新信息。

使用 RSS 阅读器的用户就像同时订阅了几份报纸的读者。阅读器的界面如同报纸订户的报箱。用户可以将自己感兴趣的网站和栏目通过 RSS 阅读器集中在一个页面，在这个页面就可浏览这些网站的内容。一旦用户关注的网站有内容更新，RSS 阅读器就会即时向用户发送报告，显示更新内容的标题、摘要和部分信息，以供用户读取。

RSS 阅读器的出现极大地提升了数字内容的分发效率。首先，这是一种内容的"直达"渠道。无论是门户分发还是搜索分发，其本质都是用户通过第三方聚合平台获得内容，即分发平台以第三方身份撮合内容生产者与内容消费者的注意力交易。RSS 技术则使得作为内容生产者的网站可以直接向用户推送信息。这种直达缩短了内容与用户之间的链路，降低了内容生产者与消费者之间的交易成本。其次，对用户来说，这是一种个性化内容获取方式，更加符合用户的个人化内容需求。RSS 技术支持用户按照自己的内容喜好进行自主订阅。每个用户的订阅列表均不相同，这形成了内容分发事实上的"千人千面"，提升了内容对用户的效用和用户的满足感。再次，RSS 阅读器的自动提醒功能省去了用户反复登录确认内容是否更新的成本，形成了一种自动监测网站更新的方式，规避了用户错过更新内容的风险。最后，RSS 技术在内容生产者和消费者之间建立了一种内容消费契约，节约了门户分发和搜索分发范式下用户还需要在网站和搜索结果中寻找内容的时间成本，令用户可以在消费契约下直接获得自己感兴趣的内容。

## 三 关注与订阅

数字传播技术的进步和新媒体生态的变迁令数字内容的生产和供应主体从独立的网站转变为由平台型媒体与自媒体账号所形成的共同体。随着这一技术的进步和生态的变迁，订阅分发具体的订阅关系从用户对网站的订阅转变为用户对自媒体账号的订阅，订阅工具也从 RSS 阅读器变更为平台型媒体上的关注功能。

在这种新的订阅分发关系下，用户通过平台型媒体获得的内容来自其自己在平台内关注过的自媒体账号，这些内容根据自媒体内容更新的先后顺序以时间线的逻辑通过信息流的形式呈现在用户的智能设备上。

这种用户与自媒体账号之间的订阅关系延续了订阅分发一贯的精准化、个性化特点，却不能有效适应数字内容生态的发展。这是因为，一方面，这种订阅关系形成了用户较为封闭的内容接触范围，很容易造成用户内容消费视野的窄化。受时间精力的制约，用户不太可能在充分、大量接触的基础上再来决定哪些内容才是符合自己兴趣的，而只能在有限接触的前提下关注有限的自媒体账号。这在概率上造成了用户注定接触不到大量符合自己需求的内容。另一方面，这种封闭的内容消费方式也与海量的数字内容供给能力不相匹配。大量内容产能很难进入用户关注列表，无法获得流量势必影响数字内容供给侧的活力。

从总体上看，在数量级不断膨胀的数字内容面前，订阅分发不再是一种高效率的分发范式，不再是一种能整体推动数字内容产业发展的分发范式。因此，为了扩展用户的内容接触面，也为了让更多的内容都有曝光并接受用户评判的机会，并以此来提升平台的内容分发效率和确保平台的流量汇聚能力，平台型媒体会主动以平台分配流量的方式对平台上的内容进行分发，将经过平台人工智能算法判定的内容插入用户的信息流中。与此同时，订阅分发作为一种补充方式，也被以功能的形式保留，起到共同增强平台用户黏性的作用。

在这种诉求下，不同的平台型媒体往往根据自身的技术优势选择不同的分发组合。比如以智能分发为定位的今日头条，在产品设置中坚持以推荐为核心，并将关注置于补充地位，以匹配不同的内容触达逻辑和流量关系。微信则是另一种设计。在微信内容分发中，公众号的设计初衷是建构单纯的订阅分发机制，并以朋友圈转发的方式借助社交分发的力量进行扩展。但从后期的运营效果来看，基于订阅分发的公众号的粉丝打开率越来越低，反而是基于朋友圈社交分发的打开率持续走高，这证明了微信生态的内容分发逻辑更偏向社交分发。为了强化这一优势，持续提升微信的活跃度，微信推出了"在看"和"相关阅读"功能。在看功能是一种让用户知晓社交关系链中某些朋友也对某一内容感兴趣的功能，其目的在于强化以社交关系链为纽带的内容扩散。相关阅读则在某种程度上打破了微信公众号长期以来秉持的封闭式订阅关系，在公众号体系内适度引入了智能分发推荐（见图5-7、图5-8）。

**图5-7　微信公众号内文页面下对文章的智能推荐**

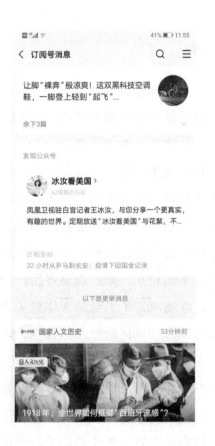

**图 5 – 8  微信订阅号消息中对公众账号的智能推荐**

实际上，以订阅分发为角度，能够对分发范式进化的"兼容逻辑"一窥究竟。如前所述，数字内容分发范式的演进，并非新范式对老范式的简单取代，而是兼容式叠加，即新一代范式在功能上兼容上一代范式，二者相互叠加，形成更为复杂的生态、更为高效的系统。以今日头条为例，这款起初专注智能推荐的产品在掌握智能分发话语权、成为智能分发范式的定义性产品后，也逐渐叠加了订阅关注和搜索功能，形成了一个以智能分发为核心的综合型内容分发产品。

## 四　私域流量

虽然从内容分发平台和数字内容总体流通的角度来看，订阅分发已不再是一种高效率的内容分发形态，但对于自媒体来说，基于订阅的流量具备独特的专属价值。

平台型媒体和自媒体所组成的内容生产共同体虽然在绝大多数情况下有一致的利益，但也有利益分化甚至冲突的可能，特别是面对流量的时候，双方的立场有着微妙的差异。对于平台型媒体来说，其商业价值在于通过内容分发，令内容生产者与内容消费者更便捷和低成本地相互匹配，以赢得用户的流量和自媒体的内容供给。因此，立场决定了平台型媒体更关注具体的内容而非产出该内容的自媒体。在具体的分发执行中，体现为平台的每一次分发都是以一条具体内容（通常是更新的内容）为单位进行的，即分发具体内容而非产出内容的账号。这塑造了用户注重追逐内容而非账号的行为习惯。这是因为对用户来说，看到喜欢的内容后，对具体内容的点赞、评论远比关注产出内容的自媒体账号轻松。这样做的结果就是，平台推荐了内容，获得了流量，但流量主要依附在平台上，甚至由平台来主导分配，很难沉淀在自媒体账号本身。对自媒体账号来说，评判其自身价值的主要标准在于关注账号的用户数。这是由于用户数代表了账号获得流量的稳定性，也代表了账号高质量内容输出的持续性。一般情况下，只有持续稳定的高质量内容输出，才能促使用户对账号采取订阅这一相对高成本的互动方式。

私域流量指的就是自媒体账号基于粉丝订阅关注的专属流量，这是与自媒体账号依赖平台型媒体内容分发所获得的公域流量相对的概念。公域流量的分配权掌握在平台手中，是自媒体账号在平台通过首页推荐、流量倾斜、曝光机会分配等方式对流量进行内部倒流分配的过程中所获得的流量。这种流量对自媒体平台来说具有消逝快、难以掌控的缺陷。私域流量是由用户对自媒体账号的关注订阅所形成的直达型流量，在很大程度上摆脱了平台的第三方分配，相对来说是由自媒体账号自己掌控的流量，具有较高的可控性。同时，稳定的高质量内容输出是获得用户关注订阅的前提，而一定数量级的粉丝能有效规避下一次内容产出的流量风险，因此，私域流量的专属性质从稳定性和可预测性的角度定义了自媒体账号的商业价值。

## 案例5-4 分发范式下的用户使用行为分化

不同的内容分发范式塑造了用户不同的产品使用习惯，形成了不同的流量形态与用户平台关系。

将搜索分发和智能分发进行对比可以发现：一个为"搜"，一个为"刷"，用户的行为方式不同。行为方式不同的背后，是行为逻辑的差异。搜索带有明确的目的性，并不受时空的限制，只要是有信息需求和疑问，便会主动寻找，类似查字典。查与不查，字典都在那，只要有需求，字典便能即刻响应，不存在把字典从头翻一遍就永远扔掉的用户行为。刷新带有明显的漫不经心特点，随手下拉，即时浏览，过目即忘。二者的根本区别在于，搜索内容库没有时限，被抓取后，只要平台还存在就永远会有流量；被刷新的内容则没有内容库意义，用户看过一次之后，极少回头再找。虽然不少基于信息流的产品都推出了"收藏"功能，目的就是让用户把目标内容移到另一个目录中方便调取，但是核心的用户行为逻辑没有变，所以收藏到了一定量之后，收藏功能便失效了。

　　"搜"与"刷"，一个"无限"，一个"一次"，内容暴露概率不同。搜索和刷新，用心理学术语解释，差别在于"投入度"不同。搜索者带有明确的目的，只要内容有价值，一定就会被搜到，所以随着价值的升高，内容的曝光机会逐渐增多；刷新者则没有明确目的，甚至在用户漫不经心地刷新中，很多有价值的信息被一带而过、永远埋没。

　　信息流，无论从产品形态还是概念来看，都存在奔流不息、转瞬即逝的特征。

# 下篇
# 商业变现

变现是决定传媒产业生存与发展的古老命题。

在漫长的大众传播时期，传媒产业实际上只有过广告这一种成熟的、规模化的、可依赖的商业变现模式。新媒体和数字内容传播的出现，全面革新了媒体基于内容的生存和发展方式，拓展了媒体的内容变现模式和商业空间，将媒体内容的商业变现带入一个更加激动人心和丰富多彩的世界。

# 第六章　数字认知资产：新媒体内容变现的转化机制

## 第一节　认知变现：注意力经济的本质

就经济属性而言，媒体的本质是注意力经济，即通过售卖注意力获得经济收益。

注意力从属于时间，依附在人身上，是一种看不见、摸不着的事物，并无实际形态，具有"非实体化"的特征，因此无法直接作为产品向客户出售。显而易见，媒体若要运行注意力经济模式，就必须将注意力转化为可供售卖的实体产品，这种转化过程就是变现。变现作为一个术语，其本意是把非现金的资产转化为现金。

直观来讲，媒体的产品是内容。但媒体在其经济价值的实现上并没有采用将内容进行出售来获得收益的直接方式，而是采取了将注意力进行转化变现的间接方式。这是基于媒体内容产品独特的消费方式而衍生出来的商业模式。内容消费者在消费媒体内容的时候，无论其是否有过为内容产品付费的行为，都不可避免地需要投入自己的注意力。同时，当内容消费者将注意力投向某一内容时，也会不可避免地随着大脑对内容信息的摄入逐渐形成自身的心理认知，即随着媒体内容信息被大脑接受与解读，内容势必与消费者产生心理互动，进而在内容消费者心智中形成记忆、想象、情绪等情感认知。这种情感认知不同于注意力的转瞬即逝，而是能够以认知的形态在较长时间内停留在内容消费者心智之中。因此，基于注意力形成的认知，能够突破直接售卖内容产品的一次性交易瓶颈，将媒体的商业逻辑从产品交易转变为互动关系，令媒体的商业实现空间具有更大的延展性。

注意力具有转瞬即逝和不可留存的特性，在内容消费者心智当中形成的认知才是注意力经济的本质。用变现考察媒体的经济过程可以发现，不同于直接售卖内容产品，变现具有以下差异化特征。其一，变，即转变。通过这一转变过程，媒体改变了绝大多数产业直接销售产品的单一交易特征，将自身商业模式建构在情感认知的基础之上，极大地丰富了经济盈利路径，塑造了多样化的媒体盈利模式。因此，变现过程既是媒体商业价值的保值过程，又是其增值过程。其二，从注意力资源到认知资产，依托的是媒体持续的内容产出。注意力具有瞬间流逝的特征，认知则具有长期性。消费者认知的形成，是媒体通过内容与消费者进行持续性互动的结果。因此，认知变现模式突破了一般内容付费"一锤子买卖"的瓶颈，具有长期稳定的特征。其三，认知具有资产属性，能够产生持续性的资产收益。通过变现这种资产转售模式，认知能够为传媒提供持续的现金收入。

## 第二节　广告：一种期货产品

促成媒体从内容产品付费到注意力售卖这一商业模式转型

的，是广告这种变现工具的出现和发展。实际上，广告被当作媒体的变现工具，得到媒体的生存性依赖和营利性运用，是传统大众媒体诞生的动因，也是传统大众媒体诞生的标志。

在广告作为一种媒体变现工具出现之前的前大众传播时代，报刊实行的是直接销售报纸内容产品的付费模式。由于当时报刊主要被团体和个人用作传播政治理念的工具，内容单一、读者范围较窄，再加上新闻纸和蒸汽印刷机成本较高，当时的报刊从市场营销的角度来看是一种十足的奢侈品。

1833 年，一家印刷厂的经营者本杰明·戴（Benjamin Day）创办了《纽约太阳报》（*The New York Sun*），一举打破了这个实行已久的商业规则。首先，本杰明·戴在内容产品层面做了大胆的革新，将《纽约太阳报》的内容从以往报刊的精英导向转变为大众导向。在报道内容上加入警方新闻，并采用故事化写作方式，尽量迎合大众读者的需求。其次，《纽约太阳报》将每份报纸的售价定为 1 美分，大大低于当时报刊市场 6 美分左右的市场价格。通过售价和内容两个层面的革新，本杰明·戴的《纽约太阳报》将报纸从一种奢侈品转变为适合每一个普通人的快速消费品。

然而，报纸售价的大幅度降低造成了《纽约太阳报》的发行亏损。超低的售价无法摊平《纽约太阳报》的人力和印刷成本，甚至造成了每卖一份报纸，报社就亏损一份钱，卖得越多亏得也越多的"价格倒挂"现象。另外，随着销量的增长，《纽约太阳报》变成了一架收割注意力的机器。其所汇聚的注意力成为工商企业促销产品和塑造品牌的绝佳工具。显然，本杰明·戴及其《纽约太阳报》开创了一种媒体发展史上从未出现过的商业模式。这种商业模式令媒体集体走上了低价售卖报纸以大规模获得注意力，再将注意力通过广告销售给广告主的所谓"二次销售"道路。

二次销售模式令媒体需要同时面对和运营两个相互关联的市场，即内容市场和广告市场。在内容市场层面，媒体面对的是个人化的用户，运营的目标是以高质量的内容产品换取用户的注意力。在这一层级的市场中，用户支付给媒体的是注意力而非现金。在广告市场层面，媒体面对的是机构化的客户，运营目标是通过具有注意力获取能力的广告产品来换取客户的广告投放。在这一层级的市场中，客户支付给媒体的就是现金。从经济上来说，只要广告产品销售带来的利润能够弥补内容产品低于成本价售卖所造成的亏损，那么媒体基于认知变现的商业模式就是成立的。

依托广告变现模式的媒体巨头不断涌现，传媒产业创造了巨大的商业价值和经济影响力，这一大众传媒产业的实践史证实了变现是比直接销售内容更有利可图的商业模式。更重要的是，广告变现模式培养了用户免费获取内容的消费习惯，也培养了广告客户通过媒体投放广告的营销习惯，建立起媒体的基本社会关系。

可以看出，促成这两个市场相互转化的关键是注意力，广告主对注意力的购买与一般产品不同，是充满了不确定性的风险投资行为。内容产品是媒体培养注意力获取能力的原材料，注意力获取能力是媒体广告产品的价值内涵。报刊发行量、电台收听率和电视收视率这类计量媒体注意力获取能力和广告价值含量的媒体传播力指标，真正代表的是媒体过往的注意力获取结果而非未来的注意力获取能力。注意力转瞬即逝的特性决定了当广告主为媒体广告产品付费时，作为广告产品计价标准的以往所获得的注意力已经随着时间的流逝而消失了，广告主真正的付费对象——

未来的注意力——还未产生。对于广告主来说，有意义的永远是媒体的"下一次"注意力获取能力。把以往的绩效作为价格依据来推断未来，使得媒体广告产品天然带有一定的"期货"性质。购买媒体广告就是购买基于未来预测的期货。

在这样的模式下，超越注意力不可留存性的认知便成为媒体变现真正依据的资产。认知这种能够长期存在于内容消费者心智之中的情感，是经由媒体长期稳定的内容输出，以及内容消费者长期稳定的优质体验形成的。因此，认知实际上是内容消费者与媒体在心理上缔结的契约，在这种契约的保障下，媒体有动机维持内容的品质，内容消费者则维持了对媒体内容产出的期待，也延续着对媒体内容产品的注意力支付行为——这是广告这种基于未来的期货产品能够得以运行的根本逻辑。

## 第三节　数字认知资产：新媒体时代的
## 内容变现机制

相对于传统媒体，新媒体是一个新物种。虽然数字技术改造了媒体的形态、革新了内容生产与传播的逻辑，但新媒体并未改变媒体注意力经济的本质。也就是说，新媒体在经济范式和商业模式上仍然遵循基于认知资产变现的逻辑。但新媒体时代的数字认知资产与传统媒体时代相比，在形成路径、存在形态和变现模式上均发生了根本性的演变。

数字认知资产指的是新媒体时代经由数字传播所形成的数字化的认知资产。虽然同样是媒体内容与消费者注意力互动的产物，同样是以情感和记忆的形态存在于人类的心智当中，但数字认知资产在形成路径和转化应用层面具有鲜明的数字化特征。与传统认知资产相比，数字认知资产在与内容的相互关系和与消费者的相互关系这两个维度上都有诸多关键性差异（见图6-1）。

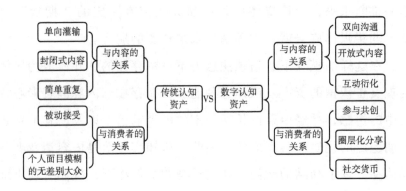

图6-1　数字认知资产与传统认知资产的差异

## 一　双向沟通而非单向灌输

传统认知资产是在大众媒体对受众的单向内容灌输中形成的，数字认知资产则是在新媒体数字内容与用户的双向沟通中形成的。两种形态的认知资产在形成过程中的显著差异是由传播技术的演进和内容消费环境的变迁决定的。

首先是技术变量的更改。传统媒体受到传播技术的限制，缺乏及时、有效的受众反馈渠道，致使整个内容传播的过程就是对受众进行单向灌输的过程。受到数字传播技术的赋能，新媒体用户能够对数字内容进行即时、高效的互动。因此，新媒体内容传播过程不再具有鲜明的主客体关系，数字认知资产是在数字内容与用户之间的双向沟通中形成的。

其次是用户内容消费环境和行为的变迁。基于单向性特征所带来的绝对主导性，传统媒体在塑造受众心智认知的过程中采用的是高密度内容的信息轰炸方式。新媒体时代海量的数字内容供给造成了信息过载。信息过载触发了用户的信息过滤机制，培养了用户越来越强大的"内容忽略能力"。这意味着单纯的信息轰炸根本无法令内容进入用户有限的注意力范围之内。那些能够促使用户互动的内容，才是打破用户心理过滤机制、真正走入用户心智认知、塑造数字认知资产的有用内容。因此，数字内容资产的形成，并非建立在海量数字内容的基础上，而是建立在能触发用户持续互动、双向沟通的高质量内容的基础上。

## 二 开放式而非封闭式内容

如果将内容理解为塑造认知资产的"建筑材料"，那么数字认知资产和传统认知资产在建构材料上便有着本质的不同。

构建传统认知资产的是"封闭式"内容，即内容生产的全过程均在媒体内部完成，具有内部化的特征。媒体内部专业人士主导和完成了整个内容的生产过程，为认知资产的塑造提供了"成品"建筑材料。新媒体则打破了内容生产的封闭式结构，将内容生产过程从媒体内部延伸至媒体外部，形成了内外协同的"无边界"式内容生产组织结构。生态系统各协同方对数字内容生产过程的介入促成了数字内容的"开放性"，即数字内容并非由新媒体内容生产者独立完成，而是会借助生态协同方和用户的互动参与。这时，新媒体内容生产者生产的内容显现出一种"半成品"的特征。这意味着构建数字认知资产的是，基于内容生产者、协同生产者和用户多方互动的"开放式"内容。

## 三 互动衍化而非简单重复

受到媒介载体的时空限制，传统媒体倾向于运用时空资源占据最小化的简单信息并通过高频次重复来形成认知资产，即采用单一信息简单重复的模式来形成认知资产。这造成了认知资产信息内涵稳定、甚少变化的特征。

在新媒体时代，基于数字内容的互动性和开放性特征，数字认知资产的内涵一直在与用户的持续互动中不断衍化。这造成了数字认知资产受多种信息源头和多个内容生产主体共同影响的结构化特征，塑造了数字认知资产信息内涵的多变性特征。也就是说，存在于用户心智中的数字认知资产会随着时间的推进和用户互动的进程，处于持续的衍化和变动之中。这一方面增加了塑造数字认知资产的变数，加大了掌控和使用数字认知资产的难度；另一方面增强了数字认知资产的活力和生命力，扩展了数字认知资产的使用空间和商业价值。

## 四 参与共创而非被动接受

由于技术决定的单向性传播特征，在传统认知资产的形成过程中，受众只能作为恒定的内容接收对象，"被参与"到认知资产的塑造进程之中，具有被动接受的特征。

数字传播技术的赋能令用户不仅能够与内容进行互动，还能介入内容的生产流程之中，成为内容的协同生产主体之一，在数字认知资产的形成过程中具有高度的主动性。这种主动式参与令用户事实上成为数字内容资产的共同创造者。从互动衍化的视角来看，主动参与是令数字内容穿越用户越来越强大的注意力屏蔽，从而形成数字认知资产的前提条件。也就是说，留存于用户心智中的数字认知资产是由用户参与共创的，其中自然带有用户的个人喜好和情感投入。事实上，数字认知资产不仅体现着内容生产者的传播意图，还整合了用户的群体性喜好，可以说是目标用户喜好的"最大公约数"。

## 五 圈层化分享而非无差别大众

在传统认知资产的塑造过程中，受众被视为面目模糊的无差别化大众。在追求最大化覆盖面以最大限度收割注意力的经济动力之下，媒体向受众单向性地重复灌输无差别的内容，以谋求在最大众化的层面形成广泛的认知资产。

数字认知资产是在多方互动中形成的。其中除了用户与内容之间的纵向互动之外，还有用户之间基于社交分享的横向互动。这种互动不仅丰富了数字认知资产的信息内涵，强化了其在用户心智之中的存在，更重要的是，还令其进入社交传播的进程，成为社交传播和圈层化的工具。这意味着数字认知资产形成过程中的用户间互动，是基于用户社交关系链进行的内容分享，这营造了用户之间基于共同兴趣焦点的圈层化结构。这种结构一方面窄化了数字认知资产的影响面，形成了单一数字认知资产影响面较窄而多种数字认知资产并列的局面；另一方面也深化了数字认知资产的影响力，通过圈层社交分享，数字认知资产在圈层内具有巨大的影响力。

## 六 成为社交货币

在数字认知资产介入社交传播或者社交传播借助数字认知资产的过程中，数字认知资产逐渐形成了驱动用户新媒体社交行为的"社交货币"。这令数字认知资产从单纯的情感转变为对用户有直接效用的社交工具，扩大了数字认知资产日常用途的变现空间，更重要的是令数字认知资产成为"社交货币"，推动了其传播和应用。

社交货币（social currency）是宾夕法尼亚大学沃顿商学院

营销学教授乔纳·伯杰（Jonah Berger）提出来的概念，指的是可以令使用者获得家人、朋友和同事等社交对象更多好评和更积极印象的媒体内容和象征性符号。① 数字认知资产在形成过程中受到用户参与式互动的共创影响，带有用户的创意贡献和情感卷入，这令深度参与的用户倾向于在自身社交分享的过程中将其社交货币化，以谋求更好的社交形象和更优的社交人设。同时，深度参与用户的这类社交行为会带动更多用户产生更强烈的动机，在其新媒体内容社交中运用数字认知资产，使之成为一种数字化时代典型的社交货币。这极大加深了数字认知资产和用户之间的情感深度，提升了其变现的能力，拓宽了其变现的空间。

## 第四节  变现模式的多元化

单一性是传统媒体在商业变现上最显著的特征，指的是在漫长的历史发展进程中，传统大众媒体有且只有广告这一种可靠的注意力变现模式。与此相对，新媒体基于数字认知资产的商业变现模式具有典型的多元化特征。这一差异是由数字传播生态系统所决定的。

首先，新媒体与传统媒体对内容消费者注意力的占据能力有显著差异。在传统媒体时代，媒体占据内容消费者注意力的场景十分有限。如电视媒体所谓的"黄金时段"就产生于观众总是集中在每天的特定时段观看电视节目的内容消费习惯。

---

① 〔美〕乔纳·伯杰：《疯传：让你的产品、思想、行为像病毒一样入侵》，刘生敏、廖建桥译，电子工业出版社，2014。

在新媒体时代，媒体对用户注意力的占据超越了物理时空的限制。新媒体不仅占据了用户的资讯消费时间、社交时间，还几乎完成了对用户生活形态的全面侵占，成为名副其实的注意力"收割之王"。

其次，从反面视角观察，新媒体时代的用户与传统媒体时代的受众对内容的注意力投入程度也差异巨大。在传统媒体时代，受众一般只在特定的时间段投入特定的注意力来从事内容消费。在新媒体时代，除了必要的睡眠及工作、学习时间之外，用户大量的碎片化时间都被用于接触新媒体和消费数字内容。从总体上来看，大量用户几乎不间断地将注意力花费在数字内容消费上面。

基于更强的注意力占据能力和更大的用户注意力投入，新媒体获得了史无前例的海量注意力资源。这些资源体现在表层的流量和核心的数字认知资产层面，为新媒体进行商业变现集聚了巨大的价值。

新媒体所获取的海量注意力资源既为其商业变现奠定了更厚实的基础，也为其商业变现提出了更高的要求。显而易见，面对注意力资源量级的暴增，单一的变现模式已经无法实现变现值最大化和变现效率最高化这两个目标。因此，新兴注意力变现模式的诞生和多元化变现模式的组合运用，是新媒体在商业价值实现上的必然选择。

# 第七章　广告：最基础且变化最深刻的变现模式

## 第一节　广告变现的"产品化"与"内容化"

广告是经济的晴雨表，是沟通供给与需求、生产与消费的信息桥梁，是企业和品牌的营销工具。对于媒体来说，广告是支撑其生存和发展的商业模式。

正如新媒体并未改变媒体注意力经济的本质，新媒体也未曾改变媒体对广告这种注意力变现工具的高度依赖。但是，正如数字技术重塑了认知资产的形成路径及其存在形态，数字技术也革新了媒体对广告这种变现方式的使用方式。同时，新媒体时代每一次内容生产方式、分发方式的进步，都代表着流量汇聚能力的提升，本质上也都是广告市场的创新发展机会。在不断涌现的数字传播新技术造成的颠覆效应之下，新媒体广告自身的价值形成逻辑与变现逻辑也发生了深刻的变革。

### 一　平台型媒体的"广告化生存"

总的来说，新媒体在运用广告这种变现工具实现自身商业价值的进程中所遵循的逻辑是，运用技术、策略与创意的组合，尽量提升每一单位流量的变现效率。但对于不同的价值主体而言，对这一逻辑的实现策略有较大的差异。

平台型媒体掌握了内容源头和流量的分配权，控制了流量的流向和注意力的指向，积累了用户的内容消费行为数据，拥有更加深入了解内容消费者的洞察能力，还通过数字化支付工具的搭建，形成了传播与销售之间的闭环，成为新媒体时代广告变现工具的最大玩家。

对于平台型媒体来说，提升流量变现效率的策略是广告的"产品化"。从平台的角度看，广告是作为一种商业产品而得到设计、推出和优化的。受益于数字传播技术的进步，新媒体广告在产品技术含量、产品线结构、产品类型和细节的丰富程度等层面均远远超越传统媒体售卖媒介时空资源的简单模式，进入媒体广告产品专业化的时代。

比如，根据内容分发与流量聚集逻辑的不同，平台型媒体将广告产品划分为"品牌广告"与"社交广告"两条主要产品线。精细化对应广告主不同的营销策略与投放需求，令追求传播覆盖面和追求内容互动性的广告主能够各取所需。在平台型媒体广告产品化的具体运作中，最重要的产品开发是广告计价方式的设计。与传统媒体仅仅按照每一单位媒介资源的注意力获取能力进行计价的方式不同，平台型媒体将计费模式当作核心的产品要素，纳入广告产品的设计中来，推出了按展示付费（CPM）和按转化效果付费（CPC、CPS）两大类计费方式。为从事不同产业类别与采取不同商业模式的广告主提供了精准化的个性选择。

## （一）CPM 计费产品

CPM（Cost Per Mille）是平台型媒体以广告每一千次被展示

在用户面前为单位对广告主进行结算的计费方式。对于广告主来说，CPM 就是广告每一千次被展示的成本。广告的一次展示通常意味着它被一个用户浏览。在新媒体广告的实操中，接收广告展示的用户基数很大，而一次展示的费用很少，因此将每一千次展示作为计价单位更方便。

在 CPM 这样一种结算逻辑下，平台型媒体对广告投放结果风险的介入度是最低的。平台只承担广告的传播责任，并不需要对广告的转化效果承担风险。平台甚至只是承诺广告能够"看见"用户，即广告在用户面前曝光，并不承诺用户是否能"看见"广告。因此，CPM 计价方式下广告产品单位成本是多种计价模式中最低的。这种计价方式适合有着低成本扩张广告覆盖面和提升品牌知名度诉求的广告主采用。

### （二）CPC 计费产品

CPC（Cost Per Click）是指广告主按用户点击广告的次数向平台型媒体付费的计价方式。搜索分发平台谷歌与百度的关键词广告即采用的点击付费模式。

在 CPC 这样一种结算逻辑下，平台型媒体实际上为广告的转化效果投入了成本，也承担了部分风险。光是把广告展示出来，广告主是不需要向平台付费的，只有广告被用户点击，广告主才需要按照点击次数付费。同时，CPC 带来的流量虽少，但代表了对广告更加感兴趣的用户。因此，按点击付费的广告产品的单价理应比按展示付费的产品高，适合追求短线销售效果的广告主采用。

### （三）CPS 计费产品

CPS（Cost Per Sales）即按销售结算，也就是广告主按照广告所引发的产品销售向平台型媒体支付广告费用。从广义上理解，也可以认为是广告主按照广告所引发的用户深度转化行为来付费的模式。

在 CPS 这样一种结算逻辑下，平台型媒体需要对广告的销售效果负责，是平台型媒体投入最大、风险最高的计费方式。显而易见，这种计费方式对广告主来说是更加符合自身利益的结算方式。出于商业目的考量，平台型媒体必然会在定价上进行找补，以平衡自身的风险和投入。因此按销售计价也是单价最高的广告产品。这种广告产品只适合营销要素配合比较到位、用户购买决策链路比较短的广告主。

### （四）互联网公司的"广告化生存"

平台型媒体绝大多数有互联网科技公司背景，在业务类型上又以新媒体的形态高度依赖广告变现模式，因此形成了互联网公司的"广告化生存"特征。以国内互联网巨头腾讯公司为例，通过对腾讯 2009～2019 年的经营业绩进行回顾可以发现，不仅广告经营额绝对量不断攀升，且其在公司整体经营收入中的占比也一直在 7% 以上，2015 年及以后更是在 17% 以上（见图 7－1、图 7－2）。

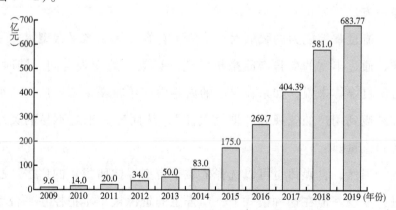

**图 7－1　2009～2019 年腾讯公司历年广告营收**

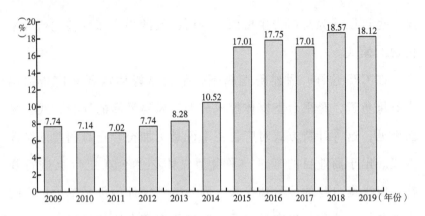

图7-2　2009~2019年广告营收占腾讯公司总营收百分比

## 二　自媒体的"内容营销"

作为新媒体时代内容的直接生产者和流量吸附的真正主体，自媒体提升流量变现效率的策略是广告的"内容化"。

在平台型媒体与自媒体所结成的内容生产共同体关系中，平台型媒体握有内容的分发权和流量的分配权，是制定规则的强势一方。自媒体则"寄生"在平台型媒体所构建的生态系统之上，必须首先遵循由平台型媒体所制定的生态规则，属于弱势一方。

流量掌控能力的强弱对比决定了自媒体无法像平台型媒体一样，通过丰富的广告产品来拓展充满想象力的变现空间。同时，对于自媒体来说，如果在自己的内容中简单粗暴地插入广告，很容易遭到用户的忽视和"取消关注"，从而丧失来之不易的关注者和流量。

当然，自媒体也可以选择依靠平台型媒体所提供的广告产品进行变现。但在这种模式下，广告主的资源被牢牢把控在平台型媒体手中，自媒体只能从事和商业变现并无直接关联的单纯的内容生产活动。这种单纯的内容生产活动令自媒体无法与广告主展开有效的互动，使得自媒体内容生产者无法深入洞察广告主的营销传播需求，继而无法基于广告主的需求有针对性地优化自身的内容输出。广告客户关系的管理、广告客户资源的积累、广告客户与内容良性互动机制的建立……这些对自媒体广告变现具有重大价值的活动也就无从开展。因此，这一模式对自媒体来说显然并非最优选择。

比如，微信平台中的自媒体——微信公众号的创作者可以选择成为"流量主"，从而承接由微信官方平台分配的广告。在这种官方分配逻辑中，不仅具体的广告由微信后台根据公众账号的运营数据和广告主的需求进行基于算法的统一调配，而且连广告在页面中出现的位置、规格都按照微信官方的统一设计进行标准化的呈现。同时，虽然作为流量主的自媒体是广告具体的刊播载体，但所获广告收益必须与拥有流量入口和提供广告产品支持的微信官方进行分成。

因此，与平台型媒体的"刚性运用"相比，自媒体在对广告这一变现工具的运用上倾向于采取更为"柔性化"的内容营销策略。所谓内容营销是将广告内含的营销信息转化为对消费者有价值、有意义、能吸引消费者注意力停留，甚至激发其社交分享动机的内容，即将广告从一种打断内容消费者内容消费行为连续性的"插入性"信息转化为消费者感兴趣的内容本身。自媒体内容营销趋势的不断深化，令"爆款文章"成为一种主要的新媒体广告形式。

显而易见，与广告产品相比，内容营销需要耗费大量的、高品质的创意，且不具备广告产品那样的标准化工业属性和高度的可复制性，充满了不确定性和高风险性。从盈利的便利性和规模性来说，内容营销均远不及广告产品，但从适配的角度来说，内容营销更加适合自媒体与用户和流量之间的关系，也更适合自媒体分散的规模结构和以人才为主的生产要素占有情况，因而是自媒体广告变现的优选策略。

## 第二节　广告的"去人工化"

传统上，"人工化"是广告产业的第一特征。这不仅是指广告产业的运行围绕着"人才"这个首要的要素资源展开，也是指作为广告产业经营单元的广告公司，其经营规模的扩张和经营能力的提升会受到人才这个瓶颈的硬性约束。

人是高度复杂的认知与行为主体。广告产业这种以人为本的经营模式必然会受到人这个超级变量复杂性的影响，从而具有高度的不确定性。这是以创意为意识形态的广告产业的魅力所在，也是广告公司作为商业组织的经营风险所在。

为了减少人工化带来的风险，提高作业产出的标准化水平，以 4A① 公司为主的广告产业经营主体一直致力于在创意与媒介购买这两个广告产业的核心环节上，不断推出模式化的创意工具与媒体投放评估平台。比如，奥美（Ogilvy & Mather）的"360 度品牌管家"和电通（Dentsu）的"蜂窝模型"就是这种用于保证作品品质连续性的创意工具。群邑（GroupM）这类媒体采买公司则不断强化自己的媒体资源评估模型，以确保媒体

---

① 4A 最早源于美国广告代理商协会（American Association of Advertising Agencies），是指遵循一定经营原则，拥有一定经营资质的广告公司，是传统媒体时代全球公认的掌握广告产业话语权和拥有市场领导地位的广告公司群体。

采购的科学性。

新媒体的数字化本质彻底颠覆了传统广告产业纯人工化的特性，将广告产业推进到以程序化为主导的"去人工化"进程中。数字新媒体时代广告产业"去人工化"的具体过程，就是"程序化创意"和"程序化购买"在创意与媒介购买这两个核心环节中发挥着越来越重要的作用。

## 一　程序化创意

### （一）程序化创意的概念和步骤

程序化创意（programmatic creative）是数字技术对广告创意生产流程的介入，是借助大数据和人工智能技术改造传统上纯人工的创意产出过程，以实现广告创意的海量、极速生产和以效果为导向的广告创意自动优化，即通过以大数据和人工智能算法为核心的数字传播技术令广告创意实现纯人工无法达成的生产效率和产能。

在具体实施上，程序化创意通常有三个步骤。第一步，通过数字技术工具将基于同一诉求内容的广告制作成创意元素组合方式不同的多套模板，并上传到后台以备投放。第二步，当内容消费者以浏览行为进入作为广告投放载体的页面时，后台即刻运行对该内容消费者的大数据画像分析系统，并瞬间判定该广告适不适合这一投放机会，如果判定结果为适合，程序便会在毫秒级的时间内选择出最适合当下场景的广告创意版本进行投放。第三步，算法根据广告创意投放后内容消费者的实时反馈数据来决定当下一次广告投放机会出现时该投放哪一个版本的广告创意，以此形成循环，对创意展开持续优化，即以本次投放后内容消费者的反馈数据为修正参数，为下一次投放对象和创意版本的决策优化提供数据化参考。

### （二）创意元素的编码和计算

在程序化创意的典型流程中，程序化这一本质属性主要体现在对创意元素的解构、编码和拟合计算中。

创意元素的解构与编码是将构成一个完整广告创意的内容信息分解为品牌标志、产品、人物、文案、背景等内容要素，并对创意内容要素进行编码以使每个创意内容要素都拥有唯一的代码。创意内容元素的解构与编码令创意内容转化为可以被人工智能与算法理解和处理的计算机"语言"，本质上是令广告创意变得可以被计算。

创意元素的计算过程是，首先为已被解构和编码的创意内容元素打上标签，形成元素标签系统，再将广告创意元素的组合方式、投放场景和投放对象建构为拟合函数，并计算三者之间的最优匹配。换句话说，即对投放场景和投放对象的标签化特征进行程序化分析，并根据其结果对同一诉求之下的代码化广告创意进行不同组合的最优化计算，再将作为计算结果的最优广告创意进行投放。计算不仅能达成广告创意、投放场景、接触对象三者之间的最优匹配，还能使每一次投放的效果以数据回流的方式为下一步的改进优化提供可追踪的依据。

因此，在创意元素编码和标签化技术的支持下，广告创意得以被纳入计算之中。在计算逻辑下，广告创意过程从传统上纯粹的人工脑力活动转化为算法和大数据的运行进程。技术上实现了为不同的投放对象和场景自动化生成和匹配基于代码差异化组合的不同广告创意作品，从而大大提高了广告创意的产量、生产效率及广告效果。

### （三）动态创意优化

基于广告内容的可编码性和可计算性，程序化创意逐渐衍生出一个新的应用方向，即动态创意优化（dynamic creative optimization）。

如前所述，通过编码和标签，非标准化的广告创意产生过程被转化为标准化的算法计算进程。这样一来，以标签为维度，结合投放后内容消费者的行为数据分析，对不同版本广告创意的投放效果进行评测，能够以此为依据，实时、动态优化调整创意内容组合与投放决策。有了内容消费者对广告的实时动态反馈，系统便有依据不断调整广告创意内容元素的组合。通过持续动态的优化调整，系统将很快知晓最受用户欢迎的广告创意版本或者某种广告创意版本与某些用户更为匹配。这样形成的动态反馈优化机制能持续不断优化用户的广告体验，从而提升广告效果。

**（四）自动化与数据化**

程序化创意对广告创意过程的介入和改造突出体现在对广告创意产量和产能的提升上。传统纯人工化的广告创意从概念发想到执行都需要依靠创意人员完成，耗时较多且产出效率低下。采用程序化创意模式进行创意内容生产时，创意人员只需要创作出广告的诉求方向和创意元素，程序和算法就能够自动进行大量的多样化组合，从而节省人力并提高创意产能。同时，程序化创意还可以将大量附加价值低和具有重复劳动性质的创意活动交由程序自动完成，从而解放人力，有利于将人力投入更具附加价值的创意活动中去。

借助实时动态优化技术，广告创意版本的选择排除了人工决策的经验主义风险，转而以实际的投放效果来决定广告的版本调整。这一做法不仅效率更高，而且更加科学，广告投放效果也更好。

因此，创意的自动化和数据化不仅在创意产能和版本决策上提升了纯人工创意的效率，还改造了广告创意的操作理念，在很大程度上排除了人工的不确定性，体现了广告的科学性，为广告的科学与艺术之争提供了一个基于数字技术的答案。

### 案例7-1 "鲁班"：阿里巴巴的人工智能创意工具

由于缺乏实物的感知体验，电商销售对文案的描写和图片的视觉呈现具有天然的强烈依赖，甚至有玩笑话说电商卖的就是图片。可以说，电商卖家是广告创意的重度需求者。

电商平台上的小微卖家是特殊的广告主群体。一方面，基于该群体庞大的基数，其对广告创意的需求量是十分巨大的。另一方面，受经济实力和资源的约束，小微卖家无法聘用专业广告公司为其代理广告创意。因此，强劲的需求与有限的能力之间形成了巨大的张力，对平台的技术赋能提出了挑战。对于平台来说，如何通过技术赋能的方式提升小微卖家的广告创意能力，成为平台形成对小微卖家的吸引力和小微卖家黏性的关键。

在2015年的"双十一"，电商巨头阿里巴巴首次运用算法和大数据，为用户进行大规模个性化的商品推荐，即采用和智能内容分发一致的方式，将合适的商品推荐给合适的人。这种"千人千面"的个性化推荐打破了之前主要依靠人工运营给用户推荐的模式，极大提升了推荐商品的成交率。

为了进一步提升推荐的商品对用户需求的满足能力与满足效率，在推荐商品之后，阿里巴巴将视野转向了对推动商品成交极为重要的广告创意。打造了"鲁班"这一基于大数据的人工智能设计工具。

"鲁班"作为一个程序化的平面创意生成系统，其运行过程遵循了程序化创意与动态创意优化的一般原理。首先，将构成创意设计的元素数据化。一幅广告创意设计画面由商品、文字和视觉符号等创意要素组成。系统通过人工智能识别对创意要素进行拆解并一一打上标签，使创意内容变为数据，实现了创意的数据化。其次，系统通过计算，在线自动生成多样化的创意设计画面，并根据对投放机会的计算进行投放。最后，系统根据投放后的反馈数据来持续优化创意设计的产出品质，即基于浏览量、点击率和成交率这种效果数据的支撑，系统通过机器学习来持续提升广告创意对用户需求的满足能力。

"鲁班"系统对创意产量和产能的提升效果是立竿见影的。在2016年"双十一"，阿里巴巴的"鲁班"系统便设计了一亿多幅平面广告画面。在创意效率的提升上，仅"算法抠图"一项，"鲁班"系统就节约了大量的人力和时间。抠图是平面设计的基础工作，卖家在设计广告画面时，需要将拍摄好的商品图片抠出来，再放到设计画面中去。这项工作非常细致，需要大量的人工时间。"鲁班"系统的算法抠图利用人工智能识别技术快速识别商品并将其抠出，可以在极短的时间内自动处理海量的抠图作业。

通过"鲁班"这个程序化创意设计工具，阿里巴巴将大数据资产转化为创意产出的驱动力，增强了平面设计和广告投放的精准度，提高了流量的变现效率。这对于满足平台上中小卖家的海量创意需求和节点性集中创意需求来说，都是有益的尝试。

## 二　程序化购买

### （一）交易成本的去除

对于广告主来说，有超过70%的广告花费被用于购买媒介。

因此，媒介购买向来是广告产业价值链的核心环节。在传统广告产业的运行中，媒介购买采取的是纯人工化作业的方式。如前所述，媒介广告资源的定价依据是媒介既往的注意力获取能力，广告主购买的则是媒介未来的注意力获取能力，因而，媒介广告资源具有"类期货"的性质，其定价的标准化程度较低。另外，媒介广告资源的成交价形成机制比较复杂，受到市场、供求关系、需求方心理预期等多种因素的影响。这样的价格形成机制造成了交易双方严重的信息不对称，极大地推高了媒介购买环节的交易成本。

程序化购买是基于数字技术将传统纯人工化的媒介购买活动转化为几乎全自动的程序化进程。一个标准的程序化购买流程是多个利益相关方通过数据与程序在瞬间完成协同交易的过程。首先，销售方平台作为代表新媒体广告资源拥有者利益的流量提供方，向广告交易平台发起交易请求，告知对方这里有一次可以投放广告的机会。紧接着，广告交易平台作为将新媒体、广告主及广告代理商联系在一起的虚拟媒介广告资源交易大厅，即刻将本次广告投放机会出现的信息告知接入交易平台的所有需求方平台，即代表广告主投放需求的操作主体。接下来，各个需求方平台针对本次广告投放机会进行报价。继而，广告交易平台根据价高者得的原则将本次广告投放机会售卖给报价竞争的胜出者。最后，根据交易达成的结果，需求方平台把广告创意内容发送给广告交易平台，由广告交易平台将其转发给销售方平台，再通过销售方平台完成最终的刊播。

作为最显著的特点和最本质的属性，程序化购买在交易意向达成和成交价格形成这两个媒介购买活动的核心环节上采用了基于数据管理平台的数字化驱动模式，即为交易各方在判定本次广告投放机会是否符合己方需求和为本次广告投放机会进行出价的决策过程提供数据支撑。比如通过标签化数据和用户画像对每一个流量机会进行精准的刻画，并在公开竞价的基础上确保资源出售方和购买方利益的平衡。因此，程序化购买极大避免了传统人工媒介购买中的信息不对称问题，降低了交易各方的交易成本，令媒介价格的形成机制更合理高效，是一种更具经济性、更先进的媒介购买模式。

### （二）从购买媒介到购买用户

在传统纯人工化的媒介购买活动中，买方真正购买到手的是媒介的时空资源。由于技术的限制和数据的缺乏，人工购买模式下的买方并不确切知晓广告经由媒介投放后对传播对象的真实触达和影响情况。在程序化购买模式中，交易各方之间的算法运行和数据支撑可以令广告主真正精确地将广告曝光于基于自身需求设定的目标对象注意力之下，并准确获知目标对象接触广告内容之后的行为反应。从这个意义上来说，程序化购买令媒介购买活动从购买媒介转向购买用户，从传统上的资源购买转向人的购买。

从具体流程来看，交易前，广告主可以通过标签的选择精确锁定广告的投放对象，从技术上保证了媒介购买交易只有在符合己方广告传播对象需求的前提下才会被触发，即通过标签化的方式定向锁定广告投放的预期对象，基于用户的画像特征为广告投放树立精准的目标。交易中，系统会自动识别流量的动态用户特征，即准确获知每次流量机会下的用户特征、既往消费行为和消费倾向。只有当某一流量机会下的用户标签特征符合广告主对象标签化需求时，这一流量机会才会被推荐给广告主，以供其作为广告投放机会进行报价竞争。这种机制是以标签属性的匹配为触发程序化购买行为的按钮。这种需求与供给之间基于大数据的精确匹配为广告主准确捕捉面向目标对象的曝光机会提供了技术保障。交易后，程序化购买系统会对投放后用户的行为反应进行数据反馈和验证，作为下一次交易和投放的优化依据。

### （三）流量变现效率的提升和广告客户结构的重塑

程序化购买和程序化创意本质上是一种提升流量变现效率的数字工具。通过算法化与数据化的方式，程序化购买能够不断优化，为每一个流量下的投放机会精准化匹配更为合适的广告；程序化创意能够不断优化，为每一个流量下的用户需求产出更高品质的广告创意。同时，程序化购买还能通过去交易成本化的价格形成机制，对每一个流量进行更为合理的定价。因此，程序化购买和程序化创意在功能上起到了持续提升流量变现效率的作用，是更符合平台型媒体商业利益的数字化广告运作模式。

程序化购买和程序化创意作为数字化赋能方式，重塑了媒体广告市场的基本结构。在纯人工的模式下，广告创意的人工费用和媒介购买的交易代理费用是限制小微广告主进入媒介广告市场的门槛。这使借助媒体广告注意力经济进行产品和品牌营销一直是头部大广告主的专属游戏。通过技术赋能，程序化创意和程序化购买令以往无法负担高额媒介购买交易成本和创意服务费的小微广告主能够参与到数字注意力经济的运行中来，利用新媒体进行品牌营销传播活动。在数量占比中，小微广告主远远大于头部大广告主，因此，在程序化购买与程序化创意的赋能下，媒体广告市场的基本结构从传统媒体时代的以大中型广告主为主体转向了新媒体时代的以小微广告主为主体。新媒体对广告门槛的降低形成了对小微广告主的红利，起到了活跃广告市场和广告经济的作用。

## 第三节 新媒体广告的数字新逻辑：
## 计算与运营

### 一 计算：数字广告的驱动逻辑

#### （一）以计算重新定义广告

传统广告活动的驱动逻辑是创意与资本。创意推动了广告作品质量、广告传播影响力与效果的提升，是广告活动的核心驱动力。资本则推动了媒介购买交易的发展和广告产业化水平的提升，是广告活动的另一个核心驱动力。

数字技术改造和颠覆效应的深化，令计算逐步替代创意与资本，成为新媒体时代广告活动的全新驱动逻辑。驱动逻辑的变更带来了驱动力的转化，计算逐渐成为推动新媒体广告产业发展的核心动力来源。在此基础上，基于人工智能算法和大数据的"计算广告"逐渐成为新媒体时代广告产业发展的亮点和新趋势。

根据国内学者的研究，"计算广告是根据特定用户和特定情境，通过高效算法确定与之最匹配的广告并进行精准化创意、制作、投放、传播和互动的广告业态。技术和数据是这一业态产生和演进的两大关键驱动因素，而通过算法集合自动寻找广告、情境与用户三者之间的最佳匹配则是其主要目的"①。

在笔者看来，计算广告是计算逻辑与方法在新媒体广告中的应用，是以数字化计算方式重塑广告和重新定义广告的过程，并不只是一种新兴的广告活动业态或形态。基于新媒体环境下的数字技术，计算作为广告的新驱动逻辑，将广告从以往依靠人工产出创意和人工谈判购买媒介来推进的纯粹人工活动，转化为依靠算法运算和程序运行推动的自动化过程，这从根本上改变了广告的驱动与运行逻辑，重新塑造了广告的面貌。

计算对广告的经济功能和逻辑价值在于通过闭环式优化，持续提升广告主的广告投放效果和媒体的流量变现效率，即通过计算的方式，不断提升广告主广告投放的投资回报率和媒体基于广告的商业变现效率。计算在广告中的应用，就是通过将影响广告运作效果与效率的关键环节转化为变量，并构建算法，将广告理解和转化为基于多重变量的方程式计算过程，从而达到以计算重新定义广告的颠覆性结果。"计算广告的核心问题，是为一系列用户与环境的组合找到最合适的广告投放策略以优化整体广告活动的利润。"②

### （二）广告"内容化"

从接受对象的角度来看，广告绝大多数时候是一种插入式的打扰性信息。广告的出现长期以来都是对用户内容消费行为的打断和干扰。广告对内容的干扰和打断影响了广告传播效果和媒体

---

① 刘庆振、赵磊：《计算广告学：智能媒体时代的广告研究新思维》，人民日报出版社，2017，第73页。

② 刘鹏、王超：《计算广告：互联网商业变现的市场与技术》，人民邮电出版社，2015，第23页。

内容消费体验。

计算在广告中的核心应用效果，就是通过计算将更合适的广告在更合适的场景下推送给更合适的用户。因此，基于计算，用户、场景和广告三者之间能实现更好的匹配。从用户的角度来看，这种适配将极大降低广告对用户的插入式干扰和打断，令广告成为一种对用户有用的资讯，实现广告的"内容化"。

实际上，计算所促成的新媒体广告内容化是对广告本质的一种回归。现代广告诞生初期就是一种为读者提供的内容信息。早期的传统媒体"将广告作为一种新闻形式，想必是将它作为一种读者感兴趣的内容"①。

广告的内容化能显著提升广告的效果，并提高新媒体流量的变现效率。一方面，内容化可以减少广告对用户内容消费行为的打断和干扰，同时将广告转变为对用户有用的资讯，提高用户的广告点击率和转化率。另一方面，内容化的广告通过提升广告效果，提升了单位投放机会下的流量价值，助推流量变现效率提高。

促成广告内容化的核心计算环节有两个。一是个性化，即根据用户的画像特征来投放与之相匹配的广告。在这个环节，平台会尽量调用自己所掌握的有关用户在内容消费、购物、搜索等多场景中的数字化消费行为数据，来计算用户的兴趣方向和兴趣强度，并以此来判定应该为该用户定向投放哪一支广告。二是开放式竞价。在通过计算得出本次投放机会下适合投放的备选广告之后，平台就要围绕"千次展示期望收益"（eCPM, expected Cost

---

① 〔美〕吴修铭：《注意力经济：如何把大众的注意力变成生意》，李梁译，中信出版集团，2018，第4页。

Per Mille）这一核心指标，来进行计算并预估哪一支广告能给本次展示带来最大收益。根据当前用户和场景，计算每个备选广告的 eCPM，找出备选广告中出价最高者并进行展示，也就是将本次投放机会卖给当前备选广告中出价最高的广告主。这一计算过程实际上将传统上经由谈判达成媒介购买合约的媒介购买过程，转变为基于计算的开放式竞价过程。

### （三）流量的"切割"

由于技术条件的限制，传统媒体在注意力变现的过程中，只能将注意力进行笼统的整体售卖，即变现的单位只能是注意力的总体。比如大众媒体刊载广告时，广告总是一次性曝光于媒体的全体受众面前，用一支广告来对应当前投放机会下的所有注意力，即将本次投放机会下的所有注意力一次性打包销售给广告主。

计算广告模式下的每一次广告投放都是针对个人化的用户进行分别计算和决策的结果，即每一个广告展示机会下的每一次广告投放都是针对每一个用户进行的个性化计算的结果。这样一来，作为注意力资源形态的流量就不是作为一个总体被售卖，而是被切割为不同的个体，得到精准化、个性化的售卖。这便是流量的"切割"。

计算广告带来的流量切割令新媒体广告出售方可以精细地切分流量。被切割细分的流量实际上形成了流量售卖单位的精细化。售卖单位精细化的流量便能够支持广告主更多元化的购买。这是因为，更为精细化的单位流量方便广告主进行从大量购买到小规模甚至微型购买的多样化购买行为。这大大降低了新媒体广告位的购买门槛，让海量的小微广告主成为数字广告市场的主体。在这个流量可以少量购买的模式下，不少平台型媒体的广告客户达到百万级之众。站在新媒体广告位出售方的利益角度来看，计算广告对流量的切割极大地增加了新媒体买方的数量和交易活力。基于开放式竞价的交易定价机制，买方数量的增长必然会活跃竞价行为，增加作为最终受益方的新媒体广告位出售者的商业利益。因此，计算能提升新媒体广告资源出售方的流量变现效率。

## 二　运营：数字广告的动态逻辑

新媒体时代用户注意力焦点的持续快速变换与数字内容热点的信息流式更新，令传统策划逻辑下的广告动态特征不再能够满足数字广告活动对广告内容产出速度和频率的需求。在传统媒体时代，广告对象内容接受行为被媒体传播周期塑造为被动等待媒体间歇性发布信息的习惯。在新媒体时代，24小时不间断的数字内容生产与输出培养了用户永不停歇的数字内容消费行为。数字内容消费热点快速流变，催生了对广告内容高速、高频率产出的需求。由此，运营开始逐步取代策划，成为数字时代广告的全新动态逻辑。

### （一）策划：传统广告的动态逻辑

"策划"是传统广告活动的核心环节，也是传统广告活动的动态特征与动态逻辑，更是传统广告的意识形态。

"广告运作策划的制定和实施过程是对所有广告业务形式的一个整合过程，这个整合特征不但体现在广告策划的业务展开过程中，同时也表现在各种不同的广告业务中。"[①]

作为核心环节的策划为传统广告活动的开展规划了基本策

---

① 黄升民、段晶晶：《广告策划》，中国传媒大学出版社，2006。

略。同时，作为动力源头的策划推动着传统广告活动的整体运作，并作为一种观念意识渗透进传统广告运作的全过程。创意和执行需要策划的指引，媒体选择和排期也需要策划的指引，就这个意义来讲，策划是传统广告活动的动态逻辑，驱动着整体广告活动的开展。

### （二）策划逻辑与数字传播时代的脱节

作为一种商业变现模式，广告的发展向来都有随着媒体和传播环境的变迁而演进的特征。新媒体时代的到来，令策划逻辑之下的广告动态特征逐渐与数字传播时代不相适配。

#### 1. 独立化

在"策划广告"的运作形态下，策划作为一个独立环节，本身就是一项独立的工作，由一个独立的团队负责，与创意、调研等部门互相配合，共同构成一个完整的广告运作过程。独立状态下的策划广告，不仅其运作面临高昂的跨环节、跨部门沟通成本，其内容产出能力与输出速度和数字传播时代内容海量供给与用户注意力快速变化背景下的要求也是不相匹配的。

#### 2. 非连贯性

在策划广告的运作形态下，策划一次广告活动直至执行有着较长的链条。同时，受制于传统媒体在效果反馈机制上的缺陷，在策划这一动态逻辑下，广告的运作总是呈现出单次和非连贯性特征。在一次完整的广告传播活动实施完毕之后，方能借助调研获得传播效果的实证数据，只有基于调研数据，后续广告活动的优化调整才能展开。

#### 3. 跨组织化

跨组织化是传统策划广告运作形态的核心特征。在传统的策划广告运作中，策划流程横跨广告主、广告代理公司和媒体三类组织。作为相对静态环节的方案策划需要建立在广告代理公司、广告主和媒体大量的信息交流和沟通基础之上，调研、策略规划、方案撰写等各步骤都需要三方的持续沟通和动态调整，作为相对动态部分的策划方案实施则更需要三方在人员、流程、资源上的协同。

### （三）运营：更快速度与更高频率

随着互联网新媒体和数字营销的兴起，集计划、组织、实施和控制于一体的"运营"作为广告活动的全新动态逻辑，开始从新媒体内容产业向数字广告产业渗透，逐步形成一种与传统策划广告存在代际差异、更加适配于数字传播环境的新兴广告动态逻辑与运作形态——运营广告。

运营原本是一种来源于制造企业的管理职能，"企业运营管理职能的日常活动主要是通过将投入资源转换为有形产品和无形服务的产出的过程实现附加价值的增加"，本质是一种"转换过程"[①]。因此，在这一管理理念或方法指导下的广告运作与传统策划广告不仅在形态上有着极大的差异，就其动态逻辑而言也有着根本的不同。

### 1. 整体性

运营逻辑下的数字广告活动体现出明显的整体性：广告运营活动在一个组织内部闭环完成，策略规划、创意执行、媒体发布和效果评估由一个团队负责。

典型的例子如企业与品牌的官方社交媒体账号运营：专门的

---

① 〔美〕马克 M. 戴维斯等：《运营管理基础》，汪蓉编译，机械工业出版社，2004。

运营团队配备了策略、文案和视觉方面的成员，共同进行广告内容策划，待策划完成后依据成员特性分工执行创意，再自主推送广告内容信息并收集、分析互动数据，整个活动在一个团队内运行。

2. 高频持续性

运营逻辑下的数字广告活动借助互联网新媒体实时、动态、精准的数据呈现与反馈机制，对广告活动开展高频次持续调整。

同样以企业与品牌的官方社交媒体账号为例：优秀的运营团队每发起一次广告活动都基本基于上一次广告执行的数字化互动反馈，在数据分析、行为洞察和用户画像的基础上，以优化改进为目标进行持续运作、闭环优化。

3. 内部化

运营逻辑下的数字广告活动以"内部化"为主要特征。在运营广告活动中，广告活动在广告主内部一体化运作，依托内部的（in house）广告运营部门，广告主自己发想、创意广告活动，并通过自己全程运营的新媒体平台（如官方微博、微信公众号、App 等）自主发起传播战役。

运营破除了传统策划广告在组织方式和作业模式上对广告内容产出频率和速度的限制，有助于形成持续、连贯、快速、高频次的广告内容产出，是更契合新媒体时代数字营销传播需求的广告动态逻辑。

**（四）运营：数字广告的运作形态**

运营作为一种重新定义广告动态逻辑特征的趋势性力量，缔造了"运营广告"这种全新的数字广告运作形态。运营广告之所以能够成为与策划广告有着代际差异的新兴广告运作形态，是因为具有组织管理与经济成本优势。

运营广告之所以大规模兴起，成为大有超越策划广告之势的新兴广告传播运作形态，根本上是因为运营广告有效利用了互联网工具革命带来的技术红利，形成了相对于策划广告的几项优势。

1. 成本优势

在传统策划广告所形成的跨组织运作流程下，三方需要承担因组织目标和组织文化差异产生的沟通成本。广告是思想创意型工作，跨组织沟通需要达成的是观念认同这一远比告知更为高级的目标，而在现实运作中，广告代理公司往往是这一沟通成本的主要承担者，广告代理公司为人诟病的加班行为很多时候是在为沟通成本埋单，很少真正提升广告运作绩效。同时，由沟通成本造成的运作时间延长，也使得传统策划广告往往难以应对市场的瞬息万变和营销机会的稍纵即逝，形成了极高的机会成本。

与此相比，运营广告所具有的内部沟通成本显然极大地低于跨组织的策划广告，而且随着内部团队的运营磨合、内部文化价值观的建立，沟通成本还将进一步降低。运营顺畅所带来的时间节约也会进一步推动机会成本的缩减。

2. 速度优势

在沟通成本、内部运作链条、跨组织协调等因素的共同作用下，传统策划广告的单次性从长期来看限制了广告的运作速度。运营广告依托低沟通成本、短链条、内部化的特性，利用互联网实时互动的特性，在同一个运作周期中具有明显的速度优势。

社交网络中盛行的"热点营销"便是运营广告速度优势的集中体现。作为一种数字内容世界特有的广告创意形式，利用运作形态的优势，运营广告凸显了对社会热点的快速响应能力。同时，由于运作自主性的大幅提升，运营广告拥有了对市场进行高频率内容刺激的能力。官方微博、微信公众号的更新频率是传统策划逻辑下广告作品的产出频率远远无法比拟的。这种依据策略意愿掌控广告频率的能力，实际上是市场权利的一种体现，这同样是传统策划广告无法企及的。

2014 年 5 月 13 日 15 点 22 分，韩寒发布了一条微博："风雨中拍摄，有一种超薄激情系列的感觉。"同时，配上一张穿着简易雨衣的照片。仅仅一分钟后，网友的评论中就出现了"杜蕾斯"的字眼，以及"超薄就是爽"的留言。杜蕾斯的微博运营团队很快就抓取到了这个关键词，并在第 14 分钟就做出了热点回应文案"岳薄，岳尽兴"。这种近乎实时的广告反应能力是传统上基于跨组织分工的策划广告运作形态无法想象的。

3. 广告主自主传播能力建设的优势

广告运作是一个组织营销能力的集中体现，在传统策划广告形态下，策划这一核心工作主要由广告代理公司来完成，广告主则主要承担管理职能。但跨组织分工协作关系造成了广告主与广告代理公司专业能力发展的不均衡。广告代理公司承载核心运作环节，便于全面积累专业能力。广告主则由于组织间壁垒形成的信息不对称，很难对广告核心运作形成充分知识沉淀。这便制约了其管理协调功能的发挥，在实践中容易造成广告主广告运作能力的"空心化"——要么对代理商缺乏管控能力，沦为没有战略规划、没有营销思路的"下单""派活"部门；要么凭借"金主"地位优势一味追求缺乏专业能力依托的"强势"，形成"伪专业能力"。

互联网的媒体化发展使广告主获得了全面掌控广告运作核心

的技术可能性，继而获得了围绕互联网建立一整套内部化的核心广告运作能力的历史机遇。在操作自主权大大增强的互联网新媒体支持下，运营广告构建了集策划、创意、媒体于一体的整体操作体系，颠覆了以往基于"委托—代理"的分包模式，转向更便于组织营销能力发展的"节点—网络"模式，将广告的核心运作能力牢牢掌控在组织内部。

### （五）代理制的调整

代理制是传统策划广告运作的经济形态，是建立在专业分工基础上的组织间雇佣关系，其初衷是在降低交易成本的同时借助专业分工来提高运作效率。但在具体的运作中，广告主管理控制需求和广告代理公司专业服务诉求之间的整合一直十分困难，容易使广告主和广告代理公司的分工合作关系异化为博弈关系，提升了代理制的交易成本。同时，数字技术的颠覆效应开始消解代理制赖以生存的经济基础。

#### 1. 媒体资源的"免费化"

代理制原本发端于媒体代理，由于代理商可以在量上集中广告主的媒体采买需求，对媒体形成"以量制价"的谈判优势，在成本上优于广告主直接与媒体谈判，这是代理制的经济基础。互联网的兴起，催生了大量免费的资源。依托平台型媒体提供的自媒体账号和自主开发的 App，广告主可以免费发布广告信息。媒体端的免费，使广告公司通过内部指令运作的成本低于通过外部代理，这便动摇了代理制的第一个经济基础——成本。

#### 2. 专业知识的"碎片化"

再来看代理制的第二个基础——分工合作。互联网带来的媒体数量与形式种类的暴增，推动了广告运作专业领域的不断细化，甚至"碎片化"。以设计为例，传统的广告设计基本可以等同于平面设计，但互联网尤其是移动互联网的发展在改变人们视觉经验的同时也扩充了广告设计的需求类型，如社交网络"爆图"设计、Web 设计、UI 设计等。新兴的广告专业内容正在加速繁殖，专业领域的"碎片化"加剧了广告运作链条的复杂化。这使得传统内部分割、组织间分割形态下的广告主越来越难以获得足够的有效管控广告运作的信息。这便动摇了代理制的第二个经济基础——效率。

### （六）重建广告产业分工

运营广告作为顺应新媒体时代数字传播新生态的一种新兴广告运作形态，可以看作对传统代理关系的调整。

传统代理制下分工协作的本质是组织间的雇佣关系。运营广告将广告运作的核心环节整体建立在广告主内部，保障了广告主拥有充分的学习机会，获得管控广告运作的整体知识。更重要的是，建立在内部的完整运作主线，实际上是一个平台，能够借助接驳的方式和各类小而美的专业团队，甚至专业优势独特的个体开展紧密的合作。这种合作不同于传统甲乙双方的雇佣关系，而是一种"共创"行为，是节点网络式的组织形态，建立在双方能力、需求明确的基础上。

基于创意的"内容化广告"就是这种合作的典型。不同于传统的"插入式广告"，内容化广告讲究广告和内容的高度融合，与内容的主题、文风、架构，甚至输出内容的新媒体账号一贯的调性和用户阅读的预期、状态做到无缝对接，让用户在接触广告信息的时候不仅不反感，反而产生"这转折，防不胜防"的赞叹，强化传播效果。显而易见，这种合作不是传统的分包，而是合作双方反复推敲的结果。在海量的新媒体内容生产者中选取合作目标，也是建立在广告主运营团队大量的前提工作和日常敏感基础上的。

### （七）重建广告价值流程

运营广告构筑的平台化广告运作形态实质上是将传统线性的价值创造流程网络化。在传统线性价值流程下，广告运作呈现出环节与环节间的衔接和组织与组织间的协同。在网络化形态下，广告运营团队作为网络的节点，控制了整个网络的结构并连接了网络中的其他节点，流程呈现出无限的形态可能。这突破了传统封闭的部门化或组织化，以一种中央枢纽的形态架构于网络化无边界组织的环境中，不仅有助于发挥管控中心的平台化功能，更能有效激发创意的生产。

比如，品牌开始将其广告运营团队以普通用户身份融入粉丝群体，分散化参与粉丝围绕品牌内容的社交媒体互动。这样既能控制传播节点，又能无限连接粉丝资源，将粉丝对品牌的讨论转化为一个个推动产品演进的创意。在这一连接过程中，粉丝的参与让社交媒体平台转变为一个广告传播平台，实现了"无广告"的广告传播。

再比如，品牌开始协同内部广告运营团队和外部代理公司团队共同完成和输出广告创意。在同一个诉求下，针对不同环境、不同地点的目标用户创作多版本广告，以求更为精准地契合目标对象的环境和心情差异。这反映了接驳和共创的本质：无边界组织。将组织边界打破，任何时间、任何环节都可以接入外部专业资源，从而更有效地开展广告运作。

### 案例 7-2 "乙方思维"：传统 4A 公司衰落的本源

进入新媒体时代以来，有关 4A 公司是否将亡的争议逐渐升温。也许现在判定 4A 公司的生死还为时过早，但不可否认，如今的 4A 公司，与其当初的辉煌相比确已衰落不少。

此种衰落的原因何在呢？不同于充斥网络的业务模式分析，笔者认为主要问题在于传统代理制所塑造的"乙方思维"与这个数字传播时代越来越不可调和的矛盾。

**1. 甲方乙方：理想是专业分工，现实是甲方的"空心化"和乙方的"失控"**

广告代理制的初衷是通过分工形成专业机构来从事专业事务的高效组织模式，实际的运作中却形成了短期化的"乙方思维"。

作为广告代理公司，无论是项目制还是合作时间稍长的年度制，乙方都没有动力为品牌的长远发展考虑。短视是代理制度设计下广告公司最符合经济逻辑的行为方式。

作为广告主，在代理制的安排下，要么在专业上彻底"空心化"，品牌战略、沟通活动、媒体决策等全方位依赖广告公司，将自己变为一个连到底要发包什么都不是太清楚的发包方；要么依赖交易优势地位，着力于导演一众乙方的"宫斗剧"而坐收渔利，殊不知所获仅为蝇头小利，在自身专业能力发展缺位的运作中不断侵蚀品牌的长远利益。

这样做的恶果就是品牌的长远发展和战略性规划无人负责。永远不要相信一家外部代理公司可以替代品牌主负责品牌的战略规划与实施。

**2. 从"媒体中心"陷入"媒体本位"**

广告主广告预算的 70% 以上花费在媒体上，所以操作媒体经营这种"量的生意"的广告公司永远比靠贩卖智力成果的"质的生意"的广告公司更赚钱。这样的利润激励使得广告公司的经营重心很容易从"媒体中心"陷入"媒体本位"。

什么叫"媒体本位主义"？简单说就是广告公司更关心媒体能不能卖给广告主，而不是媒体对广告主的营销传播目标到底有没有真实的帮助。

这在当下新旧媒体之争中演绎得特别清楚。媒体和代理商更关心的是两类媒体在舆论对攻中的话语优势，而非广告主关注的投放效果。各种被曲解、被断章取义的"效果论"也被案例化，用来佐证某些媒体比其他媒体"更加"有效果。

很多传统媒体的观念和做法很像不断给广告主灌输如何更好地使用长矛，而全然不顾战场环境已从冷兵器时代发展到了来复枪的时代，这是典型的削足适履。在这里，广告主真正的品牌传播需求和可能性是被忽视的。

### 3. 互联网赋能广告主

互联网技术革命让广告主有了直接和免费接触、沟通消费者的技术可能性和媒体手段。大量免费内容平台、流量入口、网络大号让广告主拥有了绕开传统机构化媒体直接传播品牌的机会。传统"in house"的内部广告部门开始大张旗鼓地往"自营内容"进化，可口可乐也开始成立新闻编辑室。

完全依赖广告公司处理品牌传播大小事务的时代一去不复返，广告主越来越强势。这种强势和传统上广告主依赖甲方地位的强势不同，如今的强势建立在专业能力提升和实施手段掌控的基础之上。

4A公司衰落的真正原因是，在4A公司如日中天的时代，广告公司是广告主的老师，广告主不仅虚心请教，更拱手托付"终身"。全然不顾老师只能启发你、指导你而不可能完全替你决策的局限性。在具体实践中频繁更换老师更是将自己的"学业"搞得一塌糊涂。

如今，学生开始将自己的发展大计抓回手里，清楚不同老师的分科及特长后，开始有目的地选择老师。同时，随着信息不对称格局的打破，学生开始掌握自学工具并具备自学能力。

### 4. 依靠专业人士

从全球品牌经营实践中很容易发现很多品牌凭广告而生、靠广告而活。广告并不是简单的媒介倒卖生意，而是企业的高层战略活动。

应该说，长期以来中国广告业"策划大师"层出不穷主要反映出来的问题，就是广告主战略品牌规划与管理能力的缺失。

如今，广告主获得赋能的内因和外部传播环境变迁所带来的不确定性，都决定了广告主必须将品牌基业打造的能力建立在自己内部。

正如学校教育不可能取代家庭教育一样，品牌的长远发展不可能假手任何一个品牌保姆或品牌管家（从这点来看，奥美还是非常坦率的，其作业工具的名称就是"360度品牌管家"），而必须由广告主亲自负责。

未来广告主必须在组织能力上学会如何专业地借助专业广告公司的力量，为每一个广告公司及广告项目确立定位和建立目标管理体系。必须明确需要广告公司做什么、怎样检视广告公司的业绩，更为重要的是明白具体广告项目在长期品牌战略与短期品牌计划之中的位置和作用。在品牌战略规划的框架内为每一个广告项目明确目标，并导入目标管理体系，以此来选择广告代理商，并进行合作过程管理。

5. 地位的回归：广告主不只是广告公司和媒体的"金主"，更是品牌的"产权主"

与传统"乙方思维"对应的是传统广告公司的"甲方思维"，即乐于做花钱的大金主，以合同来要挟广告代理公司而非以专业能力来协同广告公司。

数字传播的发展势必将重建广告产业生态。大洗牌之后健康的生态就是广告公司与广告主新型代理形态的确立，双方各司其职，广告主担负起品牌资产权益主体的应有责任，整个产业链条都是为了提升广告主品牌的业绩、促进其长远发展。

## 第四节　"效果广告"：广告效果的产品化

### 一　"效果广告"与"广告效果"

效果是评判广告传播活动的终极标准。在传统媒体时代，效果仅作为广告活动运行的最终结果而得到呈现。数字技术的创新令新媒体得以将效果作为一种产品形态，推出"效果广告"这一广告产品，从而形成广告效果的产品化。

从数字传播生态的视角观察，如果说精准广告是一种理念、一种技术方法，那效果广告就是一种产品、一种收费模式。效果广告是新媒体广告产品的主流形态，也是新媒体重塑广告产业业态和作业模式的核心力量。在新媒体效果广告的冲击下，建立在传统大众媒体传播基础上的"广告效果"观念受到了巨大的冲击与解构。

传统上将广告视为对品牌长程投资的观念，是部分建立在广告效果难以准确评估的技术难题基础上的。因此，"我知道我的广告费有一半浪费了，但我不知道浪费的是哪一半"这一命题充分阐释了在传统大众媒体传播环境下，实践操作与理论探索中对广告效果的无奈。

新媒体效果广告可精确量化的特性似乎携技术的进步解决了广告产业长期以来对广告效果的困惑，因而具备了极强的产业重塑能力。同时，新媒体效果广告也深刻影响了实务界和理论界对广告效果的观念。因此，新媒体效果广告过于追求即时效果的倾向与实际操作中为了追求即时效果而出现的广告短视行为，也越来越受到实务界和理论界的重视，围绕新媒体"效果广告的广告效果"所进行的反思也开始逐步酝酿。

"广告效果"与"效果广告"是两个完全不同的概念。"广告效果"是营销传播业界与学界长期以来争论不休的热点话题。"效果广告"是新媒体广告产品中的一个特有概念，指的是直接效果广告（direct response），即能马上带来购买或其他转化行为的广告产品。

腾讯的财报数据显示，自 2015 年起，效果广告就逐步超越品牌广告，成为腾讯广告业务的增长亮点。这说明新媒体广告主力产品开始逐渐从没有创新内涵、仅仅是传统广告"搬家"式的"展示广告"向最有利于发挥自身技术优势的效果广告转移。这个趋势强化了市场对互联网广告的概念认知和价值取向，即互联网广告等同于效果广告，没有"效果"就谈不上做互联网广告。这一观念正不断得到"先验般"的固化。

随着这种趋势的展开，一场由新媒体效果广告引发的新媒体广告效果争议就此引爆。对新媒体效果广告的批评集中在认为新媒体广告过度单纯追求转化和销售效果，忽视了对品牌形象的长期塑造，影响了品牌的长远发展。

## 二　效果之争的"死循环"

其实，所有关于广告效果的争议，都只是新瓶装旧酒，基于数字传播环境的争议也不例外。归纳而言，广告效果的争论都源于对其三个特性和两个维度的理解差异，即对"累积性、长期性、综合性"和"传播效果、销售效果"的不同认识。

严格来讲，通过公认的两个维度、三个特性所建构的广告效果分析框架，是不可能简单得出"什么是更好的广告效果"这一答案的。这一分析框架的意义在于为决策者提供思维框架，而不能替代决策本身。但对企业来讲，做出准确决策还必须深入理解影响决策行为的文化及制度环境。

### （一）价值观念之争：广告的经营观与广告的管理观

企业如何理解和看待广告效果，是由企业所秉持的广告观念决定的。什么样的广告才算有效果的广告？对这一问题的回答实际上反映了企业的广告观念。企业的运作和决策受到两种观念的指引，一种是经营，一种是管理。根据管理学的经典解释，经营是选择对的事情做，管理是把事情做对。经营观与管理观在企业具体运作中存在冲突，而广告作为企业重要的营销职能，正是这种冲突的集中体现。

广告的经营观秉持企业的经营意识，将广告视为一种战略投资行为，一种对品牌的长期投资，因此具有对广告投资的风险意识，对广告的回报周期有着较强的容忍能力。广告的管理观则倾向于将广告视为一种财务花费来追求效率和成本，更重视短期可衡量的财务回报和销售结果。因此，践行"品牌形象"和"投资回报率"（ROI）这两种不同广告观的企业对广告效果的认知和操作就会有很大差异，很难在一种商业语境中对话和比较。

### （二）制度身份之争：企业所有者与职业经理人

企业的广告观念是由企业的基本制度，也就是治理结构决定的。决策者的身份导致了企业不同的运作观念，身份决定立场，立场决定观念，这在企业运作中同样适用。说到底，广告的经营观和管理观本质上是两种身份下的两种思维模式之间的较量，一种是企业家思维的体现，热爱冒险、进取，具有长期眼光；一种是职业经理人思维的体现，偏向保守、管控、绩效（KPI）主义，只对任期内结果负责。

从历史的角度来看，企业所有权与经营权的分离是企业经营观与管理观潮流兴衰的分水岭。在所有权与管理权合一的年代，企业由所有者（甚至更多是创立者）掌舵，经营观占主导。随着企业所有权和管理权的分离，职业经理人制度确立并发展，职业经理人开始走上企业管理岗位，管理观在企业运作中大行其道。

理论是观念的集中体现。1954 年，德鲁克（Drucker）提出目标管理理论，对企业运行提出了不同于经营观的细致的管理思路和方法，是对职业经理人制度下大规模职业化管理需求的理论回应。1961 年，科里（Colley）在论文《为测定广告结果而规定的广告目标》中提出了广告的 DAGMAR 理论，该理论的核心思想就是为广告设定不同层次的目标以便对企业广告行为进行更科学的管理。这种传承自目标管理理论的广告理论对广告效果的设定和衡量提出了管理式思路，体现的是广告管理观，和之前"品牌形象论"这样的经营式观念有着很大的差异。

总而言之，历史上无数次的广告效果之争，最终都导向企业不同的广告观念，甚至基本制度的差异。单一维度的优劣比较既不客观也没有意义，很容易陷入争议的死循环。

然而，搁置争议仍然可以发现，效果广告是数字技术赋能广告活动的集中体现，是数字广告技术先进性的集中体现。因此，围绕互联网效果广告的广告效果分析应该在思维方式和认知程度上超越以往的广告效果之争，从技术的角度分析效果广告在推动广告效果发展上的意义和价值。

### 三　广告效果的"技术红利"

从历史的角度看，技术从来都是提升广告效果认知水平及其应用程度的核心力量。比如眼动仪、脑电波等实验心理学测量仪器或分析技术的引进，对广告效果的观察和测定都产生了极大的推动作用。

互联网作为当代最具颠覆意义的技术，其"技术红利"才刚刚释放，其对营销和消费的影响力还远未发挥。互联网效果广告作为平台型媒体的产品，是提升全行业广告效果认知水平和应用程度的契机。

#### （一）"效果广告"是狭义的互联网广告效果

广告效果的产生是一个复杂的过程，受到多种因素的影响，各种影响因素之间的作用机理并不能通过简单的观察获得，这使得广告效果呈现出一种"黑箱化"的特征。

产品化的互联网效果广告由于把广告效果复杂的形成过程简单化、直接化而获得了极大的优势。但是，品牌的建设同样是一个复杂的过程。作为一种情感现象，品牌是人类复杂动机的集合，互联网效果广告却只针对"利益"这个单一动机，无非传统打折促销的互联网化。因此，互联网效果广告与人类复杂的心理相比，显得单薄、机械，无法完成品牌建设，只是"狭义"

的互联网广告效果，也只能是平台型媒体诸多广告产品中的一个类型。

### （二） 因果关系清晰化和作用路径透明化

其实，互联网技术在广告效果领域具有巨大的红利。这种"效果红利"在于能够破除广告效果的"黑箱"。这是由互联网广告的两大技术支撑决定的：一是大数据，大数据能使营销者全面、实时掌握消费者的行为及其逻辑和预期，并在此基础上对消费者进行个性化的"画像"，使广告的作用对象变得可了解、可掌握、可预判，这突破了传统广告依靠经验、试错来"雾里看花"般把握广告对象的局限；二是计算广告，通过计算广告技术，广告可以精确化匹配到触达对象的生活情景中，做到在合适的场景将合适的广告暴露在合适的对象面前，这突破了传统广告依靠覆盖和声量"隔山打牛"的局限。

大数据和计算广告构建的技术平台将广告建立在坚实的控制理论基础上，实现了对广告效果过程的科学控制，使广告投放与广告效果产生之间呈现清晰的因果关系和精确的数量关系，实现了广告效果形成过程中的因果关系清晰化和作用路径透明化，提升了广告效果的"可视化"水平。

### （三） 广告效果的按需购买

新媒体语境下的效果广告实质上是一种产品细分概念，不仅对应具体的产品形态，还对应新媒体广告产品不同的收费模式和盈利方式。

在产品层面，新媒体效果广告以广告对象直接的行动转化为产品的核心价值，从产品形态层面完成了对广告效果的归因和溯源，部分实现了广告效果形成过程的"可视化"。在数字技术红利的推动下，新媒体效果广告具有使被触达者即时行动的"可见"效果。在数字技术的语境下，这种效果的产生与广告投放之间的清晰对应关系使新媒体效果广告似乎具备了回应"我知道我的广告费有一半浪费了，但我不知道浪费的是哪一半"这个效果之问的能力。

在收费模式层面，新媒体效果广告支持广告主按广告多样化的实际效果进行多样化的付费，这实际上是从技术层面实现了广告的多样化效果和广告主对广告效果的多元化追求。基于数字技术，新媒体效果广告产品的广告效果具有产生路径清晰、过程精确，可溯源、可归因的特征。因此，新媒体效果广告产品线可以针对不同的广告效果推出细分化的具体产品，并根据这些细分产品中新媒体平台与广告主不同的风险收益承担情况来制定不同的收费模式。比如，对于按销售付费的效果广告，新媒体平台承担的风险较大，因此单价较高；对于按点击付费的效果广告，新媒体平台承担的风险较小，因此单价较低。在此基础上，广告主便可以自主根据自身所属产业特征和市场竞争状况来选择不同的新媒体效果广告产品和不同的付费方式，形成了广告效果的按需购买模式。这种按需购买模式极大提升了新媒体广告对广告主多样化需求的满足能力。比如追求直接销售转化效果的广告主便会优先选择销售转化付费模式下的新媒体效果广告，追求落地页引流效果的广告主便会优先选择点击付费模式下的新媒体效果广告。

### 案例7-3　新媒体时代，什么是广告公司的产品？

让我们首先从回顾经典的概念定义开始。

产品是指能够供给市场、被人们使用和消费，并能满足人们某种需求的任何东西，包括有形的物品，无形的服务、组织、观念或它们的组合。

注意以下几个关键词。

第一，产品是一种"市场供给物"，即没有市场、没有交易就没有产品。这一点最基础也最容易被忽视，很多公司推出的"产品"，仅从常识判断就不可能有市场，更不可能创造交易。

第二，产品要"能满足某种需求"，即产品一定要对应到用户和客户的痛点。可惜放眼望去，很多不痛不痒的产品正在吞噬企业的资源。

第三，产品是"任何东西"，即产品的形态是无限的。水无常形，运用之妙存乎一心，产品经理可不容易干，要有很强的想象力。

"产品"本是营销学术语，是营销实践框架"4P"的一个要素，做营销一定要涉及产品。"产品"这个概念火起来，是因为新媒体和互联网产业，是因为这两个产业中有一个明星岗位——产品经理。

其实产品经理这个角色，并不是新媒体和科技行业的首创。

1927年，美国P&G（宝洁）公司出现了商业史上第一名产品经理（product manager）。以产品经理为核心的产品管理制度是由被互联网和新媒体行业视为老旧"史前"公司的宝洁公司首创推出的。

为什么会出现产品经理呢？那是因为要弥合研发和市场之间的错位。

我们知道，很多研发人员是异次元思维，而很多市场人员秉承的是"天条"不可触碰。如何让天马行空的创意和真实市场需求完美匹配而不至于牛头不对马嘴呢？答案是要找一个"翻译"的角色。

翻译有什么用呢？我们先来看不翻译会有什么结果。湿纸巾都用过吧？主要用来擦手对吧？试想过用湿纸巾洗澡吗？是的，曾经有一个大型日用消费品公司的研发人员就干过这事，他们研发出了大块湿纸巾，可以实现无水洗澡。研发逻辑还很有市场意味：专门针对缺水地区。但最后的市场业绩并不好，因为没有水，消费者就会觉得洗不干净，这是消费文化和观念意识，研发人员并不知晓。

说回高科技行业。为什么20世纪20年代的产品经理在计算机网络时代又火了呢？

先来考察一下产品的形成。产品是"一组将输入转化为输出的相互关联或相互作用的活动"的结果，即"过程"的结果。

当这个过程比较单纯、比较标准化的时候，其实产品经理的价值并不大。比如工业领域生产标准品，产品经理的职责只在前期产品定型阶段，后面交付流程化制造就可以了。

到了计算机硬件时代，这个单纯的过程变得复杂起来。同一价格水平下，每个人对电脑的要求千差万别：玩游戏的要求内存高、鼠标好，女生要求颜值高、能做文字处理、能上网即可……也就是说，在同样的元件成本和盈利水平下，最终产品的形态可以随用户需求而千变万化。这时候，能通晓元件功能和用户需求的产品经理便身价倍增了。

理论化一点表述就是，随着产品生产过程的定制化和非标准化，也就是"用户化"时代的到来，产品经理变得不可或缺——这便是产品经理制虽起源于工业经济时代的宝洁却壮大于数字经济时代的原因。

讲了那么多，现在说回原问题：广告公司的产品到底是什么？这要从广告公司的商业模式分析起。

广告公司总的来说有两种商业模式：一是做"质"的生意，即售卖智力服务，如创意、策略、方案等；二是做"量"的生意，即售卖媒体资源，通过差价牟利。

对于做"质"的生意的广告公司来说，产品就是广告作品，即平面、视音频、方案；对于做"量"的生意的广告公司来讲，产品就是媒体时空资源的价差。

新媒体时代的到来暴露了这个业务逻辑中的一些问题。

既然做"质"的生意的广告公司其产品是平面、视音频和方案，那么策略呢？策略是一种产品吗？无可否认，平面、视音频、方案中都渗透着策略，策略的水平直接决定了平面、视音频、方案的"产品质量"，但问题的关键是，策略本身能不能"产品化"？

从形态来看，平面、视音频、方案是一种最终产品，而策略是一种"过程产品"。从实际运作来看，最终产品显然更易于销售，而过程产品很难达成交易。从专业分工来看，策略的产品化更有助于推动行业进化，在这里，产品经理大有可为。

做"量"的生意的广告公司，以往就是倒买倒卖赚差价的"捎客"、提前买断资源做"类期货"交易的投机商，核心竞争力是"量"：以量制价、以量制质（更好的位置）。现在，媒体数量的暴增、受众的碎片化、传播环境的变迁，使单一的"核武型"媒介越来越少，留给"捎客"奇货可居的可能性越来越小。

如何根据客户具体需求，将各种不同的媒体整合搭配、形成产品，以达成客户的营销目的，而非站在媒体自我立场硬性推销，是对运作"量"的公司的时代要求。

因此，产品经理是广告公司升级转型的关键，是新媒体时代广告公司最迫切需要设置的岗位和最稀缺的人才。

## 第五节 "变态"的广告：数字技术下的广告新形态与新业态

新媒体和数字传播环境的变迁令广告这一认知资产变现工具，在呈现形态与运行业态两个层面均发生了翻天覆地的变化。

### 一 广告新形态："边界的消融"

传统媒体时代广告的呈现形态是十分有限的，仅有海报、报纸广告、电视广告和广播广告等为数不多的几个类型。数字技术令新媒体广告的呈现形态出现了多样化的发展趋势。在数字传播生态下，广告可以是一条短视频、一套表情包、一篇爆款文章、一场网络直播……不仅如此，作为划定广告形态特征的广告边界也在数字技术的推动下出现了"消融"。

#### （一）广告与媒体内容边界的消融

广告是由广告主付费的基于广告主利益的商业传播活动，具有为广告主服务的鲜明利益导向性和利益服从性。内容则是媒体的产品，是内容消费者消费的对象，也是用户向媒体支付时间成本所希望交换的对象。以往，广告与内容之间拥有清晰的、可以被用户准确识别的边界。同时，在由媒体总体时空资源有限所形成的有限信息容纳程度基础上，广告与内容长期处于分割、冲突、相互借助却又此消彼长的状态下。

由于更像媒体内容的广告在劝服效果上具有更大的优势，在数字技术的推动下，"广告内容化、内容广告化"正成为当前新媒体广告的一个主要特征。信息流和智能推荐技术的发展令广告化身为实时场景下对用户有用的资讯，加上自媒体内容营销趋势的推动，内容与广告之间的边界正在逐步消融。这是数字技术支持下广告消费资讯功能的回归。

这种发展趋势带来了广告内容呈现形态的变化，也引发了对内容化广告损害公众利益的风险的担忧。媒体作为社会公器，其基本功能是构建社会公共空间，内容理当具有公共性。将广告这种为广告主利益服务的商业信息与媒体内容进行区分，是维护公众利益和媒体公信力的传统做法。2016 年出台的《互联网广告管理暂行办法》要求互联网广告应当具有可识别性，显著标明"广告"，使消费者能够辨明其为广告。这一规定的出台正是国家治理层面对广告与内容边界消融做出的反应。

### （二）广告与其他营销传播工具边界的消融

前互联网时代，随着媒体环境日趋复杂，广告作业开始盛行"整合"使用多种媒介的热潮。新媒体时代，随着传播生态的大变迁，广告作业出现了"融合"使用多种媒介和营销传播工具的趋势。

在媒体融合的趋势下，广告传播常常有机使用多种营销传播工具开展数字营销传播活动。从实施主体的角度来看，广告公司组织内部开始破除不同营销传播工具之间的作业界限，对广告、公关、促销、人员推销等营销传播手段进行融合使用，基于不同营销传播工具的专业知识也开始在广告公司内部进行融合化沉淀，形成新的数字营销传播知识体系。总而言之，广告公司在组织方式、流程运作和知识积累上均呈现出融合运用多种营销传播工具的开放态势。

### （三）广告与销售边界的消融

以传统的观念来看，广告的本质是以信息传播的方式促进销售，但并不是销售本身。随着电子商务技术的进步和电子支付使用的普及，新媒体广告在运行中愈发强调构建从广告传播到销售之间的闭环，并持续追求缩短广告传播到销售转化的路径。

以内容营销这种当下最新潮的新媒体广告形态为例，它通过一个创意内容激发用户的购买动机，并在技术的支持下，促使用户即时下单购买。这种模式运用网络媒体极致地融合了广告信息与销售实现，开创了"广告即销售"的新形态，创造了在同一个场景下广告与销售功能合一的可能性。

## 二　广告新业态：组织方式的演变

在广告信息呈现形态不断变化的同时，新媒体时代广告产业的业态也正在发生着翻天覆地的变化。可以说，以产业组织模式演变为核心的广告业态变迁是当下广告产业最显著的特征。具体来说，广告产业业态变迁有如下几种表现形式。

### （一）自营

在互联网技术集群的催生下，媒介呈现出"海量"供应之势，逐渐打破了"垄断"的媒介供给结构。广告主不仅可以在腾讯、字节跳动、新浪等互联网公司打造的平台型媒体上注册自媒体账号，免费获取媒介资源，也可以通过自己开发应用程序的方式，建立自有媒介资源。

在免费媒介和自有媒介的推动下，不少广告主改变了传统上向外部代理公司采买媒介资源和创意服务的模式，转向建立内部广告部门，自营广告传播和品牌内容，架构从策略、内容到执行的"一体化"广告自营模式。

### （二）内化

随着越来越多的广告主，尤其是大型广告主逐渐采用自营模式，广告产业组织形态开始呈现"内化"趋势，即广告主渐渐将传统上用于购买外部媒介资源和创意服务的广告预算挪到内部，将外部市场交易费用转变为内部广告运营人员的薪资。

内化带来了广告产业组织和市场交易形态的巨大转变，重新定义了广告市场。以往建立在广告主与代理商交易基础上的广告市场开始转变为广告主的内部薪资投入。这种结构性变化表明，越来越多的广告主从采购代理公司服务转向采购人力资源，广告产业的供给开始从组织转向个体，广告产业市场形态发生了深刻改变。由于广告主购买的广告人力资源大多来源于传统代理公司，这种行为也加速了不少传统代理公司的衰落，甚至瓦解。

### （三）异业经营

媒介获取成本和可获得性的快速降低，加速了传统异业玩家对广告行业的渗透。埃森哲、德勤这样的咨询公司正凭借上游战略咨询业务的优势进入数字广告领域。互联网科技公司更是凭借直接架构数字化媒体平台的优势，拓展广告业务。

### （四）经营主体的"去广告化"

与此同时，不少实际开展广告业务的公司开始在工商登记执照的企业表述中弃用"广告"概念，转而采用"文化传媒"和"网络科技"概念，广告产业经营主体的"去广告化"趋势开始出现。这一方面是广告经营主体顺应数字传播环境下广告与内容、广告与其他营销传播工具之间的边界消融趋势而做出的经营战略调整，另一方面也是广告经营主体出于经营便利所做出的战术选择。文化传媒企业在不少地方可以享受文化产业发展的政策扶持；网络科技公司由于迎合了时代的潮流，更容易获得业务优势和社会声誉，甚至风险资本的青睐。

# 第八章　IP：实现形式最多样化的变现模式

## 第一节　前沿实践与历史溯源

IP 的本质是数字内容的跨产业变现，是通过策略化的经营，将数字内容传播在用户心智之中形成的数字认知资产转移、赋能给跨产业产品，以提升被赋能产品的销售和溢价能力，并最终通过被溢价产品的销售获得回报的数字内容变现模式。

与广告变现不同的是，IP 变现更加深度介入变现合作伙伴的商业流程和销售回报之中，甚至以利润分成的形式获得数字内容的变现收入，对内容生产者来说是更具商业价值的一种内容变现模式。

正是由于 IP 变现跨产业的运作方式与深入第三方产业价值生产流程的运作特点，IP 变现在具体实现形式上呈现出多样化的特征，是实现形式最为丰富的数字内容变现模式。

### 一　成因与形成路径

#### （一）基于数字内容的跨界经营模式

IP 是进入新媒体时代以来最吸引目光、最激动人心，也最令人琢磨不透的内容变现模式。作为数字传播，甚至数字经济时代商业实践的最前沿，IP 汇聚了多元化市场主体最具活力的商业探索和创新行为，打破了变现这一商业模式以往被媒体与内容产业所独占的运行形态，令数字内容变现成为一个泛产业焦点，广泛地牵动着数字内容、互联网科技、文化消费与娱乐等产业的商业实践与创新。

这就是说，IP 作为新媒体特有的内容变现方式，其最具开创意义的探索在于拓展了内容变现的参与方及其参与方式，使得来自零售、快销、文旅等跨产业的市场主体都能够通过多样化的形式参与到内容价值的变现过程之中。作为数字内容传播生态下媒体与内容产业的发展前沿，IP 驱动着新媒体在变现过程中以更开阔的实践视野与更广泛的跨行业市场主体进行价值连接与价值共创。因此，IP 可以被认为是实现方式上最具多样化特点的新媒体数字内容变现模式。

从概念上看，IP 这一术语的英文 "Intellectual Property" 直译为中文是知识产权。把 IP 这一概念静态、狭义地理解为知识产权显然与其在新媒体内容变现领域动态、开放的实践运用内涵并不匹配。这是目前对作为前沿领域的 IP 进行的实践探索远超理论总结的必然结果。

因此，结合这一领域创新实践的特征，本书将 IP 定义为：新媒体基于数字内容的一种跨界经营模式，其本质是数字内容的跨产业多样化变现。IP 作为一种内容变现模式，其主要特征就是多层次、多元化、跨产业、跨业态地对数字内容进行多样化的变现。

中国传统智慧认为，先有名，后有利。这可以作为理解 IP 的思维方式，通过内容获得认知，即名，然后以名为杠杆，横向

跨界，进行多元行业的多样化价值变现。但需要指出的是，IP
与其他内容变现方式一致，作为变现过程的认知与收入之间的转
化并非自动生成，而是需要通过经营的方式来实现。

### （二）广告变现的"三重局限性"

作为最前沿的创新实践，IP 变现却有着相对古老的起源。
这是因为，突破广告变现模式的局限性，对于媒体经营主体来说
具有深厚的内生性动机。具体来说，作为一种内容变现工具，广
告变现模式向来存在"三重局限性"。

第一重局限性来自媒体广告资源供给的有限性。受到媒介物
理时空属性的限制，传统媒体可供售卖的广告资源有着明确的数
量上限。报纸广告位供给受版面大小约束，电视广告位供给受播
出时长约束……传统媒体的广告资源供给能力始终无法突破自身
的物理边界。

在新媒体时代，广告供给逻辑的转变令数字媒体广告位供给
能力变得不再受限制。对于搜索形态下的响应式供给机制和信息
流形态下的持续式供给机制而言，广告位的供给都不再有数量上
限。即便如此，新媒体也无法突破广告变现的第二重局限性。

第二重局限性来自广告经济本身的依附性。广告是经济的晴
雨表，对于绝大多数经济体而言，广告花费在整个国民经济总量
中的占比基本上是固定的。也就是说，广告产业的规模受到经济
发展水平和经济增长速度的制约，有着相对固定的规模，无法超
越经济发展水平而无限膨胀。因此，即使媒体广告资源能够做到
无限量供给，媒体广告变现的能力也不会无限增长。在一定时期
内，媒体广告变现的总量有着明显的上限。

第三重局限性是广告变现的一次性约束。广告是依附在内容
上的价值转化机制，受到媒体内容一次性发布与持续更新特征的

影响，广告变现也具有一次性，即随着某一内容的一次性发布，依附在该内容上的注意力也随着广告被一次性变现。内容生产是一个相当耗费人力、时间和创作才华的活动。对于媒体产业来说，在内容生产过程中所投入的成本与广告这种一次性变现工具所能提供的价值回报是不相匹配的。广告变现模式的一次性约束会极大压缩内容的时间价值，从而限制传媒产业的商业空间和规模。

因此，摆脱广告变现的三重局限性，推动耗费时间和精力生产出的内容产品突破一次性销售的限制，多样化提升内容的时间价值，是传媒产业发展的内生性需求。这也是 IP 这种基于数字内容所形成的用户认知，通过跨界的方式进行多层次变现的内容变现模式产生的根本原因。

**（三）迪斯尼的早期探索**

如前所述，摆脱广告变现的约束是传媒产业跨越传统媒体时代与新媒体时代的一贯性内生性需求。因此，对内容变现多样性尝试的历史可以追溯到较为长远的传统媒体时代。对多样化、跨产业内容变现的早期探索展开考察，有利于更加深入地理解数字传播生态下 IP 变现的内涵。

作为大众传播与内容产业的先驱，迪斯尼将其经营领域从影视动画拓展到主题公园，便是对 IP 变现的早期探索。

早期迪斯尼在进行以影视动画为形态的内容生产时采用的是纯手绘模式，即每一部、每一集影视动画片，在制作层面都是大量画师人工生产的结果。但在商业收入方面，迪斯尼所产出的影视动画作品在电视台一经播出，其价值回收就伴随着贴片广告的销售而一次性完结，或在电影院一经上映便随着票房销售的终止而完结。这种一次性的内容销售或广告变现方式令迪斯尼创作人员为内容所投入的大量创意火花和时间精力瞬间转变为沉没成本，无法继续产生价值。

但迪斯尼的管理者很快就明确地意识到了一个问题：迪斯尼的故事结构和卡通人物形象经由传播在消费者心智中形成了某种具有强烈正向情感的认知。很多消费过迪斯尼内容产品的人不仅记住了这些卡通形象，还喜欢上了这些卡通人物和它们的故事。那么，基于内容与消费者的认知和情感的连接，能够开创出新的商业模式吗？

在这样的思维逻辑与假设之下，迪斯尼乐园便出现了。迪斯尼乐园在商业模式和产品设计层面有着明显的内容变现模式。首先，建立一个充满迪斯尼卡通形象和视觉元素的主题乐园，利用内容传播建立的情感连接吸引消费者赴迪斯尼乐园旅游。其次，通过对选址和公园规模的设计，令消费者无法在一天之内完成游览，以此刺激消费者产生住宿需求，再相应推出主题乐园的配套酒店产品。同时，作为主题公园配套的酒店产品也经过了内容化的设计，即按照迪斯尼卡通故事和人物设计不同主题的房型，并利用卡通形象和用户之间的情感连接，引导、刺激消费者不断消费更贵的房间。再次，结合不同区域游览主题，迪斯尼还推出了各种各样的玩具化卡通周边。总之，在迪斯尼乐园的多样化消费都是迪斯尼内容产品经由传播在消费者心目中建立的认知资产。这种情感化的认知资产令迪斯尼可以将普通的酒店、玩具和餐食转化为对消费者而言与众不同的商品，继而进行溢价售卖，为迪斯尼赢得巨大的商业利益。

当然，传统媒体时代进行过类似经营探索的并非只有迪斯尼一家。比如音乐电视（MTV）除了向用户收取收视费之外，也通过签约歌手的方式涉足演艺经纪领域，以寻求多样化的商业回报。音乐电视运行演艺经纪的模式与其他纯粹的演艺经纪公司不同，本质上是在充分借助自有媒体内容传播的基础上进行的认知转化变现。

总而言之，这种传媒和内容产业的前期探索，寻求的方向本质上和当前新媒体时代数字内容的 IP 变现是一致的。同样是寻求如何将经由内容传播在用户心目中所形成的情感认知转化为能使一般商品具备不一样用户感知价值的方式。这种用户感知价值能够支撑原本一般化的普通商品得到溢价售卖，最终令媒体获得多样化的商业回报。

## 二　IP 变现的机制：数字认知赋能

### （一）认知资产的跨产业赋能

为何在传统媒体时代便已开始零星尝试的 IP 变现，会在互联网与数字新媒体时代得到爆发式增长，逐渐成为一种规模化、趋势化，甚至标准化的内容变现模式？答案就是新媒体传播建构的数字认知资产具备独特属性。

IP 变现的原理在于"认知资产的跨产业赋能"机制，即通过巧妙的经营，媒体可以将经由内容传播在用户心目当中沉淀的认知资产跨产业转移、赋能给外产业产品，令原本普通的产品经由此种赋能后获得用户感知价值的提升，再通过溢价售卖该产品获取商业回报。通过这个过程，媒体开辟了内容的多样化变现渠道。

新媒体内容传播塑造的数字认知资产在跨行业赋能上具有远超传统认知资产的能力与效率。首先，新媒体制造的海量且多样化的数字内容供给形成了前所未有的用户时间占用和用户注意力吸附。用户在新媒体和数字内容消费上投入的时间远远超越传统媒体时代。用户在新媒体和数字内容上前所未有的时间投入，可带来消费者与内容之间前所未有的认知与情感强度，这种更为深厚的情感连接令数字认知资产具备更强大的变现势能。其次，新媒体与数字内容对用户时间的占据令数字认知成为消费者做出消费决策的前置条件。数字认知变为消费者做出消费决策时心理考量的必经之路。消费者任何消费决策的做出都必须经过数字认知的检视与过滤，即数字认知要么成为消费者做出消费决策的助力，要么成为消费者做出消费决策的障碍。符合数字认知倾向的产品将更有机会得到消费者的青睐，与数字认知倾向相左的产品则将更有可能遭到消费者的抵制。简单来说，数字内容消费与认知几乎成为用户消费行为的基础。品牌想要促使用户购买产品，前提是必须让该产品和用户之间有基于内容消费体验的情感连接。最后，互联网与数字技术本身就带有消融产业边界的破壁能力。技术的进步令数字内容能够打破产业之间的界限，成为一种可以跨产业流动的资源。数字内容的跨产业流动使得自身转变为一种可以跨产业捆绑产品、为外产业产品进行溢价赋能的资源。

在数字认知资产强大的跨产业赋能效应之下，各行各业对内容的需求都得到了极大的释放，绝大部分消费品产业把内容视为营销与品牌的基础工作。这种需求远远超越了单一的媒体产业，极大地推动了 IP 变现在新媒体时代的兴盛。

传统媒体在变现过程中只关注自身的变现，并不深入关注利益相关方的商业流程和价值实现过程。新媒体则凭借更为庞大的生态系统化，直接介入变现利益相关方的商业价值流程，以此形成巨大的跨产业价值生产系统。

以服装品牌优衣库为例，作为主打基本款的服饰品牌，近年来优衣库每逢夏季就推出与内容品牌合作的联名款 T 恤。这些联名款 T 恤凭借内容在消费者心目中的既存认知资产，触发了消费者的社交媒体分享与讨论。消费者纷纷在社交媒体上发布自己的"购买认证"。这种新媒体传播将联名内容从原本的传统认知资产迅速转变为数字认知资产，激发了消费者的购买动机，最终形成了热销局面。一件 T 恤，在质量、款式、使用周期等变量已经接近极限的无差异化时代，已经极难吸引市场的注意力并创造火爆的销售局面。IP 变现模式不仅为联名款内容产品带来了新的价值回报，也通过内容赋能，为服饰产品的抢购式动销提供了动能。

IP 变现模式为被赋能的跨产业产品带来了基于用户情感并超越产品物理层面的创新。在跨产业赋能的促进下，内容之于产品，是突破价格战和动销难的关键因素；产品之于内容，是延伸变现模式的载体。消费者对产品的需求是有限的，对内容的需求则是无限的。在产品的物理性需求被极大化满足的趋势下，内容是突破需求瓶颈的有效方式。如果产品创新能够刺激消费，内容就能够创造消费。因此，不仅对于新媒体与数字内容产业来说，IP 变现是一种更具商业想象空间的经营模式，对于快速消费品和文旅产业来说，IP 也是一种更为数字化的先进经营模式。IP 变现的原理如图 8-1 所示。

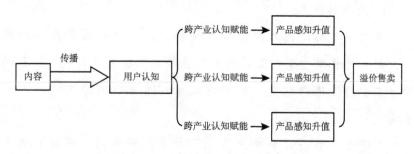

**图 8-1 IP 变现的原理：数字认知赋能**

### （二）知识付费与个人 IP

知识付费是兴起于新媒体时代的一种内容售卖方式，由于其经营主体和发展驱动力是具有人格化特征的个人而备受关注。目前主流的观点认为知识付费是对内容的直接售卖而非变现。

知识付费的对象大多是具备 IP 属性的个人，一般采用"预付费"制度，即消费者所购买的知识付费产品本质上是一种期货，而在这种购买过程中作为消费者购买风险的对冲工具是知识付费提供者的 IP 价值。因此，笔者认为知识付费是一种基于个人 IP 的内容变现模式，是混合了互联网信息焦虑、求知欲望、终身学习理念和网络学习新鲜感的一种数字内容消费行为，其运行机理在于售卖者本身的个人化 IP。

支撑 IP 变现模式的数字认知资产在其形成过程中遵循的是互动化和参与化路径，即数字认知资产是在用户的社交参与和互动共创中形成的。这一不同于传统认知资产单向接受的形成过程本身就带有人格化特征，为个人 IP 变现模式的塑造奠定了基础。

### 案例 8-1 个人 IP 变现的优秀实践：罗振宇和吴晓波

复盘个人 IP 变现领域时，有两个避不开的知识网红：罗振宇和吴晓波。

#### 1. 两个传媒人

罗振宇与吴晓波本质上都是传媒人，在互联网工具革命时代，两人凭借率先掌握工具红利的优势挺立在风口浪尖。但互联网对二者的价值与意义，或者说二者利用互联网的方式有很大不同。

吴晓波走的是"影响力搬家"模式。凭借财经畅销书的人气积累，吴晓波将现实世界的知名度与人气"挪"到了互联网上。这一"挪"不失为惊险的一跃。在读者获得、寻找知识与作者的方式发生巨大变革的互联网时代，吴晓波的个人影响力其实在慢慢消退。多亏了及时转战互联网，吴晓波实现了与庞大的存量粉丝群在互联网的"再次相遇"。这次重逢为自媒体"吴晓波频道"提供了第一批"种子用户"。

罗振宇走的是"影响力扩张"道路。互联网时代之前的罗振宇，是一名央视员工，虽说在电视圈是颇有名气的制片人、主持人，但影响力仅限于圈层内，对于其日后最核心的目标群体而言，罗振宇是谁，并没有多少人知晓。但凭借互联网的连接与传播能力，罗振宇的知识型自媒体"逻辑思维"大红大紫，完成了罗振宇在央视这一顶级传统媒体从未达到过，恐怕也从未奢想过的成就。

同为传媒人，罗振宇与吴晓波的产品设计、商业模式因为不同的知识养成和人生经历被打上了不同的烙印。

**2. 电视模式 VS 纸媒模式**

在不同形态媒体的从业经历深刻塑造了两人不同的思维模式与行为方式。

罗振宇之前做的是电视。电视是一种天然的"浅薄媒体"。播出内容随时间线性消逝，可谓转瞬即逝；观看环境置于客厅这种嘈杂的家庭甚至会客场景。因此，作为产品的电视内容单元生命周期短，只有依靠持续的强冲击力博取眼球方能生存。

反映在"逻辑思维"中，罗振宇的每一次新产品上市或新商业模式上线都是以一种神来之笔的方式横空出世。无论是与网红"papi酱"的合作，还是"得到"付费化，每一次都是流量焦点。但事件之间并没有逻辑关联，而是呈现一种跳跃式的断代感。

吴晓波之前做的是纸媒。纸媒是一种天生的"深度媒体"。

图文形式的媒体内容可供读者慢速、反复阅读，阅读环境也往往更为安静和私密。故而，纸媒内容产品生命力较长，需要依赖信息的深度挖掘而生存。

折射在"吴晓波频道"上，其内容整体架势十足，各个板块之间逻辑紧凑、形成拱卫格局。产品和商业模式的发展循序渐进，严格围绕其所谓中产阶级的趣味与生活方式。

3. 广院派 VS 复旦派

罗振宇身上带有鲜明的广院（即现中国传媒大学）风格，机灵、创意不断、才华横溢，热衷于业务实操，上手极快。

有一个帖子讲罗振宇第一次和吴晓波合作，拍《激荡三十年》纪录片，因为时间太紧急，要完成对亲历人物的采访几无可能。正在团队一筹莫展的时候，罗振宇提出可以采访旁观者，而且是在明确提出回避亲历者的前提下利用旁观者来完成纪录片。这种临场发挥式的创意在"逻辑思维"运行的每一个节点都清晰可见。

吴晓波则体现着复旦人的特点，阅读量大、安静，着力于积攒静水深流的势能而非爆发力。

据说吴晓波曾在大学时代读了半个图书馆的书。这种安静的、近乎自我修行般的阅读学习，在广院人身上是很难看到的。

所以两人的产品与商业模式有着不同的核心能力。吴晓波的核心能力是运营，依靠的是持续的内容生产。罗振宇的核心能力则是策划，依靠的是激爆的创意点子。

从创新的角度来讲，吴晓波走的是持续性创新的路子，而罗振宇走的是非连续性创新或者说是脉冲式创新的路子，至于能不能颠覆，这需要历史来回答。

一个沉着冷静，有着江南复旦派那种彬彬有礼、温文尔雅的特征却势大力沉；一个先声夺人，有着北方京城风云乍起那种横扫千军的刚猛。

在"黑天鹅"频出的时代，吴晓波排兵布阵队形齐整，最大风险在于对时代非连续性的把握；罗振宇继续"一惊一乍"，似乎颇能贴合时代特征，最大的风险在于每一次动作都有类似赌博的风险。

## 第二节 "品牌"：理解 IP 的认知杠杆

以熟悉的事物为对比和参照,将熟悉的事物与新生事物之间的差异用作认知杠杆加速对新生事物的理解，是认知新生事物的有效方式。正如汽车在诞生之初被厂商宣传为"不吃草的马车"，就是借助汽车与早已被人们所熟知的马车之间的差异来促进大众对汽车的理解。

IP 变现作为一个新生事物，在形成机制、存在形态和商业效用等方面均与品牌具有相似性。比如，二者都能为产品提供溢价支持，都属于商业驱动机制，均具有很高的商业价值。再比如，二者的本质都是对用户的认知进行干预、管理和资产化经营。品牌与 IP 有着本质的不同，二者是管理者认识商业世界的两种思维模式，也是消费者理解商业符号的两种思维方式。因此，借助与品牌之间的差异化来理解 IP 是高效的认知方式。

### 一 形成过程的差异

#### （一）从实体到抽象与从抽象到实体

品牌的形成路径是从实体产品到抽象认知，是一个从"实"

到"虚"的过程。品牌起源于产品，并以产品为基础，是产品营销主体发送的营销传播信息与用户产品使用体验共同作用于用户所形成的认知资产。品牌的本质是产品营销主以推动产品销售和溢价为目的对用户进行投资所形成的用户认知资产，是为产品销售服务的营销工具。品牌是为产品服务的工具，没有产品便没有品牌。

IP 的形成路径则是从虚拟的内容到实体的产品，是一个从"虚"到"实"的过程。IP 起源于内容，并以内容及传播为基础，是媒体经营者将经由内容传播在用户心目中形成的认知资产跨产业赋能给外产业产品，再通过将得到赋能后感知价值提升的产品进行溢价售卖后获得的多样化认知资产变现的机制。IP 的本质是媒体营销者拓展经营空间的变现方式。IP 是为内容的商业变现服务的，没有内容便没有 IP。

### （二）专属与普适

品牌作为一种营销工具，是为某一个或某一组产品量身定制的，对品牌旗下的产品来说，品牌具有专属性。品牌的建设过程相当于营销主在用户心目中开立了一个"认知账户"，品牌主的每一次营销传播活动就相当于向这个账户中存入一笔钱，品牌旗下产品的每一次溢价销售，就相当于从这个账户中支取一笔升值后的现金回报。品牌旗下的产品是品牌的这个认知账户的户主，是这个认知账户所有权限的唯一主体。

IP 作为一种变现方式，是以普适性为存在形态与追求目标的。其运作方式在于尽可能广泛地赋能多元化产业的多样化产品。这就是说，评判一个 IP 优质与否的核心指标就是其跨产业赋能的普适性。IP 产权虽然专属于内容生产方，但其服务对象具有明显的多元化特征。

## 二 作用方式的差异

### （一）垂直与水平

品牌是一种垂直作用力，IP 则是一种水平作用力。品牌价值的发挥是垂直作用于旗下品牌所属的品类。IP 价值的实现则是水平跨越多个产业与产品。超越品类的品牌往往有品牌延伸过度的风险，需要精心架构母子品牌或主副品牌体系来巧妙地规避风险。

从联想的角度来看，提起某一品牌，用户通常会联想到某一个或某几个具体的产品。这是由于消费者对品牌的认知往往是和某一具体产品和品类捆绑在一起的。比如提起宝洁，消费者就会联想起各种日化产品。IP 则会令用户在接触到被 IP 赋能的多种产品时联想起某一具体的内容。比如消费者在迪斯尼主题乐园游玩，接触到从酒店、餐饮到玩具的诸多产品时，总是会联想到迪斯尼的动画片。

### （二）延伸限制与风险

品牌具有专属并绑定特定产品或品类的属性，造成了品牌在跨越覆盖其他产品和品类的时候会面临延伸边界的限制和过度延伸的风险。品牌与产品的专属和绑定关系塑造了用户对品牌的指向性联想，这会形成品牌延伸的边界。当品牌覆盖的新产品和新品类与用户对品牌的既有联想存在冲突时，消费者就会产生抵触和抗拒，令品牌陷入过度延伸的风险之中。一般而言，品牌会通过子母品牌架构设计、有意识淡化子品牌与母品牌的关系，来规避品牌过度延伸的风险。

对于 IP 变现来说，跨产业赋能是其使命和意义。因此，本质上来说 IP 并不存在延伸的障碍和过度延伸的风险。相反，延伸能力是衡量 IP 质量和变现能力的关键指标。所谓 IP 经营，其核心就是提升 IP 的跨产业延伸和覆盖能力。

### （三）联合与叠加

品牌本身就是企业的营销竞争工具，因此，同行业品牌之间往往只有竞争关系。同时，虽然跨行业品牌之间可以形成联合关系，但不同品牌之间有着差异化的产品覆盖和用户联想，因此，品牌联合是一种实施难度较大的策略。寻找有契合度的联合品牌是一种高风险的尝试。

IP 则可以叠加在任意品牌之上，和品牌形成叠加效应。作为被 IP 跨行业赋能的对象，产品往往也具有一定的品牌积累。在接受 IP 赋能之后，用户对内容的认知与对品牌的联想会产生共振，起到丰富品牌联想的作用。利用 IP 深化与丰富品牌内容，提升品牌的感知价值，是 IP 变现机制的本质。

### 案例 8 – 2 "阿诗玛"：基于存量认知的 IP 变现

#### 1. 传说《阿诗玛》

《阿诗玛》原是一篇流传于云南省石林彝族自治县彝族支系撒尼人的叙事长诗。讲述的是少女阿诗玛不屈不挠地同强权势力做斗争的故事。

在少数民族众多的云南，《阿诗玛》这个传说从架构到人设并不出众。除了阿诗玛之外，民间流传的此类爱情故事也很多。比如傣族的《召树屯》，讲述的便是两个相爱的人历经坎坷最后走到一起的故事。再就是白族的《五朵金花》，讲的是经过一次次误会之后，有情人终成眷属的爱情故事。

没有逃出传统的套路，关于阿诗玛的故事与大多民间流传的爱情传说一样，并无新颖之处。故事同样是历经坎坷，调性同样是凄凉唯美。

因此，与大多数民族的民间传说一样，关于阿诗玛的故事长期以来只在很小的区域范围内流传。

2. 电影《阿诗玛》

1963 年，上海电影制片厂决定将《阿诗玛》拍摄成电影，由杨丽坤饰演女主角阿诗玛。

上映后，电影获得了巨大成功。杨丽坤扮演的阿诗玛形象深入人心。

电影《阿诗玛》的成功其实是因为赶上了一个好时代。1956 年，毛泽东提出了发展社会主义文学艺术和科学的"百花齐放、百家争鸣"的方针。为了贯彻这一方针，国家电影局从指导思想、领导、体制等多方面进行改革，电影行业也步入发展期。

乘着这股东风，电影《阿诗玛》应运而生。同期拍摄的少数民族爱情题材电影还有《芦笙恋歌》《五朵金花》等。

电影对"阿诗玛"这个符号的价值挖掘在于赋予了"阿诗玛"一个具体视觉形象，同时借助电影这个大众传播媒介，让"阿诗玛"实现了国民级的传播覆盖，几乎家喻户晓。

电影触发了传说《阿诗玛》的传播热潮。自 20 世纪 50 年代初发表汉文整理本以来，被翻译成英、法、德、日、韩等多种语言在海外流传。

1982 年，中国第一部彩色宽荧幕立体声音乐歌舞片《阿诗玛》，获得西班牙桑坦德第一届国际音乐最佳舞蹈片奖。

3. 景区"阿诗玛"

1978 年 4 月 1 日，石林风景区正式对游客实行售票游览制，标志着 1931 年正式建园的石林风景区开启了门票营销时代。

作为电影《阿诗玛》的取景地，石林风景区迅速成为游客体验阿诗玛文化的载体。

石林风景区借助"阿诗玛"进行营销恐怕是国内历史上最早的 IP 营销与异业变现。如果单纯看石头，石林风景区的吸引力毕竟有限。借助"阿诗玛"的赋能，石林风景区调动了游客的联想和通感，在这个特殊的场景下，游客与观众的身份实现了共振，产生了独特的文化旅游体验。

这种体验最直观的表现就是：游客纷纷穿起了阿诗玛的服装，以这种方式形成了充满仪式感的"打卡"行为。

装扮一回阿诗玛恐怕是当年国民级的拍照设定，并经由家庭聚会场景获得了广泛传播。

4. 香烟"阿诗玛"

1982 年，红塔集团的前身——玉溪卷烟厂将"阿诗玛"这个 IP 运用到了云南最庞大的产业之中，创建了阿诗玛牌香烟。

阿诗玛香烟的烟包设计采用了著名画家黄永玉创作的阿诗玛头像。当时，著名画家黄永玉被阿诗玛的美丽传说打动，为了给长诗《阿诗玛》做插图，他专程前往云南的路南县（现石林县）采风，在当地的撒尼村子里，过了两个月刀耕火种的日子，创作出一组具有浓郁民族特色的优美版画，开篇的《阿诗玛像》是一位戴着撒尼头饰的少女侧影，端庄秀美，诗意盎然。

阿诗玛香烟包装上的阿诗玛头像，伴随着阿诗玛香烟的销售网络，逐渐取代了杨丽坤，成为国民心中的阿诗玛形象。

不过，进入新千年不久，阿诗玛香烟因计划指标的变动而停产。

2018 年，意识到阿诗玛这个 IP 巨大营销价值的云南中烟公司重新推出了"阿诗玛"。此时的"阿诗玛"被云南中烟置于玉溪这个品牌之下，作为玉溪品牌的一个"规格"。

　　"规格"是专卖制度下中国烟草品牌特殊的身份属性。从专卖管理角度而言，品牌与规格就像行业管控较严的一级指标和企业自主性较强的二级指标。从消费者感知的角度而言，更像母子品牌架构。

　　为了营销重新上市的阿诗玛品牌，云南中烟将工作重心落到了包装上的阿诗玛头像，为其加入了国际色彩，并采用英国艺术家的蝴蝶万花筒营造绚丽的背景。

　　"阿诗玛"这个 IP 变现案例不仅跨越了漫长的历史时期，还跨产业赋能了一个省域内的两大支柱产业，即旅游与烟草，这在全球范围内也是极为罕见的。

# 第九章　内容电商：转化路径最短的变现模式

内容电商是内容与电商的融合，是在同一个互联网场景下融合了内容传播与在线零售的新兴内容变现模式，也是新媒体时代从内容传播到商业变现之间转化路径最短、变现流程最直接的变现模式（见图9-1）。

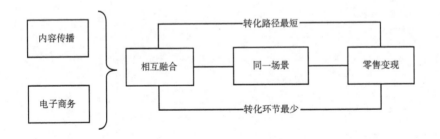

**图9-1　内容电商变现模式**

从内容传播的角度来看，内容电商是通过结合网络零售与在线支付技术，将内容传播与销售变现整合、压缩在一个实现场景中极致、快速完成，是缩短与剔除以往内容传播与商业变现之间路径与环节的一种变现模式。在内容电商变现模式下，数字认知资产具有快速，甚至即时转化的特征。

从电子商务的角度来看，内容电商是通过借助大容量、结构完整程度高、故事化的内容，在一个场景中实现对目标消费者快速的情绪调动和情感连接，以达成对消费者购物需求的快速激发和购物行为的快速促成。在内容电商模式下，消费者购物决策过程被大大压缩，需求产生与购物行为之间的转化时间也大为缩短。

## 第一节 "前内容电商时代"的内容与电商

内容与电商具有深厚的血脉渊源与密切的发展关系。在内容电商作为一种新兴的内容变现模式和零售实现形式出现之前，数字内容与电子商务早已呈现出互动与相互形塑的发展逻辑。

迄今为止，电商历经货架电商、社交电商和内容电商三个发展阶段。在前两个发展阶段中，电商都呈现出与某一数字内容分发形态相对应的特点。比如货架电商对应门户网站，社交电商对应社交媒体。作为电商发展第三阶段的内容电商，则呈现出内容与电商相互融合的形态特征。

### 一 货架电商

#### （一）广告即内容

货架电商是初始阶段的电商形态。这种电商形态的本质就是传统线下商业零售的"互联网化"。在这种形态下，电商网站相当于传统的商场，卖家店铺相当于商场中的商家，消费者的电商购物行为和在实体商场一样是从商家琳琅满目的货架上挑选产品。

零售的要素包括人流、物流和信息流，货架电商的信息流就是广告。广告是内容在货架电商时代发挥销售驱动功能的主流形态，其功能的发挥主要有商家广告和电商平台广告两种形式。商家广告即电商网站卖家自主通过图片和文字对自身店铺进行"内容装修"，以吸引买家的注意力。电商平台广告则是电商网站依托自身的流量分配权，通过对入驻商家进行收费的方式让店铺及其促销信息根据所付广告费价格梯度依次暴露在更好的流量位置，以促进该店铺的流量获取与购买成交。这种由电商平台掌控的内容曝光与排序方式本质上和搜索广告的逻辑是一致的。

**（二）电商网站的"内容生意"**

货架电商时代内容的主导权完全由电商网站"单方掌握"。电商网站对进入站内的流量拥有绝对的控制权，电商网站的有偿流量分配是商家这一电商生意实际承载者生存与发展的关键。从内容的视角观察，电商网站和商家的关系类似平台型媒体与自媒体的关系。

内容在货架电商时代扮演着远比实体零售更有价值的功能。这是由广告在电商环境下可以快速低成本改变流量流向与用户注意力方向的特性所决定的。由电商平台控制的搜索广告能起到对流量的快速引流和导流功能，从而决定着店铺的生意状况。在传统线下世界中，商场只有通过物理化的"动线设计"来一次性、高成本地规划顾客进入商场之后的走动路线。在这种情形下，每一个店铺由于与生俱来所处的既定动线位置，其所能获得的人流量和店铺本身的商业价值都是大致恒定的。商场也只能通过店铺销售价格和租金的高低来一次性收取店铺动线位置的价值回报。

电商网站凭借低成本、快速、无限次改变店铺虚拟动线位置的能力，将店铺流量位置的变更本身作为一个产品和盈利方式。广告就是承载这一商业模式的具体产品形态。

## 二 社交电商

### （一）电商对社交传播的融入

如果从内容的角度将货架电商视为门户网站模式在电商领域的应用，那么社交电商就是社交媒体与社交传播在电商领域的实现。

随着社交传播的兴盛和用户社交媒体花费时长的增长，社交电商逐渐成为电商发展的新亮点。社交电商的本质就是电商借助用户社交媒体传播行为和社交关系链开展电子商务交易活动，是电子商务对社交传播的融入。

在对内容的依赖上，社交电商要明显强于货架电商。内容在货架电商时代起到的是引流功能。在社交电商时代，用户获得产品信息或者进入具体购买流程的起点就是出现在其社交媒体信息流当中的链接。因此，内容可以说就是社交电商本身。

社交电商活动的起点和驱动力是用户在社交媒体中分享链接，因此，社交电商将货架电商从电商网站到人的物流与信息流结构变革为从人到人的模式（见图9-2）。这与社交传播形态下信息从人到人的路径一致。从人到人的模式令社交关系得以赋能电商销售，即用社交关系强化用户购买行为过程中的信任环节，以此提升电商的销售速度。同时，社交传播网络化的病毒式扩散能力也为电商产品信息的传播和覆盖提供了动能，即借助社交传播的网络化扩散机制，扩大社交电商的销售规模。

### （二）电商对社交传播的侵入

伴随着电商对社交媒体的融入和社交电商发展的是电商对社

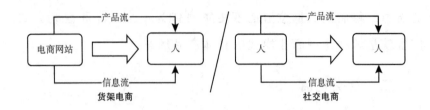

图 9 - 2　货架电商与社交电商的差异

交传播的侵入。这是由两方面的原因造成的。首先，社交电商的链接分享权，也就是交易邀请权掌握在分散的个人用户手中，个人用户往往不具备掌握适度分享的能力。过多的产品链接分享势必会打断用户的社交内容消费行为，影响用户的社交传播体验。其次，社交电商的推广路径是利用用户既有的社交关系链条。用户社交关系链条的建立动因复杂，这使得产品链接很难做到精准化匹配用户需求。非用户购买诉求下的分享链接会对用户正常的社交媒体使用行为造成干扰，同样会影响用户的社交媒体使用体验。

## 三　内容电商：电商的"媒体化"

### （一）重塑内容变现分工体系

媒体是变现这一商业活动的实践主体。变现这一商业模式成立的逻辑前提是具备可供变现的内容。内容生产是变现活动得以开展的前提，也是变现活动运行的核心与起始环节。因此，内容生产的承载者向来都是作为变现发起者、推动者和最大受益者的媒体。

企业、品牌和第三方组织是媒体变现过程的价值参与者。变现这一商业模式架构了一个媒体、内容消费者和第三方参与者进行价值交换的利益共同体。在这个共同体中，媒体的功能是内容生产，负责为这个共同体的利益交换活动提供作为前提和基础的内容；内容消费者的功能是提供注意力这一可转换变现的资产；第三方参与者的功能是作为变现活动的最终支付者。这便是支撑内容变现活动开展的专业分工体系。在这样一个分工体系中，媒体承担着内容生产与供应这一最基础的功能。对于第三方组织来说，媒体的变现活动是其借以达成自身目的的工具。

但这个利益共同体的分工体系逐渐被新媒体变现模式的发展打破。IP变现模式出现以后，被内容赋能的第三方组织逐渐认识到数字认知赋能的商业价值，并开始积极参与到IP变现的进程中来。在这一趋势下，以企业和品牌为主的第三方组织开始对如何更有效率地借助IP进行营销这一课题进行深入思考和谋划，甚至在营销前端的规划阶段为IP量身定制产品。在这个决策转变的过程中，越来越多的企业和品牌为了让内容更好地赋能和服务自身产品而对内容提出越来越多的调整需求。这标志着第三方组织开始有意识地介入内容生产。

**（二）电商的媒体化**

从实践历程来看，内容电商的诞生并非建立在大量新生内容电商平台出现的基础上，大型传统电商平台的内容化转型才是内容电商诞生的标志。这就是说，小红书这样的新生代专业内容电商平台的出现并非内容电商诞生的标志，淘宝、京东这样的传统巨头型电商平台纷纷实施内容化战略才开启了内容电商时代。

作为内容与电商深度融合的产物，内容电商重构了内容变现的专业分工体系。传统上完全依靠媒体的外部化内容供给模式已经越来越无法满足内容电商平台对内容的需求。内容电商运行对内容具有更大强度和更深程度的依赖，内容电商平台无论从需求量角度来说，还是从交易成本角度来说，都必须转向自己生产内容。

在这一结构性原因的促动下，电商平台纷纷走向了内容化。可以说，电商的内容化既是内容电商诞生的原因也是其过程。电商平台内容化的方式是自身的媒体化，即电商平台通过内容生产能力的建设和内容生产活动的开展，促使自身具备媒体内容生产功能的过程。

电商平台媒体化的具体路径是转型为平台型媒体，即通过构建类似平台型媒体的生态环境，通过规则的制定、技术的支持和变现工具的提供，激励内容型卖家在电商平台上开展内容生产活动，为平台提供内容。这种模式的结构及其运行逻辑和平台型媒体是一致的，均是利用规则和生态来促动第三方从事具体的内容生产活动。电商平台通过聚合海量内容型卖家的内容生产活动和内容产出完成自身的媒体化，转型为以内容促进流量和销量增长的内容电商平台。

### 案例 9 - 1 "拼多多"：基于"拼单分享"的社交电商

成立于 2015 年 9 月的拼多多，走过了一段高速发展的历程。2018 年 7 月，距其诞生还未到三年，拼多多便正式登陆美国资本市场。

拼多多的快速增长是基于其"拼单分享"的独特社交电商模式。所谓拼单分享，就是通过设置拼单优惠的游戏规则，吸引用户为了凑够拼单购买人数、享受优惠价格而通过社交媒体发动社交关系链参与拼单活动的过程。

在这个过程中，优惠的价格成为激励用户参与分享的动因，受价格因素驱动的用户通过在自己的社交媒体中分享拼单链接，不断吸引其他用户共同参与到拼单分享活动中来。由于拼单活动将电子商务的推广与销售巧妙地融入了用户的社交媒体与社交传播活动，借助了社交传播机制下"人人都是传播者"的裂变式扩散优势，商品的传播推广与交易呈现出快速和大规模的增长态势。

同时，借助用户和交易的规模化优势，拼多多得以在供应链谈判中掌握更大的话语权，提升自己与供应商讨价还价的能力，从供应商处赢得更有利的供应价格。通过将这种价格优势以更低的商品拼单价反哺给消费者，拼多多又激发了消费者更大的拼单活动参与动机。由此，拼单活动的正向发展闭环得以形成。

另外，拼多多拼单优惠模式的成功，离不开其战略投资者腾讯的大力支持。作为中国领先社交媒体平台的掌控者，腾讯通过旗下国民级社交媒体"微信"和"QQ"为拼多多拼单优惠战略的实施提供了堪称地基一般的支撑，为拼多多拼单分享活动的开展提供了社交媒体平台、庞大的社交用户关系链和堪称巨量的流量。

基于腾讯数字社交资源的支持，海量的用户均可以便捷地随手在微信和QQ上发起或者参与拼单活动。在微信和QQ强大的用户黏性之下，初始拼单发起者将产品链接分享给社交关系链中的好友，好友参与拼单，并将产品链接继续分享给自己的好友，如此循环往复直到拼成，产品链接不断被分享，拼多多的用户数也不断增加。这种利用买家自身社交关系链实现低成本获取新买家的方式能令拼多多的用户数随着社交传播的扩散得到几何倍的增长。

## 第二节　内容电商：电商的内容化生存

### 一　无内容不消费：新消费行为的崛起

作为内容与电商深入融合的结果，内容电商诞生的背后有深刻的消费者行为原因。市场营销向来有借助内容提升营销效果和效率的传统，这是建立在消费者消费行为过程中对内容信息的使用方式基础上的。具体来说，营销是品牌经由以广告为主的营销传播在消费者心智中形成认知，再经过其他营销要素的配合，将这种认知通过销售进行转化，获得变现收入。用经典的 AIDMA 模式①描述这一过程可以看出，内容信息在引起消费者注意、引发消费者兴趣、唤起消费者欲望和在消费者心中留下记忆这几个核心阶段均能起到关键作用。

到了新媒体时代，消费者主动性增强，其不再被动接受品牌信息的灌输，而是通过网络主动寻找信息。这便是 AISAS 模式②所描绘的互联网时代全新的消费者行为。

在这两种模式中，作为消费行为末端的购物都有一个前提，就是用户总是经由内容信息的传播而先有一个"相对明确"的需求，才会带着这个需求进入具体的购物场景中开展购物行为。也就是说，内容在消费者行为过程中的作用是激发消费者明确的消费需求，这种需求产生在具体的购物活动之前。这两种模式的差别在于媒介环境不同，这导致第一种模式下的用户只能被动接受品牌信息的单向灌输，以此形成明确需求；第二种模式下，用户明确需求的产生建立在用户自主搜寻信息的基础上。

---

① AIDMA 模式是美国广告学家 E.S. 刘易斯在 1898 年提出的消费行为模式。该理论指出，消费者从接触广告信息到产生购物行为一共历经五个关键阶段，即 Attention（引起注意）、Interest（引起兴趣）、Desire（唤起欲望）、Memory（留下记忆）和 Action（购买行动）。

② AISAS 模式是由日本电通广告公司提出的互联网时代下的消费行为模式。该理论认为互联网时代的消费者从接触营销传播信息到产生购物行为一共历经五个关键阶段，即 Attention（引起注意）、Interest（引起兴趣）、Search（进行搜索）、Action（购买行动）、Share（分享）。

随着新媒体对社会生活改造的持续深化，加之数字内容信息和产品供给的大爆炸，消费者的消费行为发生了深刻的变革。消费者的购买行为不再发生于已有明确购物需求和指向的场景。购买行为往往在数字内容消费和基于数字内容消费的社交分享中被偶然激发出来。消费者出现"看中买"或者先消费内容再消费产品，甚至"无内容不消费"的新消费行为。

## 二　内容：电商的新基础设施

购物本身只是消费者消费行为的末端动作和结果。在消费者无内容不消费的消费行为下，电商平台如果不能通过内容让消费者体验到内容消费的乐趣，便很难产生用户黏性，也难以触发用户的购买行为。

内容不仅有助于电商网站获取新消费行为模式下的消费者和流量，也有助于提升电商平台的客单价。内容对用户使用时长的占据能力，令用户改变了以往"买完即走"的电商购物行为，形成在电商平台的沉浸式内容消费。这种内容消费行为很容易令用户对电商平台上有内容包装的产品产生情感连接。这种情感连接会淡化用户对产品价格的单一关注，也会提升产品的感知价值。因此，在内容消费的促进下，电商平台的客单价也容易获得提升。

内容已经成为电商网站应对消费者新消费形态变迁的通用策略。实际上，21世纪最初十年以来，以内容提供为核心的产品就开始在电商平台广泛出现。不仅专业化的内容电商平台纷纷开始出现，不少领先的电商平台也都纷纷开始制定自己的内容战略、推出自己的内容产品。内容开始逐渐成为电商平台的标配功能和基础设施。

## 案例 9－2 "小红书"：从内容到电商

2013 年，定位为"生活方式分享平台"的小红书上线。

**1. "媒体"小红书**

作为一个典型的平台型媒体，成立初期的小红书通过吸引与激发自媒体内容生产者入驻平台，进行有关美妆、个人护理、运动、旅游、家居、酒店、餐饮等消费体验的内容生产，形成了中文互联网上最大的消费体验与口碑内容库。

小红书基于消费体验的内容生产贴合了当下消费社会的内容消费需求，很快吸引了消费者的大量浏览与互动，并形成了消费门类庞杂、横跨多个消费品领域的内容社区。2016 年，小红书引入了人工智能分发机制，进一步强化了内容与用户之间基于兴趣的匹配，提升了内容对用户的影响力。

小红书海量的消费体验报告所形成的口碑效应极大地提升了其对第三方品牌营销的媒体价值。在品牌营销方看来，小红书是倾听消费者声音、了解消费者需求的绝佳平台，也是发起内容营销、利用意见领袖影响消费者行为、进行品牌营销的绝佳平台。

**2. "电商"小红书**

2014 年小红书福利社上线，主打跨境电商。通过之前积累的海量内容和同样海量的用户浏览、点赞和收藏行为数据，小红书利用大数据技术展开对用户需求的精准分析和刻画，并在此基础上进行商品选择决策。

基于自媒体内容精确判定用户的需求与喜好，并在此基础上开展电商运营，是小红书独特的基于内容的电商模式。这种模式改变了以往电商对内容的战术运用，将内容转变为电商运营的战略性资源。从实际运营效果来看，电商小红书颇受用户欢迎。

3．"种草"

"种草"一词起源于美妆圈，本意为"对某物产生购买欲"。小红书利用消费者中的意见领袖所生产的消费内容来吸引其他用户，引发用户的关注和对内容所谈论产品或品牌的兴趣和欲望，以此来帮助第三方品牌主实现品牌营销和销售。

"种草"模式将内容营销带入一个全新的发展阶段。在这种模式下，品牌和产品的内容能得到深入的、个性化的讲解和演绎。这种带有推荐分享者个人视角的体验性内容对用户的心理打动效果远超一般广告。"种草"模式下消费者消费欲望的营造为将来的销售转化和变现打下了十分坚固的基础。

## 第三节　"营""销"一体化：内容电商的第三方驱动

### 一　营销的整体"失控"

作为一种数字内容变现模式的内容电商的出现，不仅受到了数字内容生产者和电商平台的双向推动，还受到了企业和品牌的第三方驱动。内容电商不仅是数字内容生产者介入在线零售以扩展变现空间、电商平台借助内容传播发展在线零售这两个诉求的承载者，还是广告主和品牌顺应消费行为变迁、实施营销组织战略变革的结果。

在经典的企业营销管理框架中，营销工作被划分为分析、计划、执行和控制四个环节。也就是说，"控制"从来都是营销工作的核心环节，是让整个营销活动被纳入管理轨道的底层进程，也是营销专业化、管理化和科学化的体现。

值得注意的是，"营销"作为一种学术概念和一种管理工作被引入国内，是两个完全不同的过程。就学术概念来说，"marketing"一词最早被翻译成"行销"，具有浓厚的销售意味。后来逐渐被改译为"营销"。"营"字还原了"marketing"概念原本具有的谋划和策略含义。

就管理工作来说，营销作为一个体系跟随跨国公司进入中国，一开始就是由两个分化的管理控制体系构成。具体而言，负责品牌认知塑造的市场部和负责变现的销售部一开始就是两个部门，且相互之间不是隶属关系，而是协作关系。营销这个整体活动在实际操作中被分割成两个不同的管理控制体系，遵循不同的领导、组织、工作流程和业绩考核方式，各自为战。也就是说，在企业的具体营销实践活动中并没有"营销"这个统一的工作，只有"营"与"销"两个分立的体系。企业整体营销工作的进程是依托"营"与"销"两个管理控制体系的衔接、协同来完成的。

这种"营"与"销"分立的体系带来了企业整体营销的"失控"。对于市场部来说，这种管理控制的精髓不仅指向内部运行，更在于外部协作。这是因为，以消费者认知塑造为目标的市场部，其工作的开展与达成必须借助内容这一工具。内容的生产与传播是具有一定门槛的专业性工作，借助外部力量来实施更符合企业的利益，也符合专业分工原则。因此，市场部工作目标的达成是建立在对外部专业力量的借助这一基础上的。这就意味着，市场部管理的重心在于对外部协作代理公司的控制。因此，与销售部工作流程的内部化不同，市场部的工作流程是跨组织的。在这一传统的管理控制模式下，媒体与广告公司这类外部协助公司所服务的真正客户是企业的市场部，而不是企业的整体营销。也就是说，企业的整体营销一直处于"失控"状态。

## 二　压缩"营""销"距离

营销整体失控的危害体现在对消费者的失控上。从企业营销的整体性来看，市场部的控制链条并不应该止于外部协作公司，其真正对象应该是消费者。通过内容传播的影响力，也就是通过媒介覆盖和信息的操控，将消费者的认知"驱赶"至一个预先划定的范围内，这才是操控体系的终极目标。但如前所述，企业整体营销对消费者的控制并非建立在自身营销体系的控制力基础上，而是建立在传统媒体环境下消费者易于受大众传播信息影响的"易控性"基础上。

互联网和新媒体时代消费行为的变迁颠覆了这一控制体系。互联网的连接功能给予消费者信息赋权。有了传播权的消费者不再受制于信息的"驱赶"，而是主动寻求符合自己个性化需求的信息；网络连接形成的社群促成了消费者之间的相互协作和支持，改变了传统媒体以广告传播为主的单向性购买诱导机制。消费者更加自主、更加个性化的新消费决策机制形成了。

从外而内，整个传统的营销控制体系，包括市场部的控制体系、销售部的控制体系、市场部和销售部之间的协作控制体系都面临被挑战的威胁与被解构的风险。

信息权同时赋予了消费者"选择的能力"和"忽视的能力"。反映在营销体系内部，就是传统营销方式的失效和新兴营销方式生命周期的极大缩短。传统上，市场部建立认知，经过众多的环节和漫长的路径，最后由销售部变现的模式，已经跟不上消费者行为变化的速度。

消费者的购物行为连续发生了两次重大的变迁。第一次变迁是，消费者过去经由广告传播建立明确购物目的，继而带着明确购物目的进入零售终端进行购物的行为，转变为经由数字内容建立明确的购物目的，再带着购物目的到电商平台进行目标指向清晰的搜索和购买。第二次变迁是，消费者从过去先具有明确购物目的，再进入零售终端（线下或线上），转变为一边消费内容一边购物、一边分享内容一边购物，购买行为逐渐内容化、社交化，内容和消费之间的环节越来越少、路径越来越短，内容在消费决策中所起到的作用越来越重要。

因此，企业营销不仅必须顺应消费者消费行为内容化和社交化的趋势，增强对内容的倚重，更为重要的是，企业营销必须顺应消费者决策链条的变迁，主动追随内容型购买冲动、即时的特征，在营销管理与控制模式上打破"营"与"销"分立的现状，促成"营"与"销"的一体化，以此压缩从"营"到"销"的环节与路径，促进认知塑造与销售变现的快速循环与流转。

在企业"营""销"一体化战略的驱动下，内容电商这种深度借助内容在同一场景中引导用户快速达成从内容浏览到消费购买的商业模式，迅速受到了企业和品牌的青睐。在企业和品牌这两种第三方力量的推动下，内容电商开始呈现快速发展的态势。

## 第四节　直播电商：内容电商的极致化实验

### 一　直播：从内容形态到互联网产品

直播是大众传播时代电视媒体的一种高阶内容生产形态，是借助先进的直播技术和设备，将视频内容不经剪辑加工而直接传递给观众的内容生产方式。其本质是在事件发生的同时，内容不经预先的人工编辑和干预，以实时方式直接传播给观众。这与其他电视节目类型的制作形态是截然不同的。出于这一本质特征，直播对人员、技术的前期准备和现场调配的要求非常高。可以说，直播是一个电视台传播能力上限的体现，代表着一个电视台的内容生产水平。

在新媒体时代，直播成为平台型媒体针对入驻自媒体推出的一种基于数字传播技术的产品。其依托互联网的信息传输能力，以技术赋能的方式扩展了自媒体的内容生产方式和内容呈现方式。直播这种实时、连续的内容呈现方式更有利于自媒体内容生产者展现具有明显人格化特征的视频信息，契合了新媒体内容消费者的需求，因此得到了快速的发展，成为几乎所有平台型媒体标配的产品形态。

直播电商的兴起是内容电商发展过程中内容电商平台对直播这一产品形态大力研发和推广的结果。电商平台推出的直播作为一种内容生产与呈现形态，其本质就是内容与电商的极致化融合，是在直播间这一场景下通过结合实时、连续的音视频内容传播与在线支付，将内容传播与销售转化高度融合，直至一体化的内容电商形态。因此，不同于平台型媒体，电商平台直播产品的核心价值不仅在于内容的传播和流量的获取，更在于直接销售的达成。

直播电商在运作逻辑上结合了"直播"这种内容形态能够对产品进行深度讲解和生动演绎的传播优势和电商的在线购物便捷化优势，达成了内容到销售的即时转化，即所谓"带货"，是内容电商的极致化实现形式。同时，电商直播不仅需要主播人设、场面调度、气氛控制等专业的内容生产与传播能力，还需要货品选择、电子购物和支付系统等技术的支持，在实际运作层面也是内容电商的极致化实现形式。

## 二　直播电商的"三个极致化"

### （一）极致化达成销售

直播电商在内容形态上具有"类人员推销"的促销优势。用户在观看直播电商的内容时，犹如身处促销人员面对面推销的场景。在企业的营销实践中，人员推销虽是一种效果较好的推广方式，但一对一的高实施成本限制了其使用范围。直播电商利用数字技术的赋能，使在线人员推销具备了超低成本实施的可能。在直播电商场景下，不仅电商主播能够通过互联网同时接触海量的用户，用户也能通过弹幕方式直接与主播进行实时互动。从用户的体验视角来看，会有主播专门为自己服务的一对一感受。这种一对一、面对面的深度推销是以往任何借助媒体的内容传播形态均无法做到的。

直播电商这种类似人员推销的形态不仅能对产品进行深度、详细的讲解，还能对产品进行基于主播个人化风格的展示和试用。这种现场感十足的沉浸式互动体验，加上随时可以通过链接下单购买的技术支撑，极大地促进了用户购买行为的转化，是内容到销售的极致化达成。

### （二）极致化压缩供应链

直播电商不仅能够前向压缩从内容到销售的认知变现路径与环节，还能后向压缩从生产到销售的供应链路径与环节。通过直播电商直接的人员推销，产品可以获得直接的销售，从产地直接送达消费者手中。直播电商的价值生产逻辑如图 9 - 3 所示。

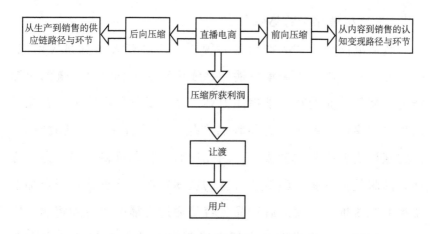

**图 9 - 3 直播电商的价值生产逻辑**

在传统的营销模式中，产品从产地到消费者的供应链有很多的环节和较长的路径。企业必须花费巨资建立分销渠道、零售终端网络和品牌才能确保供应链的完整和对消费者的触达。这些营销基础设施建设往往投入巨大且回报缓慢，因而只有实力雄厚的厂家才有能力进行营销网络和品牌建设。实际上，厂家对于营销基础设施建设的投入最终都通过产品定价的方式从消费者的购物行为中得到了补偿。这就是说，消费者的购物花费中有相当大的一部分是在为厂家的营销基础设施建设埋单。

直播电商从产地到消费者的直接销售模式可以极大化压缩厂家的供应链环节和路径。在这种直接销售的模式下，厂家可以省去分销渠道和零售网络建设的投入，依托直播电商的运营，弱品牌甚至无品牌的产品也能得到快速的销售。直播电商场景下，这些被压缩的供应链成本以价值让渡的方式被让渡给消费者。受到实惠、低价激励的消费者又以更多、更频繁的购买行为推动了直播电商流量和销量的增长，形成直播电商发展的价值驱动逻辑。

### （三）极致化考验品牌

直播电商直达式的推销令品牌同时面对较大的机遇与挑战。一方面，直播电商更倚重主播的在线推销能力和对供应链的压缩能力。凭借优秀的在线推销能力和产品的低价获得能力，直播电商可以销售弱品牌甚至无品牌的产品。这对品牌来说挑战巨大。品牌建设需要投入大量成本，因此反而不具备价格优势。另一方面，品牌是一种基于消费者心智的认知资产，这种认知资产加上主播的在线推销，使品牌产品更容易通过直播电商得到售卖。因此，如何整合品牌建设与直播电商渠道，让二者相互助力和赋能，是未来对企业营销能力的重要考验。

## 三　国民经济管理中的应用

直播电商的特殊优势受到了更为广泛的第三方社会主体的重视。其中最为典型的就是政府机构。政府机构，尤其是基层政府机构在国民经济管理中开始将直播电商作为一种工具应用到区域产业发展和区域经济增长的工作当中。

如前所述，直播电商具有压缩供应链路径和环节的功能。在以往的营销实践中，由于分销网络和品牌建设投入巨大，这种投入形成了产品厂家集中化的供应结构。这是因为只有实力雄厚的厂家才有资源进行长期的营销基础设施投入，这些投入所形成的分销网络和品牌又反过来成为厂家进行市场竞争的利器和维护其竞争优势的工具。这样的供应结构显然对数量更多的小微厂商和个人生产者是极不友好的。

在中国的经济社会治理语境下，小微企业和个体农户是重要的生产主体。各地具有资源禀赋优势的土特产的供应结构十分分散，几乎无法跨过由分销网络和品牌所构筑的门槛。这些产品的销售和生产者的发展又恰恰是基层经济和社会治理工作的关键。

直播电商直接"带货"的优势令分散的生产主体同样能够低成本直接进入营销供应链并直达消费者。因此，直播电商瞬间成为基层政府开展经济管理工作的绝佳工具，得到了各地各级政府积极的实践探索。

### 案例 9 - 3　薇娅与李佳琦：两个典型的直播电商个案

作为直播电商实践大潮中的现象级个案，薇娅与李佳琦探索电商直播的道路既有相同点，又有不同之处。

#### 1. 线下从业背景

直播电商的本质是内容与技术赋能下的人员推销。主播的推销能力是决定直播电商"带货"能力的关键因素。主播的推销能力一定是建立在对产品价值和消费者利益点的洞察上的。

李佳琦在进入直播电商之前是化妆品品牌欧莱雅专柜的导购。2016 年，欧莱雅联合 MCN 机构发起了直播网红选拔项目。李佳琦从 200 多个彩妆师中脱颖而出。在这个胜出的过程中，从产品分析、直播词撰写，到货品的整理，全由李佳琦一个人独立完成。支撑其完成整套复杂工作的，正是李佳琦在欧莱雅专柜做导购期间培养出来的对产品和消费者的理解。

2018 年前后，李佳琦在淘宝直播平台异军突起，一举成为"口红一哥"。从专业能力构成的角度来看，李佳琦直播电商的成功与其多年线下导购所积累的经验是分不开的。

薇娅则从 2008 年起就开始尝试做线下女装生意。曾经有将单店运营成为连锁的成功经验。在这段时期，薇娅练就了根据顾客个性化特点和喜好将服饰进行搭配并促成交叉销售的本领。

后来，薇娅进军电商，并在 2015 年"双十一"的时候通过单款两万多件的销量感受到了电商的风潮。2016 年，薇娅进驻淘宝直播间，开启了她的直播电商征程。在直播间，薇娅利用自己线下积累的推销经验，与用户分享自己的护肤和穿搭心得。

从 2017 年开始，薇娅的直播电商事业走上了快车道。经过令人诧异的快速增长，薇娅成了淘宝直播的"代言人"，被称为"淘宝直播一姐"，多次刷新淘宝主播直播交易额的历史纪录。

显然，薇娅直播电商的成功与其多年的线下服饰经营与推销经验是分不开的。

### 2. 一个更会"卖"，一个更会"演"

与线下人员推销方式受推销员个人风格影响相似的是，直播电商的具体内容呈现方式同样受到主播个性特征和推销风格的强烈影响。薇娅的直播往往缺乏激情与活力，而是采用"化繁为简"的策略。帮用户提前计算好各种券、满减、搭配、福利等，直接主打实惠省钱的利益点，方便用户快速购买。因此，薇娅属于更会卖货的类型。

李佳琦的直播则充满了激情、煽动性的语言和夸张的表达，以情绪化的风格鼓动用户购买，具有浓厚的表演风格。因此，李佳琦也频繁参加各种综艺节目并与明星联手拍摄创意小视频，以推动自己人气的提升，为其表演风格的发挥提供支持。

### 3. 供应链深入程度差异

薇娅的销售品类相当齐全，从皮草、化妆品、女装，到日用品、大米，几乎无所不包。凭借强大的流量和销售能力，薇娅通过近乎苛刻的选品、比价压价和售后要求挤压供应链利润，并将其让渡给自己的用户。同时，薇娅还通过建立自己工厂的方式深度介入供应链，力图掌握更大的话语权和利润获取能力。

　　李佳琦则纵向聚焦美妆品类，建立自己在美妆领域的专家形象，并不极致追求低价，而是注重产品品质。因此，更容易得到品牌的认可，并获得品牌代言和广告。对于品牌来说，选择与李佳琦合作直播电商不仅可以获得销量，还可以借助李佳琦的流量进行品牌曝光和形象塑造。从实际运营来看，经由李佳琦合作过的产品，其在淘宝内的自然搜索排名会大幅提高，对品牌来说相当于省去了一笔不菲的广告费。

# 参考文献

## 中文专著

〔美〕阿尔文·托夫勒:《第三次浪潮》,黄明坚译,中信出版社,2006。

〔美〕阿莱克斯·彭特兰:《智慧社会》,汪小帆、汪容译,浙江人民出版社,2015。

〔加〕阿利斯泰尔·克罗尔、〔加〕本杰明·尤科维奇:《精益数据分析》,韩知白、王鹤达译,人民邮电出版社,2014。

〔美〕阿伦·拉奥、〔美〕皮埃罗·斯加鲁菲:《硅谷百年史:伟大的科技创新与创业历程(1900~2013)》,闫景立、侯爱华译,人民邮电出版社,2014。

〔美〕埃里克·施密特、〔美〕乔纳森·罗森伯格、〔美〕艾伦·伊戈尔:《重新定义公司:谷歌是如何运营的》,靳婷婷译,中信出版集团,2015。

〔美〕艾·里斯、〔美〕杰克·特劳特:《定位:争夺用户心智的战争》,顾均辉、苑爱冬译,机械工业出版社,2015。

〔英〕安德鲁·查德威克:《互联网政治学:国家、公民与新传播技术》，任孟山译，华夏出版社，2010。

〔美〕安德鲁·基思：《网民的狂欢：关于互联网弊端的反思》，丁德良译，南海出版公司，2010。

〔美〕保罗·莱文森：《思想无羁：技术时代的认识论》，何道宽译，南京大学出版社，2004。

〔美〕彼得·蒂尔、〔美〕布莱克·马斯特斯：《从 0 到 1：开启商业与未来的秘密》，高玉芳译，中信出版社，2015。

〔英〕大卫·奥格威：《一个广告人的自白》，林桦译，中信出版社，2008。

〔瑞典〕大卫·萨普特：《被算法操控的生活：重新定义精准广告、大数据和 AI》，易文波译，湖南科学技术出版社，2020。

〔英〕戴维·冈特利特主编《网络研究：数字化时代媒介研究的重新定向》，彭兰等译，新华出版社，2004。

〔美〕戴维·温伯格：《新数字秩序的革命》，张岩译，中信出版社，2008。

〔美〕丹尼尔·卡尼曼：《思考，快与慢》，胡晓姣、李爱民、何梦莹译，中信出版社，2012。

〔美〕丹尼尔·沙勒夫：《隐私不保的年代》，林铮顗译，江苏人民出版社，2011。

〔澳〕弗格斯·皮特编著《传感器与新闻》，章于炎等编译，北京大学出版社，2017。

〔德〕弗兰克·施尔玛赫：《网络至死：如何在喧嚣的互联网时代重获我们的创造力和思维力》，邱袁炜译，龙门书局，2011。

何海明、罗衍记、马澈：《时间战场：新媒体创业与创新》，经济科学出版社，2018。

贺国帅、何海明、马澈、梁姗姗、井婷婷：《内容生意：内容创业案例手册》，广东旅游出版社，2020。

〔美〕亨利·詹金斯：《融合文化：新媒体和旧媒体的冲突地带》，杜永明译，商务印书馆，2012。

〔日〕户根勤：《网络是怎样连接的》，周自恒译，人民邮电出版社，2017。

黄升民：《新媒介观》，中国市场出版社，2011。

黄升民、丁俊杰、刘英华主编《中国广告图史》，南方日报出版社，2006。

黄升民、丁俊杰主编《媒介经营与产业化研究》，北京广播学院出版社，1997。

黄升民、段晶晶：《广告策划》，中国传媒大学出版社，2006。

黄升民、周艳主编《互联网的媒体化战略》，中国市场出版社，2012。

黄升民、周艳、马丽婕：《广电媒介产业经营新论》，复旦大学出版社，2005。

黄升民、周艳主编《中国传媒市场大变局》，中信出版社，2003。

黄升民主编《大视频时代广告策略与效果测量研究》，中国传媒大学出版社，2014。

黄有璨：《运营之光：我的互联网运营方法论与自白》，电子工业出版社，2016。

〔荷〕简·梵·迪克：《网络社会：新媒体的社会层面》，蔡静译，清华大学出版社，2014。

〔美〕杰里米·里夫金：《第三次工业革命》，张体伟、孙豫宁译，中信出版社，2012。

〔美〕杰里米·里夫金：《零边际成本社会：一个物联网、合作共赢的新经济时代》，赛迪研究院专家组译，中信出版社，2014。

〔美〕Kathy Sierra：《用户思维＋：好产品让用户为自己尖叫》，石航译，人民邮电出版社，2017。

〔美〕卡尔·夏皮罗、〔美〕哈尔·瓦里安：《信息规则：网络经济的策略指导》，孟昭莉、牛露晴译，中国人民大学出版社，2000。

〔美〕凯斯·R. 桑斯坦：《信息乌托邦：众人如何生产知识》，毕竞悦译，法律出版社，2008。

〔美〕凯文·凯利：《必然》，周峰、董理、金阳译，电子工业出版社，2016。

〔美〕凯文·凯利：《科技想要什么》，熊祥译，中信出版社，2011。

〔美〕凯文·凯利：《失控：全人类的最终命运和结局》，陈新武、陈之宇、顾佩嵌等译，新星出版社，2010。

〔美〕克莱·舍基：《人人时代：无组织的组织力量》，胡泳、沈满琳译，浙江人民出版社，2015。

〔美〕克莱·舍基：《认知盈余：自由时间的力量》，胡泳、哈丽丝译，北京联合出版公司，2018。

〔丹〕克劳斯·布鲁恩·延森：《媒介融合：网络传播、大众传播和人际传播的三重维度》，刘君译，复旦大学出版社，2012。

〔美〕克里斯·安德森：《长尾理论》，乔江涛译，中信出版社，2006。

〔美〕克里斯·安德森：《创客：新工业革命》，萧潇译，中信出版社，2012。

〔美〕肯特·沃泰姆、〔美〕伊恩·芬威克：《奥美的数字营销观点：新媒体与数字营销指南》，台湾奥美互动营销公司译，中信出版社，2009。

〔美〕李·雷尼、〔美〕巴里·威尔曼：《超越孤独：移动互联时代的生存之道》，杨伯溆、高崇等译，中国传媒大学出版社，2015。

〔美〕路克·苏立文：《文案发烧》，徐凤兰译，中国财政经济出版社，2004。

〔美〕罗伯特·斯考伯、〔美〕谢尔·伊斯雷尔：《即将到来的场景时代》，赵乾坤、周宝曜译，北京联合出版公司，2014。

〔美〕Mark Jeffery：《数据驱动营销：营销人员必知的15个关键指标》，林清怡、刘敬东、全波译，人民邮电出版社，2014。

〔加〕马尔科姆·格拉德威尔：《引爆点：如何引发流行》，钱清、覃爱冬译，中信出版社，2014。

〔加〕马歇尔·麦克卢汉：《理解媒介：论人的延伸》，何道宽译，商务印书馆，2000。

〔加〕马歇尔·麦克卢汉、〔美〕昆廷·菲奥里、〔美〕杰罗姆·阿吉尔：《媒介即按摩：麦克卢汉媒介效应一览》，何道宽译，机械工业出版社，2016。

〔美〕迈克尔·波特：《竞争战略》，陈丽芳译，中信出版社，2014。

〔美〕曼纽尔·卡斯特：《网络社会的崛起》，夏铸九、王志弘等译，社会科学文献出版社，2006。

〔美〕南希·K.拜厄姆：《交往在云端：数字时代的人际关系》，董晨宇、唐悦哲译，中国人民大学出版社，2020。

〔美〕尼尔·埃亚尔、〔美〕瑞安·胡佛：《上瘾，让用户养成使用习惯的四大产品逻辑》，钟莉婷、杨晓红译，中信出版社，2017。

〔美〕尼葛洛庞蒂：《数字化生存》，胡泳、范海燕译，电子工业出版社，2017。

〔英〕尼古拉斯·盖恩、〔英〕戴维·比尔：《新媒介：关键概念》，刘君、周竞男译，复旦大学出版社，2015。

〔美〕尼古拉斯·卡尔：《浅薄：你是互联网的奴隶还是主宰者》，刘纯毅译，中信出版集团，2015。

〔英〕尼克·波斯特洛姆：《超级智能》，张体伟、张玉青译，中信出版社，2015。

庞金玲：《抖音运营2.0：进阶方法论与实战攻略》，机械工业出版社，2019。

〔美〕乔纳·伯杰：《疯传：让你的产品、思想、行为像病毒一样入侵》，乔迪、王晋译，电子工业出版社，2016。

〔美〕Richard Saul Wurman：《信息饥渴——信息选取、表达与透析》，李银胜等译，电子工业出版社，2001。

〔英〕斯各特·拉什：《信息批判》，杨德睿译，北京大学出版社，2009。

〔英〕汤姆·斯丹迪奇：《从莎草纸到互联网：社交媒体2000年》，林华译，中信出版社，2015。

〔加〕唐·泰普斯科特、〔加〕安东尼·D.威廉姆斯：《维基经济学：大规模协作如何改变一切》，何帆、林季红译，中国青年出版社，2007。

〔加〕维克托·迈尔－舍恩伯格、〔英〕肯尼思·库克耶：《大数据时代：生活、工作与思维的大变革》，盛杨燕、周涛译，浙江人民出版社，2013。

〔加〕文森特·莫斯可：《数字化崇拜：迷思、权力与赛博空间》，黄典林译，北京大学出版社，2010。

〔美〕沃尔特·艾萨克森：《史蒂夫·乔布斯传》，管延圻、魏群、余倩等译，中信出版社，2011。

吴晓波：《腾讯传：中国互联网公司进化论》，浙江大学出版社，2017。

〔美〕肖恩·埃利斯、〔美〕摩根·布朗：《增长黑客：如何低成本实现爆发式成长》，张溪梦译，中信出版社，2017。

杨飞：《流量池》，中信出版集团，2018。

〔美〕伊恩·艾瑞斯：《大数据思维与决策》，宫相真译，人民邮电出版社，2012。

〔以〕尤瓦尔·赫拉利：《未来简史》，林俊宏译，中信出版集团，2017。

〔美〕詹姆斯·格雷克：《信息简史》，高博译，人民邮电出版社，2013。

〔英〕詹姆斯·柯兰、〔英〕娜塔莉·芬顿、〔英〕德斯·弗里德曼：《互联网的误读》，何道宽译，中国人民大学出版社，2014。

赵子忠：《内容产业论：数字新媒体的核心》，中国传媒大学出版社，2005。

## 中文期刊

蔡雯：《需要重新定义的"专业化"：对新闻媒体内容生产

的思考和建议》,《新闻记者》2012 年第 5 期。

曹晚红、田璇:《泛娱乐类直播平台的发展策略与商业变现——以花椒直播为例》,《东南传播》2017 年第 3 期。

陈接峰、胡虹:《新乡村体验类节目内容生产的三种模式》,《中国电视》2019 年第 11 期。

陈婧薇、郭雅迪:《媒介融合背景下 IP 电影内容生产探析——以〈西游记之大圣归来〉为例》,《传媒》2016 年第 24 期。

陈敬良、张冉、宗利永、张飞相:《数字出版管理机制研究综述——基于社会化内容生产》,《出版发行研究》2015 年第 10 期。

陈琳静:《传统媒体与新媒体的生产融合路径分析》,《出版广角》2017 年第 20 期。

陈灵珠:《百度百科和中文维基百科内容生产机制差异比较》,《传媒》2017 年第 10 期。

陈妍如:《新新媒介环境下网络短视频的内容生产模式与思考》,《编辑之友》2018 年第 6 期。

陈阳:《人设传播:网络受众的内容生产模式新探》,《当代传播》2018 年第 3 期。

陈耀辉:《强化内容生产 加速推进融合——吉报集团打造新型主流全媒体集团的实践》,《传媒》2017 年第 7 期。

储双月:《论当下世界电影的内容生产路径及策略》,《现代传播(中国传媒大学学报)》2015 年第 4 期。

崔健:《大数据为新闻管理注入全新动能——重报集团新闻内容生产及运营监管服务平台的探索与实践》,《传媒》2018 年第 19 期。

崔晶炜：《知识分享的商业变现模式》，《互联网经济》2017年第 5 期。

戴山山：《美国视频网站内容生产的经验与启示》，《理论月刊》2016 年第 4 期。

戴松：《浅析互联网视频内容生产逻辑的改变》，《传媒》2019 年第 21 期。

邓建国：《速度与深度：Twitter 对美国报业内容生产流程的重构》，《新闻记者》2011 年第 3 期。

邓瑜、吴长伟：《新媒体内容变革之道与传统媒体内容应对策略》，《中国出版》2007 年第 2 期。

丁和根：《全球化与传播内容生产：国际竞争的视角》，《中国出版》2011 年第 21 期。

丁俊杰：《"品效合一"是非辨》，《中国广告》2019 年第 9 期。

丁俊杰：《广告呈现内容化趋势》，《青年记者》2018 年第 22 期。

丁俊杰：《广告的内容化》，《中国广告》2018 年第 7 期。

丁俊杰：《话说互联网》，《中国广告》2018 年第 4 期。

丁俊杰：《算法，是黑洞?》，《中国广告》2019 年第 8 期。

丁俊杰：《智能营销，新物种?》，《中国广告》2018 年第 11 期。

丁伟：《新媒体内容生态演进的 8 个方向》，《新闻与写作》2018 年第 11 期。

丁亚平：《逆命题与第二重空间的建构——当前中国电影的问题、内容生产与本质》，《当代电影》2016 年第 10 期。

董枳君：《抖音开启全民娱乐时代短视频下半场商业变现之

考》，《商学院》2018 年第 4 期。

杜建华：《三网融合下的广电媒体内容生产》，《当代传播》2010 年第 6 期。

杜肖：《自媒体的发展策略探析——以"同道大叔"的商业变现为例》，《新闻研究导刊》2017 年第 3 期。

范以锦：《内容型报人应毫不动摇专注内容生产》，《新闻与写作》2016 年第 7 期。

方善红：《文学网站内容生产的"微支付"模式与版权解决体系分析——以盛大网络为例》，《图书情报工作》2010 年第 16 期。

方雪琴：《创意时代新媒体内容生产的变革与创新》，《河南社会科学》2011 年第 3 期。

方雪琴：《内容生产的变革与新闻教育的转型》，《当代传播》2011 年第 3 期。

丰瑞：《中国 VR 纪录片内容生产的现状与发展方向》，《当代电影》2019 年第 9 期。

付红安：《区块链新闻平台内容生产的法律规制研究》，《新闻与传播评论》2019 年第 2 期。

付晓静、刘銮奎：《寻求编辑价值与机器价值的共生智能分发环境下门户网站的内容生产创新》，《新闻与写作》2018 年第 6 期。

甘慧娟：《人工智能时代网络剧内容生产的变革与反思》，《中国编辑》2019 年第 12 期。

高崇、杨伯溆：《微视频的内容生产模式解析——基于新浪微博官方短视频应用"秒拍"的研究》，《新闻界》2016 年第 23 期。

高昊、黄海蓉：《浅析大数据时代纪录片内容生产的创新——以 NHK 纪录片〈震灾大数据〉为例》，《中国电视》2018年第 5 期。

高玉婷：《付费模式下网剧内容生产的提升路径》，《出版广角》2019 年第 6 期。

高字民：《拟像审美反思与当代影视的内容生产》，《北京电影学院学报》2011 年第 5 期。

郭加佳：《"二更"视频的内容生产与传播创新》，《传媒》2019 年第 11 期。

郭永新：《契合特定受众的按需生产——〈杜拉拉升职记〉编辑策划与作者内容生产的互动传播》，《出版发行研究》2010年第 10 期。

郝雨、田栋：《媒介内容生产取向性偏差及"合理性"调适——基于工具理性、价值理性的辩证视角》，《国际新闻界》2019 年第 6 期。

何亮：《当下中国电影的内容生产》，《电影艺术》2009 年第 6 期。

洪棣：《移动电台 APP 的内容生产创新》，《传媒》2018 年第 3 期。

胡慧源：《创新与变革：大数据时代的内容生产与营销》，《出版科学》2015 年第 3 期。

胡泳、任玲：《新媒体平台环境下财经内容生产的方式与特征》，《中国编辑》2019 年第 9 期。

胡智锋、顾亚奇：《中国电视内容生产的潮流与趋势》，《中国广播电视学刊》2006 年第 1 期。

胡智锋、刘俊：《进程与困境：模式引进时代中国电视的内容生产与产业发展》，《深圳大学学报》（人文社会科学版）2016年第 3 期。

胡智锋、杨宾：《2017 年中国电视内容生产盘点》，《电视研究》2018 年第 3 期。

胡智锋、周建新：《新世纪十年中国电视内容生产热点分析》，《社会科学辑刊》2011 年第 5 期。

胡智锋、周建新：《中国电视内容生产格局中的电视栏目剧》，《电视研究》2007 年第 8 期。

胡祖军：《全媒体时代广播电视的新闻内容生产》，《中国广播电视学刊》2015 年第 8 期。

黄楚新、王丹丹：《产消融合中的内容生产新机制》，《新闻与写作》2018 年第 10 期。

黄令贺、张迎军、程靖淇、李晗：《网络百科内容生产过程中的用户冲突研究——以"PX 词条保卫战"为例》，《图书情报工作》2016 年第 3 期。

黄钦：《从〈村委会值班室〉栏目论涉农电视内容生产的跨文化修辞》，《当代电视》2014 年第 5 期。

黄钦、王锦涛、赵李：《从农村受众媒介使用视角看地方电视媒体内容生产的现状和问题——基于武汉城市圈农村地区媒介使用情况调查》，《电视研究》2010 年第 11 期。

黄升民：《颠覆·重建　2016 传媒趋势解读》，《声屏世界·广告人》2015 年第 12 期。

黄升民：《互联网思维广告化生存》，《声屏世界·广告人》2015 年第 12 期。

黄升民：《全媒体视角下的广播广告价值》，《声屏世界·广告人》2015 年第 12 期。

黄升民、刘珊：《"互联网思维"之思维》，《现代传播（中国传媒大学学报)》2015 年第 2 期。

黄升民、刘晓：《技术、数据、智能潮驱动下的媒介进化》，《新闻与写作》2018 年第 7 期。

黄升民、吴殿义：《大数据在媒体运营中的应用及思考》，《山西大学学报》（哲学社会科学版）2015 年第 2 期。

黄升民、喻钦文：《移动互联时代广播媒体的融合与创新》，《中国广播》2015 第 3 期。

黄升民、张驰：《传播能力：中国品牌升级的关键能力》，《中国广告》2017 年第 10 期。

黄伟迪：《再组织化：新媒体内容的生产实践——以梨视频为例》，《现代传播（中国传媒大学学报)》2017 年第 11 期。

黄伟迪、印心悦：《新媒体内容生产的社会嵌入——以梨视频"拍客"为例》，《新闻记者》2017 年第 9 期。

黄娴：《众媒时代的传统媒体内容生产与转型》，《新闻记者》2016 年第 3 期。

黄艳：《网络视频内容生产中的 IP 价值链建构进路》，《中国电视》2019 年第 2 期。

纪军：《媒介变革时代新媒体运营商业变现的发展前景探究》，《传播力研究》2019 年第 33 期。

江作苏、陈兰枝：《媒介融合视域下数字出版内容生产的柔性框架特性探微》，《出版科学》2016 年第 1 期。

姜皓天、李亚男：《没有商业变现模式的成长型企业将很危险》，《中国企业家》2016 年第 12 期。

匡文波：《5G：颠覆新闻内容生产形态的革命》，《新闻与写作》2019 年第 9 期。

匡文波:《移动互联下的内容生产规律与传播规律》,《新闻与写作》2018 年第 7 期。

雷蔚真、莫江江:《电视媒体引入自媒体内容对传统生产模式的影响——以 CNN 自媒体生产平台 iReport 为例》,《现代传播(中国传媒大学学报)》2014 年第 12 期。

李淳宁:《创新服务转型力促内容生产——新形势下出版社总编室工作的几点思路》,《中国出版》2014 年第 1 期。

李翠芳:《电视剧在全媒体语境下的内容生产与媒体互动——以近些年的热播剧为例》,《中国电视》2018 年第 6 期。

李海玲:《新媒体融合发展对内容传播的影响》,《当代电视》2014 年第 8 期。

李泉:《城市政务微信公众号的内容生产逻辑研究——以"上海发布"为例》,《新闻与写作》2019 年第 10 期。

李天昀:《短视频崛起——短视频的内容生产与产业模式初探》,《艺术评论》2019 年第 5 期。

李婷婷:《电视媒体客户端内容生产中的大数据应用分析》,《电视研究》2018 年第 7 期。

李翔:《视频网站专业化内容生产特色研究——以爱奇艺和凤凰视频为例》,《新闻界》2013 年第 19 期。

连少英:《融媒时代电视内容生产与分发体系的建构》,《当代传播》2014 年第 4 期。

廖望、刘于思、金兼斌:《社会媒体时代用户内容生产的激励机制》,《新闻与传播研究》2013 年第 12 期。

刘玎璇:《从网红经济看 PGC 的商业变现路径》,《今传媒》2016 年第 12 期。

刘俊、胡智锋:《多元类型的"井喷":中国电视综艺节目内容生产的新景观》，《中国电视》2015 年第 2 期。

刘力军：《对广播电台微信公众平台内容生产的冷思考——以浙江省广播媒体为例》，《中国出版》2016 年第 8 期。

刘珊、黄升民：《解读中国式媒体融合》，《现代传播（中国传媒大学学报）》2015 年第 7 期。

刘珊、黄升民：《人工智能：营销传播"数算力"时代的到来》，《现代传播（中国传媒大学学报）》2019 年第 1 期。

刘珊、黄升民：《再论内容产业：趋势与突破》，《现代传播（中国传媒大学学报）》2017 年第 5 期。

刘硕：《坚守文化品格　赋予作品尊严——从"增速放缓"现象思考中国电影的内容生产》，《艺术评论》2016 年第 12 期。

刘涛：《大数据思维与电影内容生产的数据化启示》，《当代电影》2014 年第 6 期。

刘学周：《探究网络文学产业化发展中的内容生产》，《出版广角》2018 年第 8 期。

刘永坚、王玉燕：《满足用户需求的视频网站自制内容生产策略》，《传媒》2017 年第 12 期。

吕鹏、张君昌、郑春风：《英国电视剧内容生产的历史背景与现实抉择——以 BBC 电视剧播出为例》，《现代传播（中国传媒大学学报）》2018 年第 2 期。

吕媛：《文学作品改编与电影内容生产》，《当代电影》2011 年第 6 期。

马鹤原：《跨平台视角下〈向往的生活·江南篇〉内容生产及传播策略》，《电视研究》2018 年第 7 期。

马嘉：《"反智主义"自主性价值诉求的媒介超越——基于自媒体内容生产的视角》，《学术交流》2017 年第 8 期。

马俊：《移动阅读场景下传统内容生产媒体与移动社交平台的聚合与博弈》，《编辑之友》2018 年第 4 期。

孟伟、万穗：《社会化媒体的视角：广播内容生产与运营的新理念》，《河南社会科学》2016 年第 8 期。

米莉：《新新媒介时代主流新闻网站的内容创新——对人民网 E 政广场内容生产的实证研究》，《传媒》2015 年第 2 期。

欧阳宏生、王江蓬：《认知传播视域下的电视内容生产》，《中国出版》2016 年第 10 期。

庞燕、程艳林：《试论大数据时代数字出版内容生产方式转型》，《中国出版》2015 年第 22 期。

彭冬林：《第 13 届星创视光产业论坛：From EyeWear to EyeCare——眼镜 3.0 时代，如何实现数字化商业变现》，《中国眼镜科技杂志》2018 年第 13 期。

浦锦霞：《知识付费内容生产方式及增值路径研究》，《编辑学刊》2019 年第 2 期。

强月新、陈志鹏：《未来媒体的内容生产与叙事变革》，《新闻与写作》2017 年第 4 期。

任健、李翔宇：《基于内容生产与传播新逻辑的省级党报传播力提升策略探析——以新闻客户端为例》，《新闻爱好者》2019 年第 2 期。

任诗杰：《我国 UGC 短视频商业变现模式探究——以抖音为例》，《视听》2019 年第 1 期。

邵以丁、李靖：《2016，"电视互动化"商业变现元年》，《中外管理》2016 年第 2 期。

申琦、廖圣清：《网络接触、自我效能与网络内容生产——网络使用影响上海市大学生网络内容生产的实证研究》，《新闻与传播研究》2012 年第 2 期。

石长顺、栾颖：《大数据时代的媒体内容生产创新：基于耗散结构理论》，《现代传播（中国传媒大学学报）》2017 年第 4 期。

宋含笑：《媒介融合背景下影视作品的跨媒体内容生产》，《当代电影》2011 年第 6 期。

宋毅：《媒介融合背景下电视内容生产的转型路径》，《中国电视》2012 年第 5 期。

孙佳、严定友：《网络知识付费的生成逻辑、内容生产与价值审视》，《中国出版》2019 年第 1 期。

孙振虎：《电视媒体创新——技术倒逼内容生产》，《电视研究》2017 年第 4 期。

谭辉煌、张金海：《人工智能时代广告内容生产与管理的变革》，《编辑之友》2019 年第 3 期。

谭舒：《基于大数据的广播新闻内容生产创新》，《新闻界》2017 年第 4 期。

汤代禄：《打通媒体融合中商业变现的壁垒——网络支付与媒体融合的调研与思考》，《新闻战线》2016 年第 21 期。

田宇：《产用融合——论社会化媒介的内容生产》，《编辑学刊》2015 年第 5 期。

田月红：《梨视频内容生产的现状、问题与改进策略》，《传媒》2018 年第 10 期。

王斌、郭扬：《移动社交情境下互联网媒体的内容生产流程重构》，《编辑之友》2018 年第 4 期。

王菲：《中国电视台媒介融合中的内容生产体系构建》，《国际新闻界》2017 年第 12 期。

王菲、樊向宇：《内容生产新样态下边界的消散与融合——以新闻游戏为例》，《中国出版》2019年第2期。

王佳航：《自媒体进化：互联网内容生产的新物种与新逻辑》，《新闻与写作》2018年第10期。

王憬晶：《国内视频网站自制娱乐节目的内容生产与价值取向》，《中国出版》2017年第24期。

王岚：《主题出版是主业发展和内容生产的重要"生命线"》，《编辑学刊》2019年第4期。

王丽萍：《浅析电影内容生产的社会功能》，《当代电影》2011年第6期。

王玲宁、禹卫华：《全文本视野下政务新媒体的内容生产和传播特征——以"上海发布"为例》，《新闻界》2017年第9期。

王敏：《"先审后播"背景下弹幕内容生产的规制路径与意义》，《传媒》2019年第18期。

王太星：《论融合发展时代的新媒体内容生产》，《出版发行研究》2019年第12期。

王薇、黄升民：《中国传媒产业15年》，《传媒》2017年第12期。

王勇安、郑珂：《媒介内容生产方式变革与编辑职业的前途》，《编辑之友》2017年第7期。

王宇宁：《融媒时代　频道发展顺势而为——关于内容整合和商业变现的思考》，《视听》2019年第8期。

吴阿娟：《让"新闻供给生态"改变内容生产方式》，《传媒》2015年第15期。

吴晨光：《自媒体时代内容生产下半场》，《新闻与写作》

2018 年第 9 期。

吴燕：《内容生产提升核心竞争力积极应对改企转制与数字化转型——第五届期刊创新年会综述》，《出版发行研究》2011年第 2 期。

吴雨蓉：《我国电视公共频道内容生产的再思考》，《当代电视》2014 年第 1 期。

习少颖：《从信息传递到知识架构：互联网时代新闻内容生产的转型分析——以马航 MH370 航班失联事件报道为例》，《中国出版》2015 年第 15 期。

向勇、皇甫晓涛：《泛媒介革命的内容生产与新媒体的文化创新》，《北京联合大学学报》（人文社会科学版）2012 年第4 期。

谢丹华：《数字化出版对内容生产的逆向颠覆——以网络文学为例》，《编辑学刊》2012 年第 6 期。

谢湖伟、贺哲野、王卓：《我国网络内容生产平台版权保护措施研究》，《出版科学》2019 年第 3 期。

谢华平：《新媒体优质内容生产与分发策略》，《传媒》2019年第 20 期。

邢梦莹、卢静：《智媒时代新闻主播内容生产与传播模式重构》，《出版广角》2019 年第 10 期。

徐达内：《微信公众号的五类商业"变现"模式》，《新闻与写作》2015 年第 7 期。

徐锐：《省级网络电视台的内容生产与运营模式探析》，《中国电视》2012 年第 6 期。

徐锐、张青：《视频自媒体的内容生产与运营模式探析》，《中国电视》2016 年第 7 期。

徐幼雅、刘峰：《基于云计算的广电全媒体内容生产方式探析》，《传媒》2014年第1期。

徐媛：《从儿童绘本内容运营看跨媒介叙事与儿童阅读内容生产》，《编辑之友》2018年第6期。

闫新：《网络时代中国独立影像的内容生产与媒介生存》，《当代文坛》2012年第1期。

颜湘君、汪笑怡：《媒介融合背景下内容生产的互文性初探》，《中国电视》2016年第9期。

晏青：《论视频内容生产：动力、目标和路径——基于媒介融合的视角》，《北京理工大学学报》（社会科学版）2011年第5期。

燕晓英：《场景改变对内容生产的压力和改造——电视新闻人的融媒体之路》，《新闻与写作》2018年第4期。

杨成：《媒介融合语境下IP电影内容生产的跨媒体叙事模式》，《当代电影》2018年第6期。

杨丹、詹庆生：《互联网时代的电影营销与内容生产》，《当代电影》2017年第4期。

杨铮、刘麟霄：《人工智能环境下的出版流程重塑与内容生产革新》，《编辑之友》2019年第11期。

叶楚健：《档案馆微信公众平台内容生产研究——以浙江省档案馆为例》，《档案学研究》2017年第6期。

余佳丽：《电视剧跨媒体内容生产与传播研究——以电视剧〈大军师司马懿之军师联盟〉为例》，《中国电视》2017年第12期。

喻国明：《报纸：作为一种内容生产方式的价值思考》，《新闻界》2012年第18期。

喻国明：《内容生产的供给侧与需求侧：趋势与变化》，《新闻与写作》2018年第11期。

原源、吴朝阳：《微笑的内容生产链——内容产业的特点及演化轨迹》，《经济问题》2016 年第 11 期。

曾祥敏：《精耕细作与区域扩张——城市广播电视台内容生产两极竞争战略》，《新闻与写作》2013 年第 10 期。

曾祥敏、曹楚：《专业媒体新闻内容生产创新实践——用户生产与专业生产深度融合的路径研究》，《现代传播（中国传媒大学学报）》2015 年第 11 期。

张才刚：《新媒体平台赋能与内容生产的基本逻辑》，《中国编辑》2018 年第 4 期。

张琛：《理解内容生产：由互联网企业所引发的电影业变革》，《当代电影》2016 年第 9 期。

张驰、黄升民：《中国品牌发展的反思》，《新闻与传播评论》2019 年第 1 期。

张国涛：《融合时代视频内容生产方式的探索》，《电视研究》2015 年第 5 期。

张衡、侯明森：《大学生自媒体创业过程分析——从"定位包装"到"商业变现"》，《传播力研究》2019 年第 4 期。

张红军：《论多屏时代电视内容生产和传播策略》，《中国出版》2015 年第 14 期。

张虹：《互联网时代传统行业性学术期刊内容生产方式的创新》，《中国编辑》2017 年第 6 期。

张慧：《新媒体传播对影视内容生产的影响》，《编辑之友》2015 年第 5 期。

张岚：《拟剧理论视域下 UGC 短视频内容生产与传播研究》，《传媒》2019 年第 3 期。

张立伟：《削减过剩产能　开展差异化竞争　探索互补性合

作——从竞合关系看报纸内容生产转型》，《新闻记者》2015 年第 11 期。

张强：《新闻资讯类短视频内容生产的问题与前景探析》，《传媒》2019 年第 14 期。

张收鹏、李明德：《电视媒体移动短视频内容生产及传播策略研究》，《电视研究》2019 年第 3 期。

张薇薇：《维基社区协作内容生产的信任管理研究》，《图书情报工作》2011 年第 23 期。

张学勤、欧阳宏生：《从"农耕"到"游牧"的电视内容生产的变革》，《电视研究》2018 年第 8 期。

张应敬、李钢：《嬗变与重塑：多屏融合时代的电视内容生产》，《中国广播电视学刊》2015 年第 8 期。

张永恒、何鹏德：《"学习小组"内容生产"供给侧"结构改革研究》，《现代传播（中国传媒大学学报)》2017 年第 5 期。

张玉洪：《商业变现冲动与网络信息传播异化》，《青年记者》2018 年第 7 期。

张原：《文化记忆视角下传统文化与媒体节目内容生产的关系建构》，《中国电视》2019 年第 3 期。

张志安、彭璐：《混合情感传播模式：主流媒体短视频内容生产研究——以人民日报抖音号为例》，《新闻与写作》2019 年第 7 期。

赵光磊：《互联网电视产业之困：商业变现与用户体验，孰重孰轻?》，《通信世界》2014 年第 21 期。

赵洪松、张小燕：《用互联网思维指导内容生产——"煎饼姐"报道的样本意义》，《传媒》2017 年第 6 期。

赵军：《电视人视野里的幸福观——江苏卫视幸福定位下的

内容生产与创新》，《中国广播电视学刊》2010 年第 3 期。

赵鹏程：《"制播分离"背景下电视内容生产"项目化"操作》，《当代电视》2014 年第 10 期。

赵如涵、吴心悦：《短视频文化内容生产：虚拟社群的传播特质与平台策略》，《电视研究》2017 年第 12 期。

赵树旺、王子宇：《社交媒体环境下美国大众期刊的内容生产策略》，《出版发行研究》2017 年第 12 期。

赵新利、黄升民、项星宇：《新媒体与传统媒体引导舆论的思维模式比较》，《青年记者》2017 年第 10 期。

赵新利、黄升民、张安吉：《新媒体与传统媒体舆论形成机制比较》，《青年记者》2017 年第 22 期。

赵鑫、刘钰：《符号学视域下中国电视综艺的内容生产创新研究》，《电视研究》2019 年第 8 期。

赵鑫、赵盼超：《文化人类学视野下人工智能新闻内容生产再思考》，《中国出版》2017 年第 9 期。

赵雪：《自媒体节目"糖蒜广播"的内容生产话语权构建》，《传媒》2016 年第 14 期。

郑官怡：《新媒体内容存在的问题及其治理对策》，《传媒》2018 年第 16 期。

郑坚：《中产阶层对电视内容生产的影响》，《新闻界》2010 年第 1 期。

郑劭清、邹春霞：《"后公众号时代"的内容生产》，《新闻与写作》2018 年第 5 期。

郑晓迪：《媒介融合背景下〈纽约时报〉内容生产策略研究》，《传媒》2018 年第 18 期。

钟益帆、刘纯：《大数据视阈下的电视内容生产》，《湖南社会科学》2013 年第 6 期。

周建华：《"梨视频"内容生产四大特色》，《传媒》2019 年第 4 期。

周庆安、黄璐：《媒体融合视野下媒体内容生产：观念、方式和表现形式》，《南京政治学院学报》2015 年第 4 期。

周瑞华：《"阅后即焚"Snapchat 带来百亿社交商业变现》，《成功营销》2015 年第 11 期。

周亭、杨钰、向雅琴：《重构用户连接：全媒体环境下传统媒体的内容生产与流程再造》，《当代电视》2018 年第 7 期。

周正：《网红：从新媒介赋权到商业变现》，《成都理工大学学报》（社会科学版）2017 年第 2 期。

左艳红：《大数据对新闻内容生产的局限》，《编辑之友》2014 年第 8 期。

## 英文文献

Lisa M. George & Hogendorn Christiaan, "Aggregators, Search And The Economics of New Media Institutions," *Information Economics & Policy*, Vol. 24, No. 1, 2012, pp. 40 – 51.

Ali Sayed Mohamed, "Digitize This Book: The Politics of New Media or Why We Need Open Access Now," *Information Communication & Society*, Vol. 135, No. 5, 2010, pp. 786 – 788.

Andy C. Pratt, "New Media, the New Economy and New Spaces," *Geoforum*, Vol. 31, No. 4, 2000, pp. 425 – 436.

Bruce A. Williams & Michael X. Delli Carpini, "Monica and Bill All the Time and Everywhere the Collapse of Gatekeeping and Agenda Setting in the New Media Environment," *American Behavioral*

*Scientist*, Vol. 47, No. 9, 2004, pp. 1208 – 1230.

Caroline Haythornthwaite, "Strong, Weak, and Latent Ties and the Impact of New Media," *Information Society*, Vol. 18, No. 5, 2002, pp. 385 – 401.

Charles R. Taylor, "Introduction: New Media: Mobile Advertising and Marketing," *Psychology & Marketing*, Vol. 25, No. 8, 2008, pp. 711 – 713.

Claudio Alvarez, Sadaf Salavati & Miguel Nussbaum, et al., "Collboard: Fostering New Media Literacies in the Classroom Through Collaborative Problem Solving Supported by Digital Pens and Interactive Whiteboards," *Computers & Education*, Vol. 63, No. 4, 2013, pp. 368 – 379.

Curt Carbonell, "Convergence Culture: Where Old and New Media Collide," *Journal of Popular Culture*, Vol. 40, No. 4, 2007, pp. 731 – 733.

David Tewksbury, "New Media Campaigns and the Managed Citizen, by Phillip N. Howard," *Political Science Quarterly*, Vol. 24, No. 4, 2006, pp. 448 – 449.

D. Tambini, "New Media and Democracy: The Civic Networking Movement," *New Media & Society*, Vol. 1, No. 3, 1999, pp. 305 – 329.

E. T. Lin, A. M. Eskicioglu & R. L. Lagendijk, et al., "Advances in Digital Video Content Protection," *Proceedings of the IEEE*, Vol. 93, No. 1, 2005, pp. 171 – 183.

James Santomier, "New Media, Branding and Global Sports Sponsorship," *International Journal of Sports Marketing &*

*Sponsorship*, Vol. 10, No. 1, 2008, pp. 15 – 28.

James Santomier, "New Media, Branding and Global Sports Sponsorship," *International Journal of Sports Marketing & Sponsorship*, Vol. 10, No. 1, 2008, pp. 9 – 22.

Jeff Malpas, "New Media, Cultural Heritage and the Sense of Place: Mapping the Conceptual Ground," *International Journal of Heritage Studies*, Vol. 14, No. 3, 2008, pp. 197 – 209.

J. Downey, N. Fenton, "New Media, Counter Publicity and the Public Sphere," *New Media & Society*, Vol. 5, No. 2, 2003, pp. 185 – 202.

J. Ju & K. Krishna, "Regulations, Regime Switches and Non-monotonicity When Non-compliance is an Option: an Application to Content Protection and Preference," *Economics Letters*, Vol. 77, No. 3, 2002, pp. 315 – 321.

Kala Krishna Motoshige Itoh, "Content Protection and Oligopolistic Interactions," *Review of Economic Studies*, Vol. 55, No. 1, 1988, pp. 107 – 125.

Robert McClintock, "Experience and Innovation: Reflections on Emerging Practice with New Media in Education," *Journal of Educational Computing Research*, Vol. 25, No. 1, 2001, pp. 95 – 104.

R. T. Bell, "Content Protection in the Motor Vehicle Industry in the Presence of Joint Ventures," *South African Journal of Economics*, Vol. 57, No. 2, 1989, pp. 68 – 79.

William H. Dutton, Richard Davis & Diana Owen, "New Media and American Politics," *American Political Science Review*, Vol. 93, No. 4, 1999, p. 973.

# 后　记

这是一本成书极快但思考甚久的书。

从 2004 年第一次通过 WAP（无线应用通信协议）方式登录移动梦网时起，我就开始隐约地意识到，新媒体无论作为一种产业还是一个理论概念，都将很快对当时正如日中天的传统媒体及其理论体系产生巨大的冲击和深远的影响。

在之后的专业学习、产业实践，甚至日常生活中，我逐渐感受到新媒体越来越猛烈的增长态势。日新月异、千变万化的新媒体形态和传播方式强烈地冲击着我作为一个传媒学习者、观察者和实践者在传统媒体时代所逐渐形成的知识体系、理论话语和思维模式。

自此，如何在"知其然"和"知其所以然"这两个层面系统地理解新媒体，成为我在传媒领域的学习和实践中始终关注与思考的问题。接下来，在每一次备课、培训和咨询过程中，我都有意识地构建自己的新媒体观和对新媒体的阐释体系。不知不觉间，这项研究工作已经开展了十余年。

2019 年 10 月，在筹备博士论文出版的过程中，由于一次偶然萌生的念头，我决意暂时搁置博士论文的出版工作，优先考虑出版一本有关新媒体的专著。正是这个偶然萌生的念头激励着我从 2020 年春节起，历经四个多月的时间，完成了书稿的写作。这样一个混合着必然性与偶然性的新媒体阐释实践所输出的，正是如今呈现在诸位面前的这本书。四个月对于一本专著的写作来说，似乎短得近乎仓促，但背后隐藏着的是我对新媒体十余年的观察与思考。以此为节点，我将开启下一阶段的研究之旅。

**图书在版编目（CIP）数据**

新媒体的逻辑：内容生产与商业变现/高阳著 . --
北京：社会科学文献出版社，2020.9（2023.8 重印）
（云南财经大学管理学前沿研究丛书）
ISBN 978 - 7 - 5201 - 7067 - 3

Ⅰ . ①新… Ⅱ . ①高… Ⅲ . ①传播媒介 - 运营管理
Ⅳ . ①G206.2

中国版本图书馆 CIP 数据核字（2020）第 146495 号

· 云南财经大学管理学前沿研究丛书 ·
### 新媒体的逻辑：内容生产与商业变现

著　　者／高　阳

出 版 人／冀祥德
组稿编辑／恽　薇
责任编辑／宋淑洁
文稿编辑／许文文
责任印制／王京美

出　　版／社会科学文献出版社·经济与管理分社（010）59367226
　　　　　　地址：北京市北三环中路甲 29 号院华龙大厦　邮编：100029
　　　　　　网址：www.ssap.com.cn
发　　行／社会科学文献出版社（010）59367028
印　　装／北京虎彩文化传播有限公司

规　　格／开本：787mm × 1092mm　1/16
　　　　　　印 张：18.75　字 数：226 千字
版　　次／2020 年 9 月第 1 版　2023 年 8 月第 4 次印刷
书　　号／ISBN 978 - 7 - 5201 - 7067 - 3
定　　价／98.00 元

读者服务电话：4008918866